Ibiza
und Formentera

Zeit für das Beste

Highlights – Geheimtipps – Wohlfühladressen

»Durch offene Türen,
vor denen Perlvorhänge gerafft sind,
dringt in den kleinen Dörfern im Süden Spaniens
der Blick in Interieurs, aus deren Schatten
das Weiß der Wände blendend hervorschlägt.«
Walter Benjamin, Ibizenkische Folge

BRUCKMANN

Ibiza
und Formentera

Zeit für das Beste

Christine Lendt
Hans Zaglitsch

BRUCKMANN

Vorangehende Doppelseite: Weg von La Savina nach Ses Illetes, Formentera
Oben: Am Boulevard Vara de Rey in Ibiza-Stadt
Mitte: Shoppen und die »Beute« abends zur Schau tragen
Unten: In der Blue Bar (Formentera)

INHALTSVERZEICHNIS

DER SÜDEN

INSEL FORMENTERA

REISEINFOS

Oben: Sant Josep de sa Talaia: typische Architektur einer Wehrkirche.
Mitte: Markttag in Sant Joan de Labritja
Unten: Ein Türkis wie in der Karibik: Blick in die Cala de Sant Vicent

DIE TOP TEN

DALT VILA (S. 28)

Die historische Oberstadt von Eivissa ist das Highlight der Insel. Eine originalgetreu erhaltene Wehranlage umgibt ein malerisches Dorf inmitten der Stadt mit verwinkelten Gassen, kleinen Läden und hervorragenden Restaurants. Auch einige Museen, sakrale Bauten und an Panoramen reiche Plätze sind hier zu entdecken.

SA PENYA UND LA MARINA (S. 38)

Die südlichen Hafenviertel laden zum Bummel ein. Bis hinauf zu den Burgmauern reihen sich Läden mit inseltypischer Adlib-Mode und Kunsthandwerk, Tapas-Bars, Souvenir-Stände, Restaurants und Cafés. Bemerkenswert ist das wohl weltweit einzige Denkmal, das je zu Ehren der Piraten errichtet wurde - der Obelisk »Ibiza a sus Corsarios«.

MONOGRAFISCHES MUSEUM AM PUIG DES MOLINS (S. 40)

Am »Mühlenhügel« in Eivissa entdeckte man eine unterirdische Nekropole, einen riesigen Friedhof der Antike mit mehr als 3000 Gräbern, die ab dem 5. Jh. v. Chr. entstanden. Einige dort gefundene Grabbeigaben sind im zugehörigen Monografischen Museum zu besichtigen. In fünf Sälen spiegelt es die Geschichte karthagischen Totenkults wider.

MUSEO ETNOLÓGICO DE IBIZA Y FORMENTERA (S. 60)

Völkerkunde auf dem Kirchhügel Puig de Missa in Santa Eulària: Das Ethnologische Museum in einem ehemaligen Bauernhaus informiert eindrucksvoll über die Inseltraditionen: Trachten, Haushaltsgüter, Möbel und eine alte Ölmühle sind unter anderem dort ausgestellt. Sehenswert sind auch die benachbarte Wehrkirche und das Barrau-Museum mit impressionistischer Inselkunst.

LAS DALIAS (S. 76)

Das Kulturzentrum in Sant Carles ist bekannt für den wohl authentischsten Hippie-Markt Ibizas, der jeden Samstag zahlreiche Besucher anzieht. Doch auch an anderen Tagen lohnt sich der

Besuch. Regelmäßig gibt es hier Motto-Partys, Ausstellungen, Theateraufführungen, die Nacht der Kunst (Noche del Arte) und Events mit Niveau.

SANT JOAN DE LABRITJA (S. 86)

Das pittoreske Dorf im Norden der Insel ist ein schönes Ausflugsziel mit seiner adretten Wehrkirche und einem Dorfplatz mit netten Bars und Cafés zum Einkehren – am besten nach einer Wanderung durch das an lohnenden Touren reiche Umland.

SANTA GERTRUDIS DE FRUITERA (S. 120)

In der Inselmitte lädt die schmucke Ortschaft zum Verweilen ein: mit Auktionen und Antiquitäten Gemäldegalerien und Kunsthandwerk, vielen Cafés und Lokalen, allen voran die berühmte »Bar Costa«.

CAFÉ DEL MAR (S. 138)

Die »Wiege des Ibiza-Sounds« ist der Treffpunkt bei Sonnenuntergang, der hier mit Blick auf die Insel Sa Conillera besonders spektakulär ist und mit gebührendem Applaus bedacht wird. Inzwischen hat sich das Happening auf einen großen Teil der Hafenmeile ausgedehnt – alles strömt zum Sunset Strip von Ibiza.

ES VEDRÀ (S. 170)

Die magische Felseninsel, Motiv vieler Ibiza-Postkarten, muss man gesehen haben. Besonders eindrucksvoll ist der Blick von der ihr am nächsten gelegenen Bucht Cala d'Hort aus sowie vom oberhalb davon gelegenen Piratenturm Es Savinar. Am allerbesten aber ist es, Es Vedrà mit dem Boot anzusteuern und möglichst auch unter Wasser bei einem Tauchgang zu erkunden.

HOCHEBENE LA MOLA (S. 258)

Das bis zu 192 Meter hohe Kalkplateau im Osten Formenteras lohnt sich gleich mehrfach: Ein Leuchtturm »am Ende der Welt« mit grandiosem Meerblick, ein Kunsthandwerkermarkt, der dem Namen gerecht wird, und eine Windmühle mit besonderer Geschichte sind zu besuchen. Hinauf führt der »Römerweg«, die schönste Wanderroute der Insel.

Kennen Sie die Pityusen?

Auf Ibiza wird vor allem gefeiert, und Formentera... Wo ist das denn? So antworten viele auf die Frage, ob sie diese beiden Inseln kennen. Es bedeutet, dass Ibizas schönste Seiten und ihre kleine Schwesterinsel oftmals übersehen werden. Gemeinsam ist ihnen die Bezeichnung »Pityusen«, abgeleitet vom griechischen Wort »Pityoussai«. Die Griechen benannten die Inseln damals nach den üppigen Pinienwäldern, die sie auf den gesamten Balearen vorfanden.

Intensive Farben

Die zahlreich vorhandenen Nadelbäume tragen zu den Naturschönheiten der Inseln bei und zu einem intensiven Farbenspiel. Schon beim Blick aus dem Kabinenfenster entfährt manchen Passagieren ein Raunen, sobald die Maschine zur Landung auf »Eivissa« (Ibiza) ansetzt. Ein Türkisblau, wie man es aus der Karibik kennt, umschließt die Inseln, dazu tiefe Blautöne, das leuchtende Weiß der Strände, manche rötlich schimmernde Felsküste und das satte Grün der Pinienwälder. Diese Farben und das Licht, das auf Formentera besonders intensiv ist, übertrafen schon einige Erwartungen. Kurz vor dem Aufsetzen auf der Landebahn rücken dann die schillernden Salzfelder der Salinen ins Blickfeld, bestückt mit nur wenigen urigen Häuschen – Ibiza begrüßt seine Gäste nicht als laute Partyinsel, sondern still und mit seiner traditionellen Seite, als ob es zeigen wollte: Auch das bin ich!

Vielseitige Inseln

Im Mietwagen oder Taxi sitzend wird einem schnell deutlich, dass auch das weit verbreitete

Oben: Die Cala d'Hort lohnt sich auch wegen des Strandes.
Mitte: Fischer oder Strandurlauber? – Die Hose verrät es ...
Unten: Idylle auf der Hochebene La Mola (Formentera)

Steckbrief Ibiza und Formentera

Lage: Ibiza liegt im Golf von Valencia, 82 Kilometer südwestlich von Mallorca, rund 87 km vom spanischen Festland (Cabo de la Nao, Alicante) entfernt. Formentera liegt rund neun Kilometer südlich von Ibiza.

Fläche: Ibiza – 571 Quadratkilometer/Formentera – 82 Quadratkilometer

Küste: Ibiza – Die zerklüftete Küste Ibizas ist durch zahlreiche sandige Calas (kleine Buchten) geprägt, hinzu kommen mehrere teils kilometerlange Sandstrände wie die Playa d'en Bossa oder die Platja de Ses Salines und Es Cavallet. Offiziell hat Ibiza 56 Badestrände.
Formentera – Die Länge der überwiegend felsigen Küstenlinie beträgt insgesamt 69 Kilometer. Im schmaleren mittleren Teil sowie entlang der nördlichen Landspitze Es Trucadors säumen weitläufige Sandstrände die Insel.

Hauptstadt: Eivissa (Ibiza-Stadt)

Flaggen:

Ibiza

Formentera

Amtssprachen: Katalanisch (Ibizenkisch) und Kastilisch

Währung: Euro

Zeitzone: Mitteleuropäische Zeit

Geografie: Den südwestlichen Teil der Balearischen Inseln, etwa 20 % der Fläche Mallorcas, bilden die Pityusen. Sie liegen damit der Iberischen Halbinsel und Afrika am nächsten. Nach Barcelona sind es rund 250 km, zur Nachbarinsel Mallorca 90 km und nach Nordafrika etwa 250 km. Die größte Insel der Pityusen ist Ibiza, die südlich vorgelagerte Nachbarinsel Formentera ist sieben Mal kleiner. Während Ibiza von einer sanften Berg- und Hügellandschaft geprägt ist, ist ihre Schwesterinsel Formentera sehr flach mit Ausnahme der Hochebene von La Mola (höchster Punkt 192 Meter).

Staat und Verwaltung: Ibiza und Formentera gehören zu den Balearen mit Regierungssitz auf Mallorca. Hauptstadt Ibizas ist Eivissa (Ibiza-Stadt). Die Insel hat fünf Gemeinden: Santa Eulària (Santa Eulalia), Sant Antoni (San Antonio), Sant Josep (San José) und Sant Joan (San Juan). Die Gemeinde Formentera umfasst die gleichnamige Hauptinsel sowie die kleineren nördlich gelegenen Eilande Espalmador und Espardell. Sie gliedert sich in neun Ortsteile, Sitz der Inselverwaltung ist Sant Francesc (San Francisco).

Wirtschaft: 98 % der Gesamteinnahmen der Inseln kommen aus dem Tourismus, der mit der Hippie-Bewegung der 1960er-Jahre einen ersten Aufschwung erlebte. Kleinere Beiträge leisten die Landwirtschaft, Weinanbau und Olivenölproduktion.

Religion: vorwiegend römisch-katholisch

Bevölkerung: Ibiza: 134 460 Einwohner (Stand 2011), 235,2 Einwohner pro km^2;

Formentera: 11 374 Einwohner (Stand 2013) 137,88 Einwohner pro km^2

Autorentipp!

FÜNF BESONDERE STRÄNDE UND BUCHTEN

S'Estanyol. Eine der schönsten Buchten Ibizas, auch wegen der Strandbar PK2: Kaffee und gutes Essen bei sagenhaftem Meerblick. Im Südosten, nahe Jesús/Talamanca.

Ses Salines. Schicke Boote ankern hier oft in mehreren Reihen. In den exklusiven oder originellen Strandbars treffen sich der Jetset und die Partyszene. Zugleich ist Salinas ein beliebter Familienstrand. Auf der östlichen Seite der Landzunge lockt der herrliche FKK-Strand von Es Cavallet. Im Südwesten, Richtung Sa Canal.

Cala Tarida. Mit fast 300 Metern der größte Strand im Inselnorden, schön und gut ausgestattet: Tretbootverleih, Tauchen, Beachvolleyball, Strandshop, Liegen und Sonnenschirme, Bars und Restaurants. Im Nordwesten bei Sant Antoni.

Cala de Benirràs. Seichtes Wasser, perfektes Schnorcheln, eher preisgünstige Strandrestaurants. Sonntags steigt eine legendäre Open-Air Session: Trommler und Feuerkünstler begleiten in alter Hippie-Tradition den Sonnenuntergang. Im Nordosten bei Sant Miquel.

Ses Illetes. Karibikflair auf Formentera. Mit seinem Farbenspiel aus hellen Türkistönen und feinstem weißem Sand ist Ses Illetes das Aushängeschild der Insel. An der Landspitze von Es Trucadors treffen der westliche Küstenstreifen und der weitläufige Oststrand Platja de Llevante zusammen. Im Norden Formenteras.

Image der Clubbing Capital of the World voll zutrifft. Die Fahrt geht durch die Betonmeile der erst 2006 zur Autobahn erweiterten Zubringerstraßen, die überdimensionalen Werbeplakate der großen Diskotheken machen auf Openings oder Closings aufmerksam, also auf den jeweiligen Start in die Partysaison oder ihren Abschluss. Je nachdem, wo man seine Unterkunft gebucht hat, kann sich der Urlaub daher völlig unterschiedlich entwickeln. An touristischen Hotspots wie der Playa d'en Bossa oder in Sant Antoni wird tatsächlich vor allem – aber nicht nur – gefeiert.

Geht die Reise dagegen etwa in den Inselnorden Richtung Sant Joan oder nach Sant Carles, bekommt man unter Umständen nicht einmal von einer einzigen Party etwas mit. Stattdessen erwarten einen unvergessliche Naturerlebnisse mit Aktivitäten wie Wandern oder Mountainbiking und, wenn man möchte, auch ganz viel Ruhe. Dann wiederum gibt es Plätze auf den Inseln, an denen sich beides vereint. So ist die Platja de Ses Salines auf Ibiza ein Treff der Partygemeinde und zugleich einer der schönsten Naturstrände Ibizas, der auch zu ausgedehnten Küstenspaziergängen einlädt und viele ruhige Nischen bietet. Und im nordöstlich gelegenen Sant Carles harmoniert das idyllische und ursprüngliche Umland mit Events im Las Dalias, die an die Hippie-Vergangenheit des Dorfes erinnern.

Jetset und Partypeople

Wer also eine dieser Inseln oder auch beide besuchen möchte, sollte sich vorher genau überlegen, in welche Richtung es (auch im übertragenen Sinne) gehen soll. Ja selbst alle, die zum Feiern anreisen, können sich zwischen vielfältigen Möglichkeiten entscheiden und überlegen, ob es eher das exklusive Partyleben sein soll wie in der legendären Diskothek »Pacha«, in ausgesuchten Edel-Beach-

Clubs oder im schicken Partyhotel »Ushuaia« an der Playa d'en Bossa – oder lieber eines ohne Dresscode mit einem buntgemischten Publikum. Ibiza ist einerseits ein Hotspot des internationalen Jetset, andererseits aber auch eine Insel, die Partypeople unabhängig von Einkommen oder Status gern ansteuern. Ein wenig tiefer in die Tasche greifen allerdings müssen fast alle, denn zu den preisgünstigsten Destinationen zählen Ibiza und Formentera nicht gerade, und die berühmten Diskotheken haben hohe Eintrittspreise. In den letzten Jahren haben sich zudem weitere feine Boutiquehotels mit Agrotourismus etabliert und machen natur- und gesundheitsbewussten Urlauben ein herrliches Wellness- und Spa-Angebot. Mit einer geschickten Planung, Übernachtungen in einem kleineren Hostal und Selbstversorgung indes ist auch hier ein Urlaub trotz geringeren Budgets möglich, vor allem in der Nebensaison von März bis Mai und im September/Oktober.

Zwei ungleiche Schwestern

Nach Ibiza oder lieber nach Formentera, das ist zudem die Frage, denn die kleine Nachbarinsel ist

Oben: Schicke Beach-Clubs sind an einigen Stränden zu finden.
Unten: Die legendäre Diskothek Pacha ist allgegenwärtig – man sollte sie zumindest einmal besucht haben.

Oben: Die »Pinieninseln« sind reich an schönen Wanderwegen und Mountabike-Trails.
Unten: Besonders reizvoll ist der Römerweg auf Formentera.

noch einmal ganz anders als Ibiza: zerbrechlicher, mit einer fast noch eindrucksvolleren Natur und nur wenig Bebauung, ohne große Diskotheken, Schaum- oder Wasserpartys ist es vor allem eine Insel für Freunde der Stille und Individualisten. Doch die Schönheit der karibisch anmutenden Strände wie Illetes hat sich herumgesprochen. So sind auch Teile der Küsten von Formentera im Sommer ein Treffpunkt der Sportboote, Jachten und Superjachten, die wie weiße Tupfer das Türkisblau vor den angesagtesten Stränden und Buchten sprenkeln. Im Landesinneren liegt den ganzen Sommer hindurch das Geknatter der Motorroller in der Luft – das auf Formentera beliebteste touristische Fortbewegungsmittel brachte schon die Behörden auf den Plan, und man macht sich Gedanken darüber, wie die geräuschvolle Invasion in den Griff zu bekommen wäre. So ist auch das Fahrrad eine gute Möglichkeit, umweltschonend und leise die gesamte Insel zu erkunden, da die Entfernungen überschaubar sind und es auch keine nennenswerten Steigungen zu überwinden gibt.

Beste Reisezeit und Klima

Auf der anderen Seite ist man auf den Inseln froh über jeden Besucherandrang, denn der Tourismus ist heute die wichtigste Lebensgrundlage, und die Saison, meinen Einheimische zu beobachten, wird immer kürzer – war es früher das gesamte Sommerhalbjahr, beschränkt sich die Hauptreisezeit heute auf Mitte Juni bis Anfang September, mancherorts sogar nur auf Juli und August. Für alle Urlauber, die die Inseln von ihrer beschaulichen Seite erleben möchten, vielleicht auch verbunden mit Wandern oder anderen Aktivitäten, sind daher Frühjahr und Herbst die besten Reisezeiten. Die durchschnittliche Jahrestemperatur liegt bei 18,9 Grad Celsius. In den Sommermonaten kann es sehr heiß werden, und die Inseln sind dann sehr trocken.

Außerhalb des Sommerhalbjahres verfallen Ibiza und Formentera fast komplett in den »Winterschlaf«, nur vereinzelt haben Hotels und touristische Einrichtungen geöffnet. Oft herrschen auch bis in den Oktober hinein noch angenehme Badetemperaturen. Ab November können häufiger Stürme und längere Regenphasen eintreten, doch selbst in den Wintermonaten fallen die Temperaturen selten unter zehn Grad Celsius. Langzeiturlauber mit Sehnsucht nach Ruhe und Wanderlust finden außerhalb der Saison die besten Bedingungen vor. Auf Formentera ist es oft noch etwas heißer und trockener als auf Ibiza. Hier macht sich die etwas kürzere Distanz zu Afrika offenbar bereits bemerkbar, und auf den Pityusen ist es wiederum oftmals etwas wärmer als auf den Inseln Mallorca oder Menorca, die noch weiter nördlich liegen.

Oben: Im Yachthafen von Sant Antoni de Portmany
Unten: Viele Routen sind gut zum entspannten Radeln geeignet.

Die südlichsten Baleareninseln

Ibiza und Formentera gehören mit den Inseln Mallorca und Menorca und Formentera zur Region der Balearen, die innerhalb Spaniens relativ unabhängig die Geschicke der Inseln bestimmt. Sitz der Balearenregierung ist Mallorca. Ibiza und Formen-

Oben: Nahe der Platja Estanyol deuten die Wegweiser auf eine Geheimtipp-Bar hin.
Unten: Auf dem Kunsthandwerkermarkt in Sant Antoni de Portmany

tera sind nicht nur die südlichsten Baleareninseln, sondern (nach Mallorca und Menorca) auch die beiden kleinsten – wobei Ibiza mit einer Fläche von 571 Quadratkilometern Formentera (rund 82 Quadratkilometer) fast um das Siebenfache übertrifft. Auch die Einwohnerzahlen unterscheiden sich entsprechend. Auf Ibiza leben rund 136 000 Menschen, während Formentera nur knapp 12 000 Einwohner hat. Hauptstadt von Ibiza ist Ibiza-Stadt (Katalanisch: Eivissa), und die Insel hat fünf Gemeinden: Santa Eulària (Santa Eulalia), Sant Antoni (San Antonio), Sant Josep (San José) und Sant Joan (San Juan). Die Gemeinde Formentera umfasst die gleichnamige Hauptinsel sowie die kleineren nördlich gelegenen Eilande Espalmador und Espardell. Sie gliedert sich in neun Ortsteile, Sitz der Inselverwaltung ist Sant Francesc (San Francisco).

Ibizenkisch und Kastilisch: Die Inselsprachen

Man merkt es schnell an den unterschiedlichen Ortsbezeichnungen und auch in anderen Situationen: So ganz Spanisch kommen einem die beiden Inseln nicht vor. Stattdessen sind – auch auf Landkarten – meist eher Wörter zu entdecken, die ungewöhnlich oft den Buchstaben »X« beinhalten, die Strände heißen in der Inselsprache »Platja« statt Playa, und statt mit dem schon vertrauten »Buenos Días« wird man gerade in kleineren Dorfgeschäften auch mal mit einem herzlichen »Bon dia!« begrüßt. Das spanische »La« ist vielerorts durch ein »Sa« ersetzt, das »Las« durch ein »Ses« – und so weiter. Es liegt daran, dass die Inseln zur spanischen autonomen Region der Balearen gehören und deren traditionelle Sprache – und damit auch die Amtssprache – Katalanisch ist und nicht Kastilisch. Letzteres ist das, was viele mit »Spanisch« gleichsetzen, also der weiter verbreiteten Sprache

Spaniens. In der Region Katalonien, die seit langem ihre Unabhängigkeit anstrebt, spricht man indes auch Katalanisch.

Abgesehen davon, dass dies ein Politikum mit Befürwortern und Gegnern ist, hängen viele Katalanen (beziehungsweise Ibizenker) schlichtweg an der ursprünglichen Sprache, die wie eine Mischung aus Spanisch und ein wenig Französisch klingt, und möchten sie als Kulturgut bewahren. Auf Ibiza ist es obendrein noch ein spezieller Dialekt (Ibizenkisch), der dem auf dem Festland verbreiteten Katalanischen ähnelt. Noch dazu gibt es lokale Unterschiede zwischen den Dialekten des Inselnordens bzw. -südens.

Grundsätzlich sind die Einheimischen aufgeschlossen und tolerant gegenüber dem vielschichtigen Publikum, das auf den Inseln einströmt. Womöglich hängt es mit der Hippie-Vergangenheit Ibizas und Formenteras zusammen – hier ist man einiges gewohnt. Zum guten Ton gehört es gerade in den ländlichen Regionen, nicht unbedingt Englisch oder gar Deutsch vorauszusetzen. Die Grundfloskeln in Spanisch zu beherrschen oder auch mal eine katalanische Begrüßung (»Bon dia«) genauso zu beantworten, öffnet Türen und Herzen.

Aufgrund der Einheitlichkeit verwendet dieser Reiseführer bei den Ortsbezeichnungen die Amtssprache Ibizas und Formenteras (Katalanisch/Ibizenkisch), so wie sie auch auf den offiziellen Beschilderungen und in den meisten Landkarten gebräuchlich ist. Dort, wo sich die Bezeichnungen stark unterscheiden, ist zusätzlich der Name in Spanisch (Kastilisch) angegeben. Wegen der besseren Lesbarkeit wurde jedoch überall dort, wo sich die Bezeichnungen der unterschiedlichen Sprachen ähneln, auf die zusätzliche Angabe in Kastilisch verzichtet.

AUTORENTIPP!

FÜNF BESONDERE LOKALE UND LANDHOTELS

Amante Beach Club. Tagsüber entspannter Beachclub, abends hochkarätiges Restaurant mit mediterraner Küche und Bar, umgeben von rötlichen Felsen. Sol d'en Serra C/Fuera SN, 07849 St. Eularia, via Cala Llonga, Tel. 971/196176, www.amanteibiza.com

Atzaró Agriturismo. Landhotel und Wellnessparadies de luxe. Abzweigung von der Straße nach St. Joan. Ctra. Sant Joan, km 15, Tel. 971/338838, Tel. Beachclub Cala Nova: Tel. 971/338838, www.atzaro.com

Chiringuito Sa Punta. Eine schlichte Bude mit einigen Tischen und Stühlen davor – Das Open-Air-Lokal braucht sich nicht mit Pomp hervorzutun. Auf der Landspitze Sa Punta (nach dem Ende des Promenadenwegs in den Felsen). April–Okt., ca. 14–22 Uhr.

Hidden Bar. Gartenrestaurant mit Bar, Crazy-Minigolf-Anlage und anderen verrückten Dingen zum Zeitvertreib. Fusion-Küche und Events. Carrer Cala Sant Vicent, Tel. 971/320253, www.hidden-bar.com

Sa Capella de Can Basora. Nahe der Höhlenkapelle Cova Santa Agnès (bei Sant Antoni) lockt ein gastronomisches Juwel. Der Hauptraum ist in einem Kirchenschiff untergebracht, und die Küche ist preisverdächtig. Ctra. Sant Antoni–Santa Agnès, km 0,5, Tel. 971/340057.

Oben: Unbedingt sollte man vor Ibiza und Formentera auch einmal abtauchen.
Unten: Auch Kinder finden ihren Spaß am Meer.

Platjas und Calas

Die Landschaften von Ibiza und Formentera sind vielfältig. Die wohl meisten Sommerurlauber kommen wegen der wunderschönen Strände, mit denen beide Inseln gut bestückt sind. Das Wasser ist meist kristallklar, und viele der teils karibisch anmutenden »Platjas« wurden bereits wiederholt mit der Blauen Flagge ausgezeichnet, dem jeweils für ein Jahr vergebenen Qualitätssymbol der Stiftung für Umwelterziehung (Foundation for Environmental Education – FEE).

Die zerklüftete Küste Ibizas ist durch zahlreiche sandige Calas (kleine Buchten) unterbrochen; hinzu kommen teils mehrere Kilometer lange Sandstrände wie die Playa d'en Bossa im Süden der Insel. Offiziell hat Ibiza 56 Badestrände. Auf Formentera sind es entsprechend weniger, doch auch die kleine Schwesterinsel ist fast nahtlos gesäumt von Bademöglichkeiten, ausgenommen das felsige Cap de Barbaria und die Hochebene La Mola.

Was tun bei »Quallenalarm«?

Zu Beeinträchtigungen beim Baden im Meer führt teilweise das erhöhte Aufkommen der Feuerqualle Pelagia noctiluca, auch Leuchtqualle genannt wegen ihres meist rosafarben schimmernden Schirmes, der einen Durchmesser von fünf bis zehn Zentimetern hat. Es ist die am häufigsten vorkommende Quallenart der Pityusen, der Kontakt verursacht ein Brennen auf der Haut bis hin zu starken Verbesselungen. Da die Qualle gut zu erkennen ist, sollte man vorbeugend die Augen offen halten. Tipp: Mit einer Schwimmbrille oder Tauchermaske sieht man die Qualle noch besser, und bei längeren Schnorcheltouren zum Beispiel schützt schon ein dünner Neoprenanzug die Haut. Als »Warnsignal« ist es auch zu werten, wenn an einem Traumstrand im Sommer niemand badet.

Ob die Quallen überhaupt in Strandnähe kommen und in wie großer Zahl, hängt von unterschiedlichsten Umgebungsfaktoren ab, etwa von Strömungen oder erhöhten Wassertemperaturen. An verschiedenen Stränden findet man Hinweistafeln. Seit einigen Jahren hat das Auftreten offenbar zugenommen, was wohl unter anderem darauf zurückzuführen ist, dass die Zahl ihrer natürlichen Feinde wie der Unechten Karettschildkröte (Caretta caretta) durch teils angewendete fragwürdige Fischfangmethoden reduziert wurde. Doch nicht jede Qualle hat Nebenwirkungen: Es kommen rund um Ibiza und Formentera auch andere Quallenarten vor, von denen einige keine Vernesselungen hervorrufen, etwa die Spiegeleiqualle, die so aussieht, wie sie heißt. Diese Quallenarten sind jedoch weitaus seltener zu beobachten.

Wundervolle Unterwasserwelten

Faszinierenden Meereslebewesen wie Barrakudas, Drachenköpfen oder Rochen kann man beim Tauchen begegnen. Die wunderschöne Unterwasserwelt der Pityusen ist ohnehin schon Grund genug, diesen Sport zu erlernen, sofern man nicht bereits einen Tauchschein mitbringt. Mit den Naturparks Ses Salines ist ein Gebiet besonders eindrucksvoller Tauchplätze vorhanden, das den Süden Ibizas und den Norden Formenteras erfasst. Auf beiden Inseln gibt es Tauchschulen, die mit einer Sondergenehmigung Bootstauchgänge unternehmen (Scuba

Oben: Die Cala de Sant Vicent ist gesäumt von einer Steilküste.
Unten: Zeit zum Trocken: Neopren-Füßlinge in Portinatx

Oben: Schon zu punischen Zeiten wurde hier Salz gewonnen: Ses Salines
Mitte: Auch der Granatapfel gedeiht auf Ibiza.
Unten: In den Salinen tummeln sich zahlreiche Vogelarten.

Ibiza und Vellmari auf Formentera). Auch in anderen Inselteilen lohnt sich dieser Wassersport, zu entdecken sind unter anderem Felslandschaften mit Grotten und Canyons, in denen sich Muränen, Zackenbarsche, Oktopusse, Langusten und zahlreiche andere Meerestiere verbergen. Nicht minder beeindruckend ist die Meeresflora.

Der Wert des Neptungrases

Taucher und Schnorchelnde sollten, so wie es eine gute Ausbildung auch vermittelt, sich umsichtig bewegen, um die fragilen Ökosysteme nicht zu beeinträchtigen. Dazu gehören insbesondere die ausgedehnten Seegraswiesen vor einigen Küstenbereichen. Das Neptungras (Posidonia oceanica) bildet eine wertvolle Basis mariner Ökosysteme, und die Vorkommen im Mittelmeer sind europaweit einzigartig. Die Pflanze trägt auch zum Küstenschutz bei, indem sie natürliche Dämme bildet. An den naturbelassenen Stränden Ibizas sollte man sich also nicht mokieren über die oft großen Mengen des dann bräunlich verfärbten angeschwemmten Grases, das aus Naturschutzgründen dort belassen wird, sondern sich im Gegenteil daran erfreuen, dass die Natur hier ihren Beitrag leisten darf. Zum Schutz der Neptungraswiesen hat die Regierung der Balearen zudem besondere Ankerregelungen an Stränden wie Ses Salines erlassen, die stark von Sportbooten frequentiert werden: Statt den Anker auszuwerfen und damit die Seegrasbestände zu zerstören, ist an eigens dafür vorgesehenen Bojen festzumachen.

Zwei eindrucksvolle Naturparks

Zum Naturpark Ses Salines gehören eine Landfläche von fast 1800 Hektar und ca. 13 600 Hektar Meeresfläche. Er umfasst mehrere besondere Ökosysteme: die Sümpfe der Salinen, weitläufige

Kennen Sie die Pityusen?

Dünenstrände, Haine aus hundertjährigen Zedern, die Steilküsten sowie weitere felsige Küstenzonen, in denen auch seltene Vögel wie der Fischadler beheimatet sind. Auch die Felseninselgruppe Des Freus mit Eilanden wie s'Espalmador, s'Espardell und Des Penjats zwischen Ibiza und Formentera gehört dazu. Espalmador darf unter Beachtung der Naturschutzauflagen besucht werden und ist ein zauberhaftes Ausflugsziel.

Neben dem Naturpark Ses Salines hat Ibiza noch einen weiteren Naturpark zu bieten, der zur landschaftlichen Schönheit und zum ökologischen Wert der Insel beiträgt. Er umfasst das Gebiet um Es Vedrà, Es Vedranell und die Felseninseln im Westen (nahe Sant Antoni) und gehört zum Bezirk Sant Josep de sa Talaia. Zu diesem Naturschutzgebiet gehört auch die höchste Erhebung der Insel – der Sa Talaia (485 Meter), dessen Kuppe eines der schönsten Wanderziele ist, mit Panoramablick fast über die gesamte Insel.

Eine duftende und erblühende Insel

Wander- und Radwanderrouten führen über die Pityusen, teils markiert und auch in einigen Wanderführern beschrieben. Einige Beispiele sind auch in diesem Buch enthalten. Selbst zur trockensten Sommerzeit bleibt es auf den »Pinieninseln« ziemlich grün, wozu insbesondere auf Ibiza der hohe Bestand an Pinienwäldern beiträgt. Allerdings kann besonders dann schon eine achtlos weggeworfene Zigarettenkippe verheerende Folgen haben: Im Norden Ibiza kam es in den vergangenen Jahren wiederholt zu teils schweren Waldbränden.

Große Teile beider Inseln werden landwirtschaftlich genutzt, neben oft von Trockenmauern gesäumtem Ackerland prägen Haine von Mandel-, Oliven-,

Oben: Kristallklares Wasser, ideal zum Tauchen und Schnorcheln!
Mitte: Himmlischer Ausblick von der Sa Talaia bei Sant Josep.
Unten: Besonders im Frühjahr und im Herbst wird es farbenfroh auf den Inseln.

Oben: Weinanbau in Sant Mateu
Unten: Die Inselweine sind in vielen Geschäften erhältlich.

Zitronen-, Orangen-, Feigen- und Johannisbrotbäumen das Bild. Im Frühjahr (das hier bereits im Februar beginnt) erblühen prachtvolle Landschaften mit Mohnblumenwiesen, der goldgelben Immortelle, duftendem Lavendel und vielen anderen Wildpflanzen. Naturschauspiel des Jahres ist die Mandelblüte zwischen Mitte Januar und Mitte Februar, besonders eindrucksvoll zeigt sie sich im Tal von Santa Agnès nördlich von Sant Antoni.

Zutaten für den Inselllikör »Hierbas«

Mediterrane Kräuter, vor allem der Rosmarin, gedeihen in den Wäldern und Küstenbereichen und bilden Zutaten für die Inselküche (z. B. Lamm und Kaninchen), sowie für den aromatischen Insellikör Hierbas (wörtlich »Kräuter«), der in zahlreichen Varianten erhältlich und auch ein schönes Mitbringsel ist. Und, was oftmals übersehen wird: Die Pityusen sind auch ein nicht unbedeutendes Weinanbaugebiet. Auf Ibiza gedeihen die Reben vor allem in der Region Es Brolls bei Sant Mateu, auf Formentera gibt es die beiden Anbaugebiete auf dem Cap de Barbaria und auf der Hochebene La Mola. Die Inselweine bekommt man in einigen Geschäften und Supermärkten. Auch die Heilpflanze Aloe vera wächst wild auf Ibiza, und zum Beispiel in der »Casita Verde« einem Ökoprojekt in den Bergen bei Sant Josep, können sich Interessierte über die Nutzung informieren. Ibiza ist auch ein

Standort der weltweiten Non-Profit-Organisation Greenheart: Das grüne Herz steht für nachhaltige Geschäftsaktivitäten und Produkte.

Die Salinen von Ibiza und Formentera

Eine große Tradition – schon seit punischen Zeiten – hat auf beiden Inseln die Salzgewinnung. In den Salinen von Ibiza wird das Meersalz nach wie vor in großem Stil produziert, zu finden als reguläres Speisesalz auch in Supermärkten. Auf Formentera wurde die zeitweise eingestellte Produktion nun wiederaufgenommen und dient einer kleineren Menge von kulinarischen Produkten wie dem aus der Salzblume gewonnenen feinen »Flor de Sal«, das übrigens auch auf Ibiza produziert wird. Landschaftlich sind die Salinen mit den in verschiedenen Farbtönen schimmernden Salzbecken überaus reizvoll, vor allem in der Morgen- und Abenddämmerung. Das einzigartige Ökosystem ist außerdem Lebensraum einer artenreichen Fauna.

Flamingos und Geckos

Neben zahlreichen Zugvögeln gibt es einige Vogelarten, die ganzjährig auf den Pityusen leben, in großen Scharen die Silbermöwe, außerdem sind zum Beispiel Komorane, Wanderfalken und Fischadler zu beobachten. Etwas Besonderes sind die rosaroten Flamingos in den Salinen. Auf Ibiza sieht man ihren leider auf wenige Tiere reduzierten Bestand regelmäßig. Die Flamingos aus den Salinen von Formentera wurden lange Zeit nicht mehr gesehen, sollen nun aber auch dort vereinzelt wieder aufgetaucht sein.

Ibiza gab der balearischen Hunderasse »Podenco Ibicenco« (Katalanisch: Ca Eivissenc) ihren Namen.

Oben: Ein noch junger Mandelbaum in voller Blüte.
Mitte: Insel-Salz, schlicht verpackt, ist ein schönes Souvenir.
Unten: Pflückfrische Zitronen bereichern die Gastronomie.

Oben: Eidechsen lieben die warmen Felsen.
Unten: Der Rassehund Podenco Ibicenco.

Die schlanken Windhunde werden heute in England gezüchtet und vor allem für die Jagd eingesetzt. Endemische Vertreter der wilden Tierwelt auf den Pityusen sind insbesondere der Mauergecko und die Pityuseneidechse. Man sieht die possierlichen Tierchen häufig in den felsigen Bereichen der Strände, wo sie Strandurlaubern gern mal Krümel von Proviantkeksen stibitzen. Ein Gecko im Haus bringt Glück, heißt es auf Ibiza, und so verwundert es nicht, dass er oft Türen und Wände ziert oder auch mal als Tattoo die Haut.

Das Erbe der Phönizier

Auch einige bedeutende archäologische Ausgrabungsstätten gibt es auf der Insel, die schon von den Phöniziern geprägt wurden – etwa die Nekropole am Puig des Molins oder die Überreste ihrer ersten punischen Siedlung in der Bucht von Sa Caleta. Übrigens: Die Bezeichnungen »Phönizier«, »Karthager« und »Punier« sind auf dasselbe Volk zurückzuführen, werden also weitgehend synonym verwendet. Es kam ursprünglich aus Phönizien und wurde erst nach der Gründung der Stadt Karthago auch als die Karthager bezeichnet. Aus dem Lateinischen wiederum stammt der Begriff »Punier« – so nannten die Römer dieses Volk.

Inseln der Piraten

Im 15. und 16. Jahrhundert wurden Ibiza und Formentera schwer von Piratenangriffen gebeutelt. Die Kosaren enterten die Inseln, verwüsteten ganze Dörfer und raubten Menschen, um sie zu versklaven. Es führte zeitweise zur nahezu vollständigen Entvölkerung Formenteras. Spaniens König Philipp II. schließlich beschloss, Ibiza »für alle Zeiten uneinnehmbar« zu machen, und befahl 1556 den Neubau der mächtigen Festung von Eivissa. Bald darauf wurde die Küstenlinie von Ibiza und Formentera mit einem raffinierten Warnsystem ausgestattet: Um die Piraten zeitig zu erspähen, baute man Verteidigungstürme rund um beide Inseln. Sobald ein Schiff am Horizont erschien, wurden Signale gegeben: Rauchzeichen am Tag, Lagerfeuer bei Dunkelheit. Es stand immer ein anderer Turm in Sichtweite, der die Zeichen dann weitergab. So pflanzten sich die Warnfeuer rasch um die Insel, und die Einwohner verschanzten sich in den Wäldern. Viele suchten auch Schutz in den Festungskirchen – ein weiteres Zeugnis der barbarischen Zeiten. Die Gotteshäuser dienten auch als Piratenschutz und trugen teils sogar Kanonen auf dem Dach. Auch die Bauern sicherten ihre Höfe, manch einer errichtete meterdicke Schutzmauern und Türme, sodass ganze Wehrdörfer entstanden. Die Siedlung Balàfia bei Sant Llorenç im hügeligen Hinterland zeigt dies noch sehr deutlich. Auch von den Wehrtürmen »Torres« und Wehrkirchen sind noch einige geblieben. Die Kirche von Sant Jordi im Inselsüden trägt sogar Wehrzinnen wie eine kleine Burg. In Santa Eularia wurde eine Wehrkirche zum Schutz der Nordostküste auf dem Hügel Puig d'es Missa errichtet.

Oben: Die Festung von Dalt Vila, schon immer piratensicher.
Mitte: Auch das Wehrdorf Sant Llorenc de Balàfia zeugt von wilderen Zeiten.
Unten: Die Zinnen der Wehrkirche von Sant Jordi

Geschichte im Überblick

2000–1600 v. Chr. Erste Siedler hinterlassen Spuren auf den Pityusen (Ibiza und Formentera). Davon zeugen etwa das Großsteingrab Ca Na Costa auf Formentera und die Höhlenmalereien in Ses Fontenelles bei Sant Antoni auf Ibiza. Es handelte sich dabei wohl um iberische Hirtenvölker.

Ab 700 v. Chr. Die Phönizier (Karthager) gründen im Südwesten Ibizas eine Siedlung namens Sa Caleta. Deren Überreste sind dort heute als Ausgrabungsstätte zu besichtigen. Bald darauf gründete das Volk an der östlichen Seite der heutigen Hafenbucht von Eivissa eine Kolonie, die es Ibes bzw. Ebusim nannte, wohl nach dem ägyptischen Gott Bes, dem Schutzgeist des Hauses, der aber auch für Musik, Tanz und Freude steht. Diese größere Siedlung, die auch das Münzrecht besaß, entwickelte sich zu einem bedeutenden Warenumschlagplatz im Mittelmeerraum.

Ab 123 v. Chr. Die Römer gewinnen auf den Balearen die Oberhand: Die Phönizier unter Hannibal unterlagen im Zweiten Punischen Krieg in der Schlacht bei Zama (202 v. Chr.) und mussten der Siegermacht nun auch die Insel Ibiza überlassen. Unter den Römern heißt Ibiza-Stadt Ebesus. 70 v. Chr. wird Ebesus in Flavia Augusta umbenannt und dem Römischen Reich eingegliedert. Unter Kaiser Vespasian entstehen die Häfen Portus Salarius (heute La Savina) auf Formentera sowie Portus Magnus heute (Sant Antoni de Portmany) auf Ibiza. Formentera nennen die Römer Frumentaria, die »Weizenreiche«.

380. Als das Christentum zur römischen Staatsreligion wird, erfolgt auch die Christianisierung der Balearen.

5. Jh. Unter ihrem König Gunderich (379 bis 428) fallen die Vandalen über Ibiza her und verwüsten die Insel nahezu vollständig. Die Vertreibung der Eindringlinge gelingt schließlich dem oströmischen Feldherrn Belisar in den Jahren 533 und 534. Über Ibiza regiert nun Byzanz, das spätere Konstantinopel, nach Rom die bedeutendste Stadt des Imperium Romanum.

711. Die Mauren erobern Ibiza. Stabilisieren konnten die Mauren ihre Macht auf Ibiza erst im frühen 10. Jh. Behaupten mussten sie sich besonders gegenüber den Wikingern im Jahr 859.

Um 1009 Als die Balearen zusammen mit dem Küstenort Denia zum unabhängigen Königreich erklärt werden, nehmen auch die Überfälle arabischer Piraten überhand, die vor allem von Mallorca und Menorca aus ihre Beutezüge starten. Die islamische Herrschaft über Ibiza kann sich noch bis ins späte 12. Jahrhundert halten, von 1203 bis 1235 vertreten durch die nordafrikanische Berberdynastie der Almoraviden.

Ab 1229 erfolgt die Eroberung auch der Pityusen durch die Katalanen. 1256 ruft Jaume II. das Königreich Mallorca aus. 1299 gründete der Monarch auf Ibiza eine Verwaltungsbehörde (die »Universidad«). Damit erhalten Ibiza und Formentera eine eingeschränkte autonome Verwaltung, die bis in das 19. Jh. Bestand hat. Das

Königreich Mallorca fällt 1349 nach dem Tod Jaumes III. an Aragón unter König Pedro IV. zurück.

Ende 15. Jh. Mit der Entdeckung Amerikas durch Christoph Kolumbus verliert der Mittelmeerhandel an Bedeutung. Das Interesse der spanischen Krone an Ibiza und Formentera lässt nach. Piraten nutzen die Lage, was auch zeitweise zur Entvölkerung Formenteras führt.

17. Jh. Erst jetzt kann die kleine Pityusen-Insel wieder besiedelt werden. Auf Ibiza und Formentera entsteht das Schutzsystem der Wehrtürme, um gegen weitere Angriffe gefeit zu sein. Unter Philipp II. von Spanien, dem Sohn von Karl V., wird bereits ab 1556 mit dem Neubau der Stadtmauern von Ibiza-Stadt begonnen. Durch die Piratenangriffe sowie die spanische Inquisition geraten die Ibizenker derart in wirtschaftliche Bedrängnis, dass sie selbst aus Eigenschutz zu Freibeutern werden. Der ibizenkische Korsar Antonio Riquer Arabi wird bis heute mit einem Obelisken als Held verehrt.

19. Jh. Nach der Eroberung Algiers durch die Franzosen (1830) kann das Korsarentum im Mittelmeer beendet werden.

1936–1939 Der Spanische Bürgerkrieg schwächt die Insel, Ibiza wird von den Nationalisten kontrolliert.

1939 Mit dem Beginn der Franco-Diktatur werden katalanische Kultur und Sprache zensiert.

1920er-Jahre Künstler beginnen die Inseln für sich zu entdecken.

1960er-Jahre Ibiza wird zur Insel der Hippies und Aussteiger. Mit Eröffnung des Flughafens 1958 beginnt der Massentourismus.

1975 Nach Francos Tod wird Juan Carlos I. König von Spanien und führt allmählich die Demokratie ein.

1983 Erst jetzt, als die Balearen ihren Autonomiestatus erhalten, wird Katalanisch wieder zur Amtssprache.

1990er-Jahre. Der Tourismus auf den Pityusen erlebt einen neuen Boon, und Ibiza entwickelt sich zur Partyinsel. Neue Hotelburgen entstehen.

1999. Die biologische Vielfalt und Kultur von Ibiza werden von der UNESCO zum Weltkulturerbe erklärt. Dazu tragen insbesondere die Festungsstadt Dalt Vila bei, aber auch andere kulturelle Orte und Naturräume wie Sa Caleta und die Neptungraswiesen.

2001 Die jährliche Touristenzahl Ibizas überschreitet die 1,5 Millionen-Grenze.

2011 Das linksgrüne Bündnis wird durch die konservative Volkspartei PP abgelöst.

2013 Spanien wird von der Wirtschaftskrise gebeutelt. Auf den Pityusen macht sie sich etwas weniger bemerkbar, da der weiterhin anhaltende Tourismus auf den Inseln die Haupteinnahmequelle ist.

DER OSTEN

Vorangehende Doppelseite: Der Kern von Eivissa ist eine mittelalterliche Festung.
Mitte: Die Kathedrale Santa Maria des Neus krönt die Oberstadt.
Unten: Das Bollwerk ist originalgetreu mit Kanonen ausgestattet.

1 Dalt Vila

Eivissas historisches Herz

Unerschütterlich ruht Dalt Vila über den Dächern von Ibiza-Stadt, die heute wieder ihren katalanischen Namen Eivissa trägt. Errichtet als Piratenschutz mit sieben Bollwerken und mehrere Meter dicken Mauern. Die mittelalterliche Festung, seit 1999 Weltkulturerbe der UNESCO, bietet eine sagenhafte Aussicht auf die Stadt, den Hafen und das Meer und spannende Einblicke in die Inselgeschichte.

Schon von weitem sichtbar ist die nachts erleuchtete Kathedrale Santa Maria de les Neus. Dalt Vila bedeutet wörtlich übersetzt »obere Stadt«. Wie dahingewürfelt türmen sich ihre Bauten aufeinander, die weiß gekalkten Häuser mit ihren Treppchen, Balkonen, Nischen, Fensterläden und Türen in allen Farben, Fresken und Ornamenten und mediterraner Blütenpracht. Ein Labyrinth aus Häusern und verwinkelten Gassen, ein Dorf inmitten der Stadt. Manche Häuser wurden aufwändig saniert, es zogen feine Hotels, Apartments und Restaurants ein. Neu gestaltete Museen wie etwa die kubistische Architektur des Museu d'Art

MAL EHRLICH

DER RICHTIGE ZEITPUNKT

An manchen Sommertagen strömen so viele Besucher durch Dalt Vila, dass vom mittelalterlichen Zauber kaum noch etwas zu spüren ist. Am besten früh da sein und den Sonnenaufgang genießen – oder zu einer anderen Jahreszeit zwischen Oktober und April. Und im Abendlicht entfaltet Dalt Vila sein ganz besonderes, geheimnisvolles Flair.

Dalt Vila erkunden

Ein Rundgang zu den sehenswertesten Plätzen und zugleich eine Reise ins Mittelalter.

A Portal de Ses Taules – Der Weg über das eindrucksvolle Portal mit der Zugbrücke ist die schönste Möglichkeit, nach Dalt Vila zu gelangen.

B Patio des Armas (Waffenhof) – In dem düsteren Gewölbe hört man noch förmlich die Rüstungen klappern …

C Plaça de la Vila – … und plötzlich steht man mitten im bunten Touristenleben der Neuzeit.

D Plaça dels Desamparats – Die Bronzeskulptur des Historikers Isidor Macabich verdient Beachtung.

E Baluard de Santa Llúcia – eines der sieben Bollwerke der Festung.

F Catedral Santa Maria de les Neus – Die Kathedrale krönt die historische Oberstadt.

G Archäologisches Museum – informiert über die wechselvolle Geschichte Ibizas und Formenteras.

H Baluard de Sant Jordi – Diese weitere Bastion liegt am oberen Rundweg, der auch herrliche Panoramen bietet.

I Baluard de Sant Jaume – Bastion mit einem kleinen Museum zur Waffengeschichte.

J Baluard de Sant Pere – In dieser Bastion gibt es eine audiovisuelle Ausstellung zum Bau der Festungsanlage.

K Museu d'Art Contemporani d'Eivissa (MACE) – Das Museum für zeitgenössische Kunst verbirgt sich im Baluard de Sant Joan.

L Capella de Sant Ciriac – Die unscheinbare Kapelle erinnert an die katalanische Eroberung der damals maurisch besetzten Stadt.

M Museu Puget – Museum mit ibizenkischer Kunst aus dem frühen 20. Jh.

N Madina Yabisa-La Cúria – Das Kulturzentrum informiert Besucher über die arabische Epoche, als Eivissa »Madina Yabisa« hieß.

O Ajuntament – Rathaus an der Plaça d'Espanya im Gebäude eines ehemaligen Dominikanerklosters aus dem 16. Jahrhundert.

P Es Soto Fosc – Das dunkle Wäldchen« ist ein alter Fluchtweg, der auf der Südseite aus Dalt Vila herausführt.

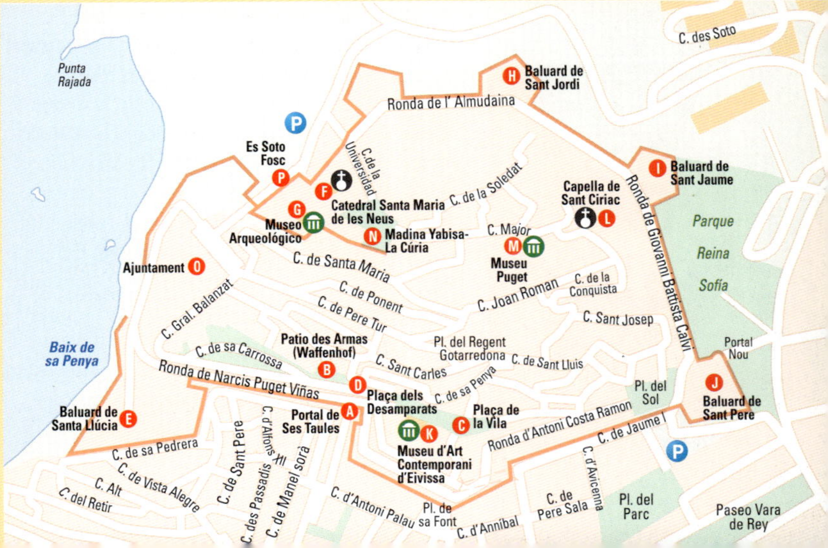

AUTORENTIPP!

MERCAT VELL – DER ALTE MARKT

Der kleine, feine Platz nahe dem Eingangsportal von Dalt Vila lohnt einen Zwischenstopp. Unter dem Dach des offenen, wie ein griechischer Tempel gestalteten Gebäudes (1872) gibt es einen Obst- und Gemüsemarkt mit beschaulicher Atmosphäre. Der Markt bietet vieles, was Herz und Gaumen begehren, inklusive frisch gepresster Fruchtsäfte und Smoothies. Wer als Selbstversorger in einem der zahlreichen Apartmenthotels im Hafenviertel oder in der Altstadt Quartier bezogen hat, kann sich hier nach Lust und Laune mit Frischware versorgen – in Bioqualität! Rundherum laden kleine, schön geschützt liegende Cafés zum Verweilen ein wie etwa die schon fast legendäre Croissant Show. Am Markt selbst trifft man eher Einheimische als Touristen. Wunderbar für eine Pause vor oder nach dem Besuch der Festung.

Croissant Show.
Pl. de la Constitución,
Tel: 971 / 31 76 65.

Contemporani d' Eivissa bereichern das historische Erscheinungsbild des Weltkulturerbes. Fast zwei Kilometer lang und bis zu 20 Meter hoch ist die mächtige Stadtmauer, die in ihrer heutigen Form aus dem 16. Jahrhundert stammt. Einige ihrer Elemente sind sogar noch älter. Mehrsprachige Infotafeln an den verschiedenen Eingangspforten erleichtern den Touristen die Orientierung.

Rundgang durch das Mittelalter

Bereits im 7. Jahrhundert vor Christus gründeten die Phönizier (Karthager) an diesem Ort eine erste Kolonie namens Ibosim. Es folgten im 2. Jahrhundert die Römer, dann die Vandalen, Byzantiner und Mauren und schließlich die spanische Monarchie des Mittelalters. Sie alle nutzten die exponierte Lage Dalt Vilas als Festung. Jede Ära hinterließ ihre Spuren, die sich in zahlreichen Details verbergen – am schönsten zu entdecken bei einem Rundgang, beginnend beim Portal de Ses Taules am Alten Markt (Mercat vell).

Über eine schwere Zugbrücke geht es durch das Gemäuer. Am Zugang grüßt schon das alte Rom in Form zweier kopfloser Statuen. Die rechte stellt die Göttin Juno dar, die linke einen römischen Legionär. Es sind Kopien, die Originale befinden sich ganz in der Nähe, im Archäologischen Museum von Dalt Vila (siehe Seite 40). Die Inschrift über dem Tor entstand rund 1500 Jahre später, sie verkündet: Philipo Rege Haec Construebantur (»dies wurde dem König Philipp erbaut«). Gemeint ist der spanische Thronfolger Philipp II., der von 1527 bis 1598 lebte und die heutige Festungsanlage errichten ließ. Sie wurde von dem italienischen Ingenieur Giovanni Battista Calvi entworfen und 1585 fertiggestellt, die rekonstruierte Zugbrücke stammt aus der Neuzeit.

Das Flurgewölbe des Eingangsportals führt zunächst in den Waffenhof (Patio des Armas), in dem sich einst die Soldaten und Offiziere aufhielten. Auf der anderen Seite mündet es in die Plaça de la Vila mit Souvenirständen, Restaurants und kleinen Läden, die sich ästhetisch in die historischen Bauten fügen. An der platzseitigen Torfront des Waffenhofes verbirgt sich die Skulptur des römischen Heerführers Lucio Oculacio. Rechts an ihr vorbei leitet das Kopfsteinpflaster hinauf zur Plaça dels Desamparats. Dort steht – im Schatten eines alten Eukalyptusbaumes – die Bronzeskulptur eines für Ibiza besonders bedeutenden Mannes. Es handelt sich um den Historiker Isidor Macabich (1883–1973), der die große »Historia de Ibiza« verfasst hat.

Bollwerk mit Pulverturm

Immer weiter führt das Sträßlein hinauf, bis links der Baluard de Santa Llúcia zu sehen ist, eines der sieben Bollwerke der Festungsstadt. Hier wurde das Mittelalter auf eindrucksvolle Weise rekonstruiert: Kanonen stehen in den Schießscharten, als warteten sie noch immer darauf, abgefeuert zu werden. Am äußersten Eck des Bollwerks befindet sich der Nachbau des Pulverturms Es Polvori. Das Original war 1730 durch einen Blitzschlag in Schall und Rauch aufgegangen. Es eröffnet sich auch eine erste schöne Aussicht über Eivissa, den Hafen und das Meer.

Gegenüber dem Baluard ragt die Kathedrale Dalt Vilas aus den Dächern der Altstadt, gewidmet Santa Maria de les Neus (kastilisch: de las Nieves), der »Heiligen Jungfrau des Schnees«. Die nun steil ansteigenden Gassen führen direkt zum Kirchvorplatz (Plaça de la Catedral). Dort, wo sich das Gotteshaus erhebt, sollen im Lauf der Jahrhunderte bereits ein römischer Tempel, eine frühchristliche

Oben: Das Denkmal ehrt Isidor Macabich, Verfasser der »Historia de Ibiza«.
Unten: Schöne Sonnenhüte und auch die für Ibiza typische Adlib-Mode bekommt man in Dalt Vila.

AUTORENTIPP!

FERIA MEDIEVAL – MITTELALTERFEST

Alljährlich am zweiten Wochenende im Mai feiert Eivissa drei Tage lang das Mittelalter. Es ist hierfür die beste Reisezeit, der Auftakt zur Hauptsaison, mit lauen Nächten und noch nicht ganz so heißen Tagen. Wie aus einem Dornröschenschlaf erwacht das Dalt Vila vergangener Zeiten, wenn Gaukler und Minnesänger durch die Gassen ziehen, Fakire und Schlangenbeschwörer ihre Künste zeigen. Im Gemäuer fackeln die Lichter der Feuerkünstler, es duftet nach Spezialitäten, Gebratenem, Gewürzen ... An jeder Ecke wird ein neues Märchen lebendig. Bis hinauf zur Kathedrale schmückt sich die Altstadt mit Flaggen und Ständen, mit Akrobaten, Tänzern und Jongleuren, Händler bieten mittelalterliche Waren feil. Man vergisst, wer Besucher ist und wer Darsteller, hebt die Kelche und feiert. Als Dorfgemeinschaft, wie vor Jahrhunderten.

Basilika und eine maurische Moschee gestanden haben. Im 13. Jahrhundert begannen die Christen mit dem Bau einer gotischen Kathedrale, die erst 1592 fertiggestellt wurde. Die heutige Optik entspricht dem Stand des späten 18. Jahrhunderts, als Eivissa Bischofssitz wurde (1782). In der Sakristei der Kathedrale befindet sich das Museu de sa Catedral mit dem Kirchenschatz.

Bastionen mit Ausstellungen

Im Archäologischen Museum neben der Kathedrale ist die epochale Vielfalt zum Greifen nah. Auch das Gebäude selbst berichtet von der bunten historischen Vergangenheit Dalt Vilas: Die »Erlöserkapelle«, in der heute der Empfangsbereich untergebracht ist, präsentiert sich in der himmelwärts strebenden Architektur der Gotik. Im mittleren Bereich des Baus finden sich Ornamente aus Backstein und Gips – Einflüsse des spanisch-islamischen Mudéjar-Stils. Der rechte Gebäudeteil hingegen weist barocke Stilelemente auf.

Vom Kirchplatz aus bietet sich ein Rundgang zu weiteren sehenswerten Bollwerken (Baluards) an: Über den Carrer de la Universidad führt ein Weg (Ronda) entlang der Festungsmauern, immer wieder eröffnen sich spektakuläre Panoramen unter dem meist strahlend blauem Himmel oder in stimmungsvollem Abendlicht. So passiert man zunächst den Baluard de Sant Jordi und gelangt zum Baluard de Sant Jaume, der mit einem kleinen Museum ausgestattet ist. Es informiert auf höchst anschauliche Weise über die Verteidigung ab dem 16. Jahrhundert – Besucher dürfen zum Beispiel eines der schweren Korsetts anprobieren. In den Kasematten des Baluard de Sant Pere wird anhand von audiovisuellen Projektionen gezeigt, wie es möglich war, die imposante Festungsanlage von Dalt Vila zu errichten.

Capella de Sant Ciriac

Es lohnt sich, auch den anderen verwinkelten Wegen innerhalb Dalt Vilas zu folgen. Sie führen unter anderem zum Museum für zeitgenössische Kunst (Museu d'Art Contemporani) im Baluard de Sant Joan und zum Museu Puget mit Arbeiten ibizenkischer Künstler. Im Kulturzentrum Madina Yabisa-La Cúria leben die arabischen Zeiten wieder auf, als die Stadt Madina Yabisa hieß. Zudem zeigt dort ein audiovisuelles Befestigungsmodell, wie sich Dalt Vila entwickelte. Zu beachten sind auch das Rathaus (Ajuntament) an der Plaça d'Espanya und weitere sakrale Sehenswürdigkeiten. Darunter auch eine kleine Kapelle von besonderer Bedeutung: Die Capella de Sant Ciriac erinnert an die katalanische Eroberung der maurisch besetzten Stadt am Tag des heiligen Cyriakus (8. August 1235). Unter dem Altar spielt eine angedeutete Tunnelöffnung auf die Ankunft der christlichen Eroberer an.

Tunnel Es Soto Fosc

Hinter der Kathedrale führt ein unscheinbares Gässchen nach Es Soto, auf die andere Seite Dalt Vilas, die noch mehr Mittelalter zeigt als die Vorderstadt mit ihren Wohnhäusern und Cafés und Boutiquen. Zur Rechten öffnet sich nach wenigen Metern ein dunkles Tor in der Festungsmauer. Dies ist der Zugang zum Tunnel nach Es Soto Fosc. Er führte zum »dunklen Wäldchen«, so die wörtliche Übersetzung, und ist ein alter Fluchtweg, durch den die Belagerten früher aus der Burg zur Steilküste gelangen konnten. Dort, wo heute Licht durch vergitterte Öffnungen fällt, schütteten die Verteidiger damals Steine und brennendes Pech auf eindringende Feinde. Am unteren Ende des Ganges empfängt das Hier und Jetzt: Der neuzeitliche Parkplatz ist ein weiterer möglicher Startpunkt für einen Rundgang durch Dalt Vila.

AUTORENTIPP!

FESTES DE LA TERRA

In der ersten Augustwoche strahlt Eivissa in besonderem Glanz. Bunte Umzüge füllen die Straßen, es gibt Aufführungen, Folklore und Konzerte auf vielen Plätzen, Wettbewerbe und Ausstellungen. Acht Tage lang wird geschwelgt, geehrt und gesungen. Die Inselhauptstadt feiert die »Festes de la Terra« (Fiestas de la tierra). Das bedeutet so viel wie »die Feste unseres Landes«. Der 5. August gehört Eivissas Schutzpatronin Santa Maria de les Neus. Drei Tage später ehrt man den Heiligen Sant Ciriac – und gedenkt damit der Eroberung Ibizas durch die Katalanen am 8. August 1235. Zum Festakt gehören auch eine Rast in der Kapelle von Sant Ciriac, Paella für alle und die »berenada popular«, ein gemeinschaftliches Picknick auf dem Hügel des Puig des Molins. Die Feierlichkeiten krönt ein Feuerwerk über den Dächern von Dalt Vila. Das Lichterspektakel am Himmel ist auch schon aus der Ferne betrachtet ein großes Erlebnis.

Infos und Adressen

SEHENSWÜRDIGKEITEN

Ajuntament d'Eivissa. Rathaus im Gebäude eines ehemaligen Dominikanerklosters (1592, Es Convent Sant Domenec). Eivissa wird heute wieder von der Festung aus regiert. Okt.–März Di–Fr 10–16.30 Uhr, Sa/So 10–14 Uhr; April–Juni/Sept. Di–Fr 10–14 Uhr/17–20 Uhr, Sa/So 10–14 Uhr; Juli/August Di–Fr 10–14 Uhr und 18–21 Uhr, Sa/So 10–14 Uhr. feiertags geschl., Plaça d' Espanya. www.eivissa.es

Baluard de Sant Jaume. Bastion mit kleinem Museum. Ronda Calvi, www.eivissa.es

Im Museum für zeitgenössische Kunst

Baluard de Sant Pere. Auch in dieser Bastion gibt es eine Ausstellung. Okt.–März Di–Fr 10–16.30 Uhr, Sa/So 10–14 Uhr; April–Juni/Sept. Di–Fr 10–14 Uhr und 17–20 Uhr, Sa/So 10–14 Uhr; Juli/Aug. Di–Fr 10–14 Uhr und 18–21 Uhr, Sa/So 10–14 Uhr, feiertags geschl., Portal Nou, www.eivissa.es

Capella de Sant Ciriac. C/. de Sant Ciriac

Castell Almudaina. Mittelalterlicher Kern der Burg von Eivissa. Derzeit wegen Umbau nicht zugänglich, die touristische Nutzung ist geplant. Ronda del Almudaina, www.eivissa.es

Catedral Santa Maria de les Neus. In der Sakristei befindet sich das Museu de sa Catedral mit dem Kirchenschatz. Kathedrale und Museum Mo–Sa 10.30–13 Uhr. Messe So/feiertags 10.30 Uhr, Plaça de la Catedral.

Església Hospitalet. Der Name der Kirche erinnert an die Zeiten eines Krankenhauses mit Kapelle. Derzeit Ausstellungsraum für Werke junger Künstler. Carrer de Sant Josep (nahe dem Hotel El Palacio). Di-So 10–13 Uhr.

Església de Sant Domingo. Die ehemalige Klosterkirche ist gut erhalten. Calle General Balanzat 6.

Madina Yabisa-La Cúria. Das moderne Kulturzentrum informiert besonders darüber, welche Rolle Madina Yabisa (Eivissa) zu Zeiten der arabischen Herrschaft spielte. Okt.–März Di–Fr 10–16.30 Uhr, Sa/So 10–14 Uhr; April–Juni/Sept. Di–Fr 10–14 Uhr und 17–20 Uhr, Sa/So 10–14 Uhr; Juli/Aug. Di–Fr 10–14 Uhr und 18–21 Uhr, Sa/So 10–14 Uhr, feiertags geschl., Carrer Major (bei der Kathedrale). Tel. 971/39 23 90.

Museu Arqueológic d'Eivissa i Formentera (MAEF). Das Archäologische Museum informiert über die Geschichte der Inseln. Mai–Sept. Di–Sa 10–14 und 17–20 Uhr, So 10–14 Uhr; Okt.–April Di–Sa 10–13 und 16–18 Uhr, So 10–14 Uhr, Plaça de la Catedral. Tel. 971/30 12 31, www.maef.es

Museu d'Art Contemporani d'Eivissa (MACE). Museum für zeitgenössische Kunst im Baluard de Sant Joan mit wechselnden Ausstellungen, vor allem von auf der Insel lebenden Künstlern. Carrer Ronda Narcís Puget (rechts hinter dem Eingangsportal). April/Mai/Juni/Sept. Di–So 10–14 Uhr, Di–Fr 17–20 Uhr; Juli/Aug. Di–So 10–14/Di–Fr 18–20 Uhr; Okt/März Di–So 10–16.30, Sa/So 10–14 Uhr, www.eivissa.es/mace

Museu Puget. In dem herrschaftlichen Gebäude (ab 15. Jh.) sind Werke der Maler Narciso Puget Riquer und Narciso Puget Viñas aus dem frühen 20. Jh. zu sehen. Mai–Sept. Di–So 10–13.30 Uhr, Di–Fr 17–20 Uhr. Okt.–April Di–So 10–13.30 Uhr, Di–Fr 16–18 Uhr, Calle Major, www.eivissa.es

ESSEN UND TRINKEN

El Olivo. Alteingesessenes Restaurant an der schönen Plaça de la Vila, das sich seinen guten Ruf verdient hat. Neben köstlichen Tapas stehen französisch inspirierte Gerichte auf der Karte und Speisen wie Schweinefilet mit Chorizo und Kokosmilch. April–Okt., besser reservieren! Plaça de la Vila, 7–8 –9, Tel. 971/30 06 80, www.elolivoibiza.org

La Oliva. Schon der Name betont es: Hier dominieren italienische Einflüsse (Carpaccio, Pasta etc.) außerdem Fisch und Fleisch. Gehobene Küche. April– Mitte Okt., Calle Santa Creu, 2, Tel. 971/30 57 52, www.laolivaibiza.com

La Torreta. Feine ibizenkische Speisen, besonders romantisch ist das Salonzimmer im namensgebenden Turm (Torreta), Plaça de la Vila, Tel. 971/30 04 11.

ÜBERNACHTEN

El Corsario. Im 17. Jahrhundert lebten Korsaren in dem historischen Stadtpalais, auch Filmstars wie Grace Kelly und Romy Schneider sollen in den Suiten schon genächtigt haben. Das charmante Boutique-Hotel steht unter Denkmalschutz und gilt als echte Institution. Auch die Restaurantterrasse eröffnet herrliche Ausblicke auf die Altstadt und den Hafen. Ganzjährig geöffnet, Carrer Poniente, 5, Tel. 971/30 12 48, www.elcorsario-ibiza.com

La Torre del Canónigo. Stilvolles Hotel im historischen Turm aus dem 14. Jh., Pool mit sagenhaftem Blick über Eivissa und das Meer. Vier-Sterne-Niveau. Calle Mayor, 8, Tel. 971/30 38 84, www.latorredelcanonigo.com

Mirador de Dalt Vila. Kleines, feines Fünf-Sterne-Hotel im ehemaligen Stadtpalast. Zwölf individuelle Zimmer und Suiten, Pool und Restaurant. Plaça d' Espanya. Tel. 971/30 30 45, www.hotelmiradoribiza.com

FESTE UND EVENTS

Eivissa Jazz. Das Jazz-Festival innerhalb der Burgmauern ist ein musikalisches Highlight. Seit 1989 jährlich im August. www.eivissajazz.com

EINKAUFEN

Dalt Vila und Hafenviertel. In den verwinkelten Gassen und in den Seitenstraßen der größeren Plätze verstecken sich einige nette Läden und Stände mit ibizenkischen Spezialitäten, Korbwaren, Souvenirs, typischer Inselmode und anderen Produkten.

Bastion Sant Jaume: Historie zum Anfassen.

INFORMATION

Oficina Informació Turística (O.I.T.) La Cúria. Touristeninformation in der Casa de la Cúria, tgl. (auch feiertags) 10–14 Uhr, Plaça de la Catedral. Tel. 971/39 92 32. www.eivissa.es

Oficina Informació Turística. Touristeninformation am Alten Markt (Mercat Vell), Mo–Sa 18–21 Uhr, So + feiertags 10–14 Uhr, Pl. de la Constitució s/n.

2 Eivissa – die Stadt

Ibizenkischer Alltag, durchfeierte Nächte

In der Inselhauptstadt ist jede Menge los. Gemessen an den Sehenswürdigkeiten, können die neu gewachsenen Quartiere kaum mit Dalt Vila mithalten. Doch um in das pralle Leben einzutauchen – ob touristisch in den Hafenvierteln oder authentischer im modernen Stadtteil Eixample –, sind sie genau der richtige Ort. An der Peripherie von Eivissa tragen zwei Stadtstrände und Jachthäfen zur Lebensfreude bei.

Eivissa ist eine der ältesten Städte Europas. Gegründet 654 v. Chr. von den Karthagern, gewachsen zu einer bedeutenden Festungsstadt und schließlich zur Kapitale der »Pinieninseln« Ibiza und Formentera. Heute leben rund 50 400 Menschen in Eivissa, mehr als ein Drittel der gesamten Inselbevölkerung. Ab dem 18. Jahrhundert begannen die Häuser über die Burgmauern hinauszuwachsen, zunächst bis hinunter zum Hafen. Es bildete sich die Altstadt mit den Vierteln Sa Penya und

Vom Kai der Marina Botafoch hat man eine herrliche Aussicht auf die Hafeneinfahrt und die Festungsstadt.

MAL EHRLICH

EIVISSA IM WINTER

Von Oktober bis mindestens Ostern klappt Ibiza die Bürgersteige hoch – nun ist eine Zeit zum ruhigen Genießen, für Strandspaziergänge, und man ist unter sich mit Einheimischen. Einige Hotels, Tapas-Bars, Restaurants und Boutiquen haben ganzjährig geöffnet. Neben Santa Eularia an der Ostküste ist Ibiza-Stadt auch in der Nebensaison ein idealer Ausgangspunkt für Ausflüge quer durch die Insel.

Bummel durch Eivissa

Das historische Hafenviertel und das neue Ibiza lebt von seinen Gegensätzen.

A Sa Penya – Das äußere Hafenviertel ist unscheinbarer mit etwas Nachtleben.

B Casa Broner – Das ehemalige Wohnhaus und Atelier des Münchner Malers und Architekten Erwin Broner. Travesía Sa Penya, 15, Mai–Sept. Di–Fr 10–13.30 Uhr, 17–20 Uhr, Okt.–April 16–18 Uhr, ganzjährig Sa/So 10–13.30 Uhr.

C La Marina – Während der Saison prägen Touristenströme und Party-Paraden die Szenerie.

D Obelisk »Ibiza a sus Corsarios« – ein Denkmal zu Ehren der Piraten.

E Passeig Vara de Rey – Boulevard mit Straßencafés; Shoppen und Stadtfeste.

F Estàtua Vara de Rey – Das Denkmal erinnert an den Ibizenco Joaquín Vara de Rey, der im Spanisch-Amerikanischen Krieg um Kuba fiel.

G S'Eixample – Der neu gewachsene Stadtteil ist eine schöne Möglichkeit, den ibizenkischen Alltag zu erleben oder preisgünstiger einzukehren.

H Puig des Molins – Auf dem »Berg der Mühlen« standen einst zahlreiche Windmühlen.

I Nekropole und Monografisches Museum – Die 2012 endlich eröffnete Ausstellung zur unterirdischen Totenstadt und der Begräbniskultur der Phönizier ist sehenswert.

J Figueretes – Ibizas Stadtstrand im Südwesten verfügt über eine gut ausgebaute Infrastruktur.

K Platja Talamanca – Der Stadtstrand im Nordosten gefällt recht viel Weite und schönen Plätzen.

L Ibiza Nueva – Ibizas Sportboothafen befindet sich im nördlichen Hafenbecken.

M Marina Botafoch – Der benachbarte Jachthafen lädt zum glamourösen Bummeln und Schwelgen mit Blick auf die Altstadt ein.

Oben: Im Hafenviertel La Marina befindet sich auch der Fähranleger.
Mitte: Am Boulevard Vara de Rey, Zentrum von Ibiza-Stadt
Unten: Die Gassen am Hafen laden zum Shoppen ein.

La Marina. Westlich davon entstand das Quartier »Eixample«, das Ibiza von heute. Mit dem aufkommenden Tourismus dehnte sich die Stadt schließlich weiter aus, bis an die nun von Hotels geprägten Strände Figueretes im Süden und Talamanca im Norden.

Sa Penya und La Marina

Die wohl meisten Stadtbesucher zieht es in die südlichen Hafenviertel, die mit der Oberstadt wie verwachsen scheinen: Das romantische Flair von Dalt Vila setzt sich nahtlos fort mit schmalen Gassen, die im Sommer noch in den späten Abendstunden zum Bummel einladen. Bis hinauf zu den Burgmauern reihen sich Läden mit inseltypischer Mode und Kunsthandwerk, Tapas-Bars, Souvenir-Stände, Restaurants und Cafés. Zenit des Treibens ist das an die Neustadt grenzende Quartier La Marina, während es in Sa Penya zumindest tagsüber etwas ruhiger zugeht. Hier gibt es weniger Geschäfte, dafür einschlägige Bars und Kneipen, die teils der Gay-Szene gehören – besonders in der Carrer la Mare de Déu.
Gar nicht weit davon, in der Travesía de Sa Penya Nummer 15, befindet sich eine der raren Sehenswürdigkeiten der Unterstadt: Die Casa Broner (»Haus Broner«) ist das ehemalige Wohnhaus und Atelier des aus München stammenden Malers und Architekten Erwin Broner (1898–1971), der die Kunstszene der Insel mit prägte. Ein Rundgang durch das auf den Klippen stehende Gebäude gewährt Einblicke in seine ehemaligen Wohn- und Arbeitsbereiche. Der Künstler verstand es, ibizenkische Architektur mit Stilelementen der Moderne zu verbinden.

Von Mitte Juni bis September tobt in den Hafenvierteln nachts das Partyleben. Die einen sitzen in den Bars, fasziniert von den Schönheiten der

Nacht, die vorbeiziehen, die anderen stürzen sich gleich mit hinein. Travestie und Chic vereinen sich zu einer exzentrischen Parade, schillernde Promotion-Teams präsentieren die Clubs, für die Ibiza weltweit bekannt ist.

Denkmal zu Ehren der Piraten

Der Obelisk gegenüber dem Fähranleger Estació Maritima scheint schlicht, doch man sollte einmal genauer hinsehen: »Ibiza a sus Corsarios« verkündet eine Inschrift, was so viel bedeutet wie »Ibiza seinen Kosaren«. Darunter sind ein Kranz und das Relief eines Segelschiffes zu sehen. Es handelt sich um das wohl einzige Denkmal weltweit, das jemals zu Ehren der Piraten gesetzt wurde.

Die Insulaner, über Jahrhunderte selbst gebeutelt von Piratenangriffen, drehten den Spieß schließlich um und zogen selbst aus, um Schiffe zu entern. Viele Ibizencos haben einen Freibeuter unter ihren Urahnen. Der prominenteste von ihnen ist Antonio Riquer, er kaperte 1806 das Schiff Felicity des englischen Kosaren »El Papa«. Bis ins 19. Jahrhundert machten Ibizas Piraten das Mittelmeer unsicher, und dies auf ganz legale Weise. Ihre Majestät höchstpersönlich erteilte die Erlaubnis, den sogenannten Kaperbrief. Auf diese Weise hielten die Piraten die Hoheitsgewässer von Feinden frei, vollbrachten wahre Heldentaten – und profitierten selbst davon: Die ibizenkischen Schebecken, wendige, kleine Schiffe, brachten gute Beute und Gefangene heim. Es verhalf den Pityusen, den Pinieninseln, zu neuem Wohlstand. So kam es also, dass die Korsaren auf Ibiza regelrechten Ruhm erlangten. In einer Erklärung, die Spanien nach einigem Zögern 1908 unterschrieb, beschlossen die Großmächte das Ende des wilden Treibens. Noch heute scheint sich der Stolz verwegener Korsaren im ibizenkischen Lebensgefühl zu zeigen.

AUTORENTIPP!

TAPAS-BAR EL ZAGUAN

Bei Stammgästen ist sie auch als »Zahnstocher-Bar« bekannt: In der Tapas-Bar El Zaguan gibt es rund 400 köstliche kleine Spießchen (»Pinchitos«) zur Auswahl, bestückt mit Häppchen unterschiedlichster Art, kalt oder warm, mit Fleisch, Fisch oder vegetarisch, mal schlicht, mal bunt. Man bedient sich am Tresen oder von den Platten, die das Personal herumreicht – mit immer wieder neuen Überraschungen. Abgerechnet wird am Ende anhand der Zahl der Zahnstocher (nach Stückpreis). Außerdem: Tellergerichte, mehrere Biersorten und eine ansehnliche Weinkarte. Keine Tischreservierung möglich, also lieber etwas Zeit mitbringen – es lohnt sich! Besonders an heißen Sommertagen ist es hier angenehm schattig und kühl.

El Zaguan. Küche tgl. ab 12.30–0.30 Uhr (im Winter bis 23.30 Uhr) Uhr. Avenida de Bartolomeu Roselló, 15, www.elzaguan.es

AUTORENTIPP!

PLAÇA DEL PARC

Der von Bäumen umstandene, lauschige Platz liegt parallel zum Boulevard Passeig Vara de Rey unterhalb der Burgmauern. Während dort die Cafés überquellen und der Verkehr geräuschvoll vorbeifließt, sitzt man hier schön ruhig und trotzdem zentral. Es reihen sich nette Lokale, viele ganzjährig geöffnet, beliebt bei Einheimischen und Residenten. An lauen Abenden spielen Kinder bis spät in die Nacht auf dem Platz, Familien oder Freunde treffen sich auf »unas cañas« (einige Bierchen), irgendwo macht jemand Musik, oder Feuerspucker führen ihre Künste vor. In der Cafeteria des Hostal Parque kann man gut frühstücken und dabei freies W-LAN nutzen. Empfehlenswert sind auch die Zimmer in den oberen Etagen mit schönen Ausblicken auf die Stadt. Alle Räume sind modern ausgestattet und und geschmackvoll dekoriert.

Hostal Residencia Parque. Mitten der Stadt und doch von Grün umgeben. Ganzjährig geöffnet, Plaça del Parc, 4, Tel. 971 30 13 58, www.hostalparque.com

Passeig Vara de Rey

Der Boulevard Passeig Vara de Rey bildet die Grenze zwischen den historischen Stadtteilen und dem modernen Viertel Eixample. Er ist zugleich die zentrale Meile zum Schwelgen in Straßencafés, zum Shoppen nach Lust und Laune und für Stadtfeste. Mittendrin fällt ein heroisches Denkmal ins Auge, gewidmet »A Vara de Rey«, verrät die Inschrift. Gemeint ist Joaquín Vara de Rey (1840–1898), geboren auf Ibiza und federführend im Spanisch-Amerikanischen Krieg um die spanische Kolonie Kuba (25. April–12. August 1898). Bei der Seeschlacht vor Santiago de Cuba ließ er sein Leben. Ihm zum Gedenken wurde die Estàtua Vara de Rey errichtet und zusammen mit dem nach ihm benannten Boulevard anno 1904 durch König Alfonso XIII. eingeweiht.

Stadtviertel S'Eixample

Nördlich und östlich des Boulevards verlaufen schachbrettartige Straßen, ein geradliniger Kontrast zur verwinkelten Oberstadt: Dies ist der neu gewachsene Stadtteil S'Eixample. Im Zentrum – zwischen der Avenida D'Ignasi Wallis und der Avenida de Bartomeu de Rosselló, die direkt zum Hafen führt – sind besonders Banken, größere Filialgeschäfte und einige Restaurants zu finden, die das moderne Ibiza repräsentieren. Dahinter setzte sich der ibizenkische Alltag fort mit kleineren Läden, Tapas-Bars, teils in die Jahre gekommenen Bauten. Ein Bummel durch dieses Stück Ibiza-Stadt lohnt sich, um in das wahre Inselleben einzutauchen.

Nekropole mit Monografischem Museum

Unweit des geschäftigen Treibens befindet sich an der Via Romana der bedeutendste archäologische

Ausgrabungsort der Insel: Der Puig des Molins (»Berg der Mühlen«) verdankt seinen Namen zahlreichen Windmühlen, die dort ab dem 15. Jahrhundert betrieben worden waren. Geblieben ist davon eine Handvoll leer stehender Häuschen. Das historisch Besondere an dem Ort aber ist die unterirdische Nekropole, die man dort entdeckte – per Zufall im Jahr 1946, als ein Maultier in den Fels einbrach und sich herausstellte, dass sich Hohlräume darunter befinden. Sie erwiesen sich als Teil eines riesigen Friedhofs der Antike mit mehr als 3000 Gräbern, entstanden ab dem 5. Jahrhundert v. Chr. unter den Phöniziern (Karthagern) und genutzt auch von den Römern, die das Gebiet erweiterten. Die Zahl wurde geschätzt, denn die Ausgrabungen dauern noch an. Sichtbar sind derzeit rund 400 in den Fels geschlagene Grabkammern, sogenannte »Hypogäen«, die teils während der Jahrhunderte bereits von Grabräubern geplündert worden waren. Die noch gebliebenen und bislang geborgenen Grabbeigaben sind im Museu Monogràfic (auch: Museu del Puig des Molins) zu besichtigen, das 2012 am Fuße des Mühlenhügels neu eröffnete.
Das zum Archäologischen Museum Eivissa (MAEF) gehörende Museum war fast 18 Jahre lang aufwändig restauriert worden. In nun fünf Sälen spiegelt es die Geschichte karthagischen Totenkults wider.

Stadtstrände und Jachthäfen

Im Norden und Süden geht es zu den Stränden Eivissas. Es gibt zwar idyllischere Plätze auf der Insel, doch sie haben durchaus ihre Reize: Der Stadtstrand Figueretes im Südwesten, bestückt mit Hotels, Restaurants und einer gepflegten Palmenpromenade, liegt nahe Dalt Vila, mit relativ kurzen Wegen zum Festungshügel hinauf und in die Altstadt. Naturbelassener ist die Platja Talamanca im Nordosten. Sie grenzt direkt an die beiden Jachthäfen der Stadt.

AUTORENTIPP!

»LOS REYES MAGOS« IN EIVISSA

Während sich die Weihnachtsfeiertage auf Ibiza kaum bemerkbar machen, fiebern kleine und große Insulaner dem 6. Januar entgegen: Der Tag der Heiligen Drei Könige (»Los Reyes Magos«, auch Epifanía) wird – wie in ganz Spanien – umso mehr gefeiert. Die Kinder bekommen nun ihre Geschenke, und vor der Bescherung geht es zu den großen Umzügen und Paraden, die durch die Dörfer und Städte ziehen: Es ist die Ankunft der drei Weisen aus dem Morgenland, die sehnsüchtig erwartet werden. Schöner als Karneval und mit großem Feuerwerk. Wer an diesem Tag in Ibiza-Stadt ist, sollte unbedingt dabei sein. Die Kinder der Insel können ihre Wunschzettel zuvor persönlich den Pagen der Heiligen Drei Könige aus dem Morgenland überreichen.

Umzugsroute. 5. Jan. um 18.30 Uhr, Ankunft am Hafen von Eivissa – Avda. Sta. Eulària – Avda. Bartolomeu Roselló – Avda. Isidoro Macabich – C. País Valencia – Avda. España und Passeig Vara de Rey.

Infos und Adressen

SEHENSWÜRDIGKEITEN

Necrópolis púnica de Puig des Molins i Museu Monogràfic. Das Monografische Museum informiert über die Ausgrabungen am Mühlenhügel. Calle Via Romana 31, April–Sept. Di–Sa 10–14 und 18.30–21 Uhr, So 10–14 Uhr; Okt.–März Di–Sa 10–14 Uhr und 18.30–21 Uhr, So 10–14 Uhr, Tel. 971/30 17 71, www.maef.es

ESSEN UND TRINKEN

Restaurant Bon Profit. Bei Einheimischen äußerst beliebt wegen der soliden und preisgünstigen Küche, Touristen fehlt mitunter die Terrasse vor der Tür. Unbedingt probieren: hausgemachter Kräuterlikör (hierbas)! Plaça del Parc, 5, Tel. 971/39 84 03.

Strand mit Palmenpromenade von Figueretes.

La Brasa. Zentral gelegenes Restaurant in einer ruhigen Seitenstraße, mit paradiesischem Innenhof. Küche vom Feinsten, allerdings kostspieliger. Bis 19 Uhr gibt es feine Tapas zu moderaten Preisen. Carrer de Pere Sala, 3, Tel. 971/30 12 02.

MasQMenos. Das erste MasQMenos auf der Insel wurde im Sommer 2014 eröffnet. Das Restaurantkonzept aus Barcelona steht für ein Franchising-Unternehmen, mit Tapas und leckeren Smoothies; tolle Sonderangebote zum Frühstück unter angenehm schattigen Arkaden. Av. Bartolomeu de Roselló 10, Tel. 971/314 298, www.masqmenos.com

Pizzeria Pinocho. Alteingesessene Pizzeria in schönster Altstadt-Lage mit fairen Preisen. Besonders nett im Freien zum Leute-Beobachten. Carrer de Enmig, 16–18, Puerto de Ibiza, Tel. 971/31 01 76.

Restaurant Formentera. Das authentisch gestaltete Hafenrestaurant befindet sich in einem historischen Gebäude. Herrlich ist die Sicht auf das Wasser und Ibizas Nachtleben. Das Interieur ist geprägt von erfrischendem Formentera-Flair. Plaza de la Tertulia, 5, Puerto de Ibiza, Tel. 971/57 86 64 www.restaurantformentera.com

ÜBERNACHTEN

Apartamentos Mariano. Vergleichsweise preiswert in zentraler Hafenlage. Abends tobt vor den Türen das Nachtleben. Calle Barcelona, 6, Tel. 62639 80 49. www.apartamentosmariano.com

Hostal Mar Blau. Auf dem Mühlenhügel Puig des Molins gelegen, mit herrlichen Blicken über das Meer (nur die nach vorn gelegenen Zimmer) und dennoch kurzen Wegen in die Innenstadt. Allerdings auch etwas Fluglärm. Tel. 971/30 12 84, www.marblauibiza.com

Hotel Apartamentos El Puerto. Hotelzimmer und Apartments nahe dem Anleger zur Fähre Formentera. Ambiente pragmatisch, aber gepflegt und mit Pool. Calle Carlos III, 24, Tel. 971/31 38 12, -827, -851 ibizaelpuerto.com

Hotel Montesol. Ein-Sterne-Hotel direkt am Passeig Vara de Rey und in unmittelbarer Hafennähe. Zimmer mit schönem Blick auf Dalt Vila. Das zugehörige Straßencafé ist ein beliebter City-Treffpunkt. Paseo de Vara de Rey, 2, Tel. 971/31 01 61, www.hotelmontesol.com

Hotel Royal Plaza Ibiza. Vier-Sterne-Hotel in Eixample (zentrale Lage) mit Wellness- und Spa-Bereich. Calle Pere Francés, 27–29, Tel. 971/31 00 00, www.royalplaza.es

AUSGEHEN

Dôme. Der wohl angesagteste Club in Eivissa – und einer der wenigen, die sich direkt in der Stadt befinden. Auch viele Drag Queens und Gays gehören zum schillernden Publikum. Carrer Alfonso XII s/n, Tel. 971/31 74 56.

Teatro Pereyra. Bar im plüschigen Ambiente eines ehemaligen Theaters. Von Blues über Jazz bis Rock, auch Live-Musik. Calle del Conde de Rosselló, 3, Tel. 971 30 44 32, www.teatropereyra.com

EINKAUFEN

Ad Libitum. Original Ibiza-Style: Adlib-Mode mit natürlichen Stoffen und traditionellen Stickereien von Charo Ruiz und Moleke, C/Bisbe Cardona, 10, Tel. 971/31 06 54, www.adlibitumibiza.com

Delta Discos. Hieran kommt man für den ultimativen Ibiza-Sound nicht vorbei. Zwei Filialen in Eivissa: Carrer Sa creu 32, Tel. 971 31 59 24 (Altstadt) und Avda. España, 7, Tel. 971/30 67 21, www.discosdeltaibiza.com

Pepa Bonett. Die Designerin steht für feine, weiße Adlib-Mode, Gürtel und anderes im salonfähigen Hippie-Look. C/Balears, 6, Tel. 971/39 07 67, www.pepabonett.com

Ausgrabungen auf dem »Friedhof der Antike«, Puig des Molins

Der Obelisk »Ibiza a sus Corsarios«

INFORMATION

Oficina Informació Turística del Aeropuerto de Ibiza. Touristeninformation am Flughafen, Ankunftsterminal. Mo–Sa 9–15.30 Uhr, Sant Josep de sa Talaia, Tel. 971 80 91 18, www.ibiza.travel/de

Oficina Informació Turística de Vara de Rey. Mo–Sa 9–20 Uhr und So/feiertags 9–14 Uhr, Passeig Vara de Rey, Tel. 971 30 19 00. www.ibiza.travel.com

Punt d' Informació Turìstica de Figueretes. Passeig de Julià Verdera, Juni–Sept. Mo–Fr 10–14 Uhr, www.eivissa.es

Oficina Informació Turística Parc de la Pau (Parque de la Paz). Mo–Sa 10–14 Uhr.

Oficina Informació Turística Port d'Eivissa (Hafen). Avinguda de les Andanes. Okt.–Mai Mo–Sa 17–20 Uhr.

3 Talamanca

Spazieren und Imponieren

Feiner Sandstrand, gepflegte Hotelbauten und Hostales vor grünen Hügeln und Badeplätze in den Felsen: Für einen Stadtstrand hat die Bucht nördlich von Eivissa recht viel zu bieten. Das mondänere Viertel am Jachthafen verführt mit edlen Restaurants, avantgardistischen Luxusapartments, der Diskothek Pacha, einem Casino und anderen Nightlife-Blüten.

Mitte: Die Hotels von Talamanca fügen sich harmonisch ins Bild.
Unten: Von der Strandliege bis zum Tretbootverleih – hier ist für alles gesorgt.

Zwei Landspitzen bilden die große Bucht von Talamanca, im Süden die Punta Grossa, im Norden das Cap Martinet. Somit liegt der Strand schön geschützt und wird auch gern als Ankerplatz genutzt. Ein Holzbohlensteg schlängelt sich von der Marina Botafoch bis zur Landspitze Sa Punta, stets mit Ausblick auf den Festungshügel Talamanca und spaltet die Gemüter.

Die einen sehen eher die Bebauung und können dem nicht viel abgewinnen, die anderen entdecken die schönen Flecken und Ausblicke, die es genauso gibt. Einheimische aus Ibiza-Stadt und Umgebung kommen – besonders sonntags – gern hierher, das in Ufernähe seicht abfallende Wasser ist kinderfreundlich, und mit einer Länge von fast einem Kilometer bietet der Strand recht viel Platz. Im Sommer sorgen Rettungsschwimmer für Sicherheit. Es werden Kajaks, Tretboote und Jet-Skis vermietet, an einigen Stellen auch Liegen und Sonnenschirme. Eine Bereicherung sind auch die vor einigen Jahren neu eingerichteten Duschen und Schließfächer direkt am Strand. Sogar in der Nebensaison haben hier einige Hotels und Pensionen geöffnet – und da weniger Badebetrieb herrscht, ist es für Ruheliebende dann besonders schön in Talamanca.

Durch den Jachthafen und um die Bucht

Talamanca ist zu jeder Zeit für einen entspannten Spaziergang gut – auf dem um die Bucht führenden Weg, auf der Promenade durch die Marina Botafoch oder beides.

A **Marina Botafoch** – Der Jachthafen ist ein guter Startpunkt für eine Verlängerung des Strandspaziergangs: Eine Promenade führt vorbei an schicken Booten, die vor entsprechenden Restaurants und Boutiquen schaukeln.

B **Passeig Joan Carles I.** – Die Straße begleitet ein weiterer Fußweg, über den man schließlich ins Stadtzentrum gelangt, mit Blick auf Hafen und Altstadt, vorbei an den avantgardistischen Luxusapartments Boas de Ibiza, dem neuesten architektonischen Meisterwerk von Jean Nouvel. Tel. 634/61 32 35, www.boasdeibiza.com

C **Jachthafenviertel** – Das zum Jachthafen gehörende Viertel ist ein Hotspot des Nachtlebens mit der weltbekannten Diskothek Pacha, weiteren Clubs und dem Casino von Ibiza.

D **Parkplatz an der Carrer Talamanca** – Hier gibt es (bei der Bar Flotante) einen Zugang zum Strand, an dem auch der Spazierweg beginnt

E **Duschen und Schließfächer** – In diesem Teil des Strandes ist für alles gesorgt.

F **Picknickplätze** – Hier geht es ruhiger zu, Sandflächen wechseln mit Felsen. Besonders Einheimische nutzen diesen Strandabschnitt gern für ein sonntägliches Picknick.

G **Panoramarestaurant Sa Punta** – Ziel oder auch Startpunkt der Buchtumrundung.

H **Baden und Schnorcheln** – Hinter dem Restaurant führen noch Pfade durch die Felsen zu schönen Badeplätzen mit Gelegenheit zum Schnorcheln.

I **Ses Feixes** – Das brachliegende Hinterland der Bucht von Talamanca ist von geschichtlicher Bedeutung.

AUTORENTIPP!

SA BARCA DE TALAMANCA
Die schönste Möglichkeit, von der Marina Botafoch direkt in die Altstadt von Eivissa zu gelangen und wieder zurück: Ein kleines Fährboot (ibizenkisch: sa barca) legt im Sommer regelmäßig (i.d.R. alle 30 Minuten) ab, um einmal durch das Hafenbecken zu schippern, und dies oft bis nach Mitternacht. Es ist nicht nur die zeitsparendste Möglichkeit, sondern auch ein hübscher kleiner Ausflug über das Wasser. Die bereits seit 1932 verkehrenden Boote sind für viele Ibizencos ein Teil ihrer Geschichte. Tipp: Tickets für Hin- und Rückfahrt (ida y vuelta) sind insgesamt günstiger als die einfache Fahrt (ida).

Sa barca de Talamanca. Verkauf der Tickets an Bord.
Anleger Marina Botafoch. Gegenüber dem Ibiza Corso Hotel & Spa (Carrer s'Illa Plana).
Anleger Ibiza-Stadt. Carrer Luís i Palau, Höhe Restaurant Formentera (Plaça de la Tertulia, 5)

Marina Botafoch

Das typische Strandleben konzentriert sich besonders auf den stadtnahen Bereich von Talamanca. So kurz ist der Weg nach Eivissa, dass man ihn sogar komplett zu Fuß zurücklegen kann: Über den Passeig Joan Carles I geht es an den Jachthäfen Marina Botafoch und Ibiza Nueva entlang, beim großen Kreisverkehr dann links über die Aveniguda de Santa Eulària des Riu bis ins Zentrum, vorbei am Club Náutico. Nach ungefähr 20 Minuten ist die einfache Strecke geschafft, auf der übrigens auch Busse verkehren.

In der Marina Botafoch lohnt sich ein Schlenker am Wasser entlang, besonders für Liebhaber gepflegten Speisens und Shoppens. Rund 450 Yachten schaukeln vor eher feinen Boutiquen, Bars und Restaurants, doch es sind auch bodenständigere Lokale darunter. Alle bieten wahre Logenplätze mit kostbarem Blick auf Dalt Vila – vor allem, wenn ein Feuerwerk über den Burgmauern leuchtet.

Das legendäre Pacha

Im exklusiven Stadtviertel hinter der Marina befinden sich das Casino von Ibiza und einige Hotels der obersten Kategorien, darunter das »Ibiza Gran Hotel« und das »El Hotel Pacha«. Letzteres ist mit der legendären Diskothek »Pacha« verbandelt, die schräg gegenüber Reiche und Schöne anlockt sowie alle weiteren Gäste, die am Türsteher vorbeikommen. Die Disco mit der Doppelkirsche wurde 1973 in einer kleinen Finca eröffnet. Heute ist sie Teil eines internationalen Franchise-Unternehmens – mit Dependancen in New York, London und München – und damit eine der weltweit größten Nightlife-Marken. Protzen ist ausdrücklich erwünscht, ob mit echter Arroganz oder einem Augenzwinkern. Mottos von Partys wie »F*** me I am famous« kann jeder für sich auslegen. So ist auch das Publikum gemischter, als man meinen möchte. In unmittelbarer Nachbarschaft verführen noch weitere Locations dazu, die die Nacht zum Tag zu machen, vom »Grial«, einem kleinen, nur scheinbar unscheinbaren Club, über die weitere Disco »Booom!« bis hin zum eleganten Nightclub »Lío«. Zum »Vorglühen« geht es in hafennahe Bars wie »Sushi Point« oder »Keeper«.

Auf dem Holzweg

In der Bucht von Talamanca haben sich einige Hostales und Hotels mit Strandzugang angesiedelt, teils auch mit Pool und schönen Blick über das Wasser bis zur Festung von Ibiza-Stadt. Ein Holzbohlenweg, der ungefähr auf halber Strecke in eine Promenade übergeht, führt direkt am Strand entlang um die Bucht. So ist Talamanca zu jeder Jahreszeit ein nettes Ziel für einen Spaziergang am Wasser entlang, um anschließend einzukehren – etwa in der »Bar Flotante« am südlichen Ende des Strandes: mit Stühlen auf dem Fels und einer Terrasse über dem Wasser ein schlichter wie charmanter Platz für einen Café con leche oder ein Glas Wein. Genau am anderen, dem nördlichen Ende der Bucht, sitzt das noble »Restaurante Sa Punta« in den Felsen. In der zugehörigen Lounge Bar »Panorama« legen regelmäßig angesagte DJs auf. Zwischen diesen beiden Polen führt der Spazierweg vorbei an weiteren Bars und Strandrestaurants für unterschiedlichste Geschmäcker. Einige haben ganzjährig geöffnet, genauso wie manche der Hotels in Talamanca.

Badeplätze in den Felsen

Für den knapp zwei Kilometer langen Spaziergang gibt es in beiden Richtungen gute Anfahrtsmöglichkeiten mit gebührenfreiem Parken. Am südli-

Oben: Café zum Sehen und Gesehen werden in der Marina Botafoch.
Mitte: Die Bucht von Talamanca ist auch bei Joggern sehr beliebt.
Unten: »Las Boas de Ibiza« von Star-Architekt Jean Nouvel sind das neue architektonische Highlight an der Marina Botafoch.

AUTORENTIPP!

CHIRINGUITO SA PUNTA

Im Nordwesten der Bucht von Talamanca, dort, wo der Promenadenweg endet und hinter dem großen »Restaurant Sa Punta« die Felsen beginnen, verbirgt sich im Sommer noch eine kleine, besondere Strandbar. Eine schlichte Bude mit einigen Tischen und Stühlen davor; die Speisekarte mit einigen Fischspezialitäten und oft auch einem Fleischgericht, tragen die Camareros mündlich vor. Es gibt beispielsweise Dorade, Calamares oder Sardinen, serviert mit grünem Salat und Kartoffeln, pur und ibizenkisch, immer auf den Punkt gegart, und das Preis-Leistungs-Verhältnis stimmt. Der Fisch könnte frischer kaum sein: Auf den Tisch kommt, was die Betreiberfamilie aus dem Meer geholt hat. Auch ein schöner Platz für einen Sundowner mit fantastischem Blick über das Meer bis hinüber zur Festung von Eivissa.

Chiringuito Sa Punta. Landspitze Sa Punta (unterhalb des Cap Martinet) ca. April–Okt., ca. 14–22 Uhr.

chen Ende befindet sich ein Parkplatz an der Carrer Talamanca (nahe dem Kreisverkehr in Richtung Pacha/Ibiza-Stadt); weitere Parkmöglichkeiten gibt es entlang des Jachthafens. Um direkt an das nördliche Ende der Bucht zu gelangen, durchquert man den Ort Talamanca und biegt am Ende rechts ab in Richtung »Restaurant Sa Punta« (ausgeschildert). Hier gibt es allerdings weniger Parkplätze.

Viele übersehen, dass der Promenadenweg, der beim Sa Punta endet, sich noch um natürliche Pfade verlängern lässt. Sie führen zu verschwiegeneren Plätzen in den hier beginnenden Felsen, Plateaus, von denen aus man teils gut ins Wasser kommt. Aufgrund der Topografie ist dies auch ein schönes Revier zum Schnorcheln. Den Pfaden weiter folgend, geht es hinauf auf das Cap Martinet mit schöner Aussicht oder in die kleine Nachbarbucht Cala Roja. Die Touristeninformation hält einen Flyer bereit, der den genauen Routenverlauf beschreibt.

Feuchtbiotop Ses Feixes

Das brachliegende Hinterland der Bucht von Talamanca ist von geschichtlicher Bedeutung: Ses Feixes ist ein Feuchtbiotop mit großer Artenvielfalt. Früher wurde das fruchtbare Gebiet vor allem landwirtschaftlich genutzt. Die Basis dafür schufen die Mauren, die hier ein weltweit einzigartiges Bewässerungssystem mit vernetzten Kanälen anlegten. Die Kanäle trennten rechteckige Feldparzellen (katalanisch: Feixes) voneinander. Die Kanäle wiederum waren durch weitere, unterirdische Leitungen, die *fibles*, miteinander verbunden, durch die das Wasser floss. Abgedeckt waren diese Fibles mit wasserdurchlässigem Material, in der Regel Pinienzweigen. Mit Hilfe von Schleusen ließ sich nun der Wasserpegel in den Kanälen regulieren – und damit die Bewässerung der Feixes.

Infos und Adressen

SEHENSWÜRDIGKEITEN

Ses Feixes. Das Brachland hinter der Bucht war einmal als Bewässerungssystem von Bedeutung. Da und dort sind noch Überreste zu erkennen.

ESSEN UND TRINKEN

Bar Flotante. Schlichte spanische Küche zu günstigen Preisen am südlichen Ende der Bucht von Talamanca. Tel. 971/19 04 66.

Restaurante Sa Punta. Schick und gelassen speisen am Rande der Bucht mit herrlichem Ausblick, mediterran und teils auch mit asiatischer Note. In der Lounge Bar Panorama legen DJs auf. April–Anfang Okt., Es Pouet de Talamanca, Tel. 971/19 34 24, www.sapuntaibiza.com

Harbour Club. Nobelrestaurant u.a. mit fangfrischem Fisch, der auch in Sushi und Sashini aufgeht. C/Ses Feixes s/n, Tel. 971/19 33 80, www.theharbourclub.es

Sa Calma Bistró. Schickes Lokal in der Marina Botafoch, von morgens mit Frühstück bis Mitternacht durchgehend geöffnet. Marina Botafoch, Tel. 971/59 55 95.

ÜBERNACHTEN

Ibiza Gran Hotel. Fünf-Sterne-Hotel am Jachthafen. Loft-Suiten mit spektakulären Blicken über Hafen und Dalt Vila sowie kunstvolle Zimmer im integrierten Art-Hotel. Gourmetrestaurant Costa Mara und Lounge-Bar La Gaia mit Live-Musik und Kunst. Auch das Casino von Ibiza gehört zum Hotel. Paseo Juan Carlos I. Tel. 971 80 67 77, www.ibizagranhotel.com, www.casinoibiza.com

Lux Isla. Zwei-Sterne-Hotel in der Siedlung, sympathische Leitung und kurze Wege zum Strand. Ganzjährig geöffnet, C/Josep Pla., 1, Tel. 971 31 34 69, www.luxisla.com

AUSGEHEN

Boom Ibiza. Tel. 682 10 04 00, VIP-Tischreservierung Tel. 676/80 02 00, reservations@booomibiza.com
Passeig Joan Carles I, 9, www.booomibiza.com

Pacha. Die Inhaber der legendären Diskothek haben 2013 das neue Vier-Sterne-Lifestyle Resort Destino hoch über den Klippen bei Sa Punta eröffnet. Wer dort logiert, kann am Abend rauschende Feste feiern oder im Pacha kostenlos abtanzen. Pacha: Av. 8 d'Agost, Tel. 971/31 36 12, www.pacha.com; Destino Pacha Ibiza Resort: Avda. Cap Martinet s/n, Tel. 971/31 74 11, www.destinoibiza.com

Nightclub Lío. Extravagantes Restaurant und Carbaret Club mit zwei Bühnen, Pool und Blick aufs Meer. Paseo Juan Carlos I., Tel. 971/31 00 22, www.lioibiza.com

Keeper. Paseo Juan Carlos I, s/n, Marina Botafoch, Tel. 971/31 05 09, www.keeperibiza.com

Grial. Bei Einheimischen beliebt und auch im Winter geöffnet, Tel. 971/31 70 06, www.grial-ibiza.com

Sushi Point. Marina Botafoch Local 205
Bar Lounge: 19–3 Uhr, Restaurant: 20–1.30 Uhr, Tel. 971/31 81 53, www.sushipointibiza.com

INFORMATION

Oficina Informació Turística Port d'Eivissa (Hafen). Avinguda de les Andanes. Okt.–Mai Mo–Sa 17–20 Uhr.

Bar des legendären Beach-Clubs Blue Marlin in der Marina Botafoch

Auch von außen ein Blickfang: die Kirche von Jesús mit ihren Arkaden

4 Jesús

Durchfahrtsort mit religiösem Schatz

Jesús gehört schon zur Gemeinde Santa Eulària des Riu, liegt jedoch dicht bei Talamanca und ist fast mit der Ortschaft verschmolzen. Die Wege nach Ibiza-Stadt sind damit kurz; so ist dies ein beliebter Wohnort und auch für Touristen ein durchaus attraktiver Platz. Neben einigen hervorragenden Restaurants und netten Bars ist die Kirche ein guter Grund zu kommen – sie beherbergt besondere Altarkunst.

Von der Hauptstrecke nach Santa Eulària zweigt (am letzten Kreisverkehr Ortsausgang Eivissa) die fast parallel verlaufende Nebenstrecke PMV 810-1 ab. Sie führt durch Jesús zum Golfplatz bei Roca Llisa und dann weiter zur touristisch stark erschlossenen Bucht Cala Llonga. Viele sehen Jesús daher nur im Vorbeifahren. Der Ort ist praktisch für einen Stopp, etwa um im Supermarkt noch ein Picknick für den Strandtag einzukaufen oder auf einen Kaffee in einer der Bars einzukehren, die besonders entlang der Durchfahrtsstraße zu finden sind. Die relativ hohe Zahl deutscher Residenten spiegelt sich in einem erweiterten Angebot der Geschäfte (hier gibt es einiges, was Auswanderer vermissen) und manchen Restaurants wider. Die Lage ist beliebt: Über die Nebenstrecke Carrer Jesús sind es nur wenige hundert Meter bis Talamanca, und von dort wiederum ist die Inselhauptstadt schnell erreicht. In der Gegenrichtung gelangt man rasch nach Santa Eulària. Jesús ist nur drei Kilometer von Eivissa entfernt. Ab dem Hafen von Ibiza verkehren regelmäßig Busse nach Talamanca, auch in der Nebensaison.

Eglésia Nostra Senyora de Jesús

Die kleine Kirche im Ortskern von Jesús wirkt unscheinbar, doch sie beherbergt eines der bedeutendsten Kunstwerke, das den Pityusen geblieben ist: ein Retabel, also eine große Bildtafel, hinter dem Hochaltar. Geschaffen wurde es in der Werkstatt von Rodrigo und Francisco de Osona in Valencia im 15. bis 16. Jahrhundert – Vater und Sohn Osona (el Joven) arbeiteten eng zusammen, sodass oft unklar ist, welcher der beiden Künstler mehr Hand an ein Werk angelegt hat. Einflüsse der Renaissance, der flämische Stil und gotische Tradition vereinen sich in diesem Stück Kirchenkunst, das sich aus vierundzwanzig einzelnen Tafeln zusammensetzt.

Die mittlere Tafel zeigt die Jesus stillende Jungfrau auf dem Thron. Daneben sind Darstellungen der Heiligen Sant Pere Apostol, Sant Marc, Sant Joan Baptista, Sant Francesc d'Assis zu sehen sowie ein weiterer Heiliger in Franziskanertracht und die Messe des Papstes Gregor. Diese sieben mittleren Tafeln wiederum sind von mehreren kleineren Tafeln umgeben mit testamentarischen Abbildungen wie der Verkündigung, der Geburt Christi, der Auferstehung, Christi Himmelfahrt und weiteren Heiligen, unter anderem Sant Sebastià, Sant Onofre, Sant Roc und Sant Bernat. Der Altarraum offenbart außerdem noch andere Kunstwerke wie das Bild der Gottesmutter von Antonio Saura (16. Jahrhundert) und ein Gemälde der Santa Clara (17. Jahrhundert).

Sechs Seitenkapellen

Die Eglésia Nostra Senyora de Jesús, die der Mutter Jesu gewidmete Kirche, besteht aus einem einzigen, mit einem Gewölbe versehenen Schiff, das im Altarraum in ein Kreuzrippengewölbe übergeht. Sie verfügt über sechs Seitenkapellen. Die

AUTORENTIPP!

REPÚBLICA DE S'ESTANYOL

Eine eigene Republik befindet sich an der Küste nahe Jesús: In der Platja Estanyol, dem »letzten unberührten Ort der Insel«, regieren Präsident Xavier Ares und sein Gefolge. Sie riefen die »República de S'Estanyol« aus, um fortan Gästen köstliche hausgemachte Speisen anzubieten. Hier schmecken die Paella und alles andere auch, dazu gibt es eine traumhafte Robinson Crusoe-Kulisse und Plätze für wahre Sonnenanbeter mit inoffizieller FKK-Zone. Abends wird gern mal gefeiert. Zu erreichen ist die Bucht über eine kleine Straße, die kurz vor Talamanca (aus Richtung Jesús kommend) links durch die Urbanisation führt. Bei einem bunten Stein zweigt rechts eine Holperstrecke ab, die scheinbar im Nirgendwo endet. Kurz vor dem Wasser liegt links das Strandrestaurant PK2 mit Parkmöglichkeiten. PK2 ist übrigens ausgeschrieben zu verstehen (Pecados) und bedeutet Sünden. Dabei ist dies doch der Himmel auf Erden …

PK2. Platja S'Estanyol, Camí de s'Estanyol, www.pk2ibiza.com

Oben: Jesús liegt wunderschön vor grünen Hügeln und nahe der Ostküste.
Unten: Diese Figur der Madonna ist in der Dorfkirche zu bewundern.

an der Südseite hinzugefügten Gebäude (17./18. Jahrhundert) dienten dem Pfarrherrn und dem Vikar als Domizil. An der Nordseite setzt sich die Hauptfassade mit vier Rundbögen fort, die an der Wende vom 19. zum 20. Jahrhundert hinzukamen.

Seit wann genau Jesús seine Kirche besitzt, ist unbekannt. Als erste Dokumentation gilt ein Schreiben des Konzils der Universität aus dem Jahr 1466. Darin bat man den Erzbischof von Tarragona um die Erlaubnis, an Sonntagen einen Gottesdienst in der Kirche abzuhalten, die auf der Pla de Vila de la Verge María de Jesús stand. Um 1500 nutzten bereits Franziskanermönche das Gotteshaus. Im Jahr 1549 wurde das Kirchenschiff um ein Kreuzrippengewölbe erweitert, das den heutigen Altarraum prägt.

1580 begann Dominikaner-Pater Miguel Vilaplana, ein Kloster seines Ordens zu errichten. Es kamen zwölf Mönche dort unter, die die Laienbruderschaft der Jungfrau Maria del Roser gründeten. Sieben Jahre später zog der Orden in die Kirche, die damit als Klosterkirche bekannt wurde. Zur Pfarrkirche wandelte sie sich 1785 unter dem ersten Bischof von Eivissa, Manuel Abad y Lasierra. Heute ist das reiche Innenleben der Eglésia Nostra Senyora de Jesús hauptsächlich während der heiligen Messe zu erleben sowie und donnerstagvormittags. Darüber hinaus lohnt sich die Ortschaft, um einzukehren oder abends essen zu gehen – Jesús hat auch kulinarisch einiges zu bieten.

Infos und Adressen

SEHENSWÜRDIGKEITEN

Eglésia Nostra Senyora de Jesús. Gemeinde Santa Eulària des Riu, Messe Herbst–Winter: Di/Do 18 Uhr, Sa 19 Uhr, So 12 und 19 Uhr, Frühling–Sommer: Di/Do/Sa 20 Uhr, So 12/20 Uhr, Tel. 971/31 54 52, www.obispadodeibiza.es

ESSEN UND TRINKEN

Ascua. Bei den feinen Tapas bekommt auch das Auge etwas geboten. C. Faisán, 8, Tel. 971/19 48 81, Mobil-Tel. 630/06 57 36, www.ascua.es

Avalon Lounge. Hier fusionieren thailändische, spanische und italienische Gaumenfreuden. C/Faisán, 8, Tel. 971/19 27 16, www.avalonibiza.com

Bon Lloc. Restaurant vis-à-vis der Kirche. Alteingesessen und ibizenkisch, hier trifft man sich gern. Mittagsmenüs und Tapas. Tel. 971/31 18 13.

Carpe Diem. Die Pizza kommt aus dem Holzofen, der hausgemachte Mozzarella direkt von der Insel – auch zum Mitnehmen. C/Cap Martinet, 54, Tel. 971/31 45 20, www.carpediempizza.com

In Jesús bekommt man gute Inselweine.

Hier wird Genuss großgeschrieben.

Marc's Restaurant. Am Ortsende von Jesús. Kreative Tapas und ibizenkische Küche, die Liaisons eingeht. Mittagsmenü. Stylish-helles Ambiente, genauso schick ist die Sommerterrasse. Ctra. Cala Llonga. km 0,6, Tel. 971/31 62 45, www.restaurante-marcs-ibiza.com

ÜBERNACHTEN

Casa Alexio. Gay-Hotel zwischen Jesús und Talamanca. Nur für Männer (!) Carrer Kiwi 39 (Barrio ses Torres), Tel. 971/31 42 49, Tel. (mobil) 639/63 25 22, www.alexio.com

Hotels in Talamanca. In Jesús selbst gibt es ansonsten keine Hotels etc., höchstens privat vermietete Apartments, aber dafür umso mehr Möglichkeiten im benachbarten Talamanca (nur einen Kilometer weiter) – siehe Kapitel 3

INFORMATION

Oficina Informació Turística del Aeropuerto de Ibiza. Touristinformation am Flughafen. Terminal de llegadas (Ankunftsterminal). Mo–Sa 9-15.30 Uhr, Sant Josep de sa Talaia, Tel. 971 80 91 18, www.ibiza.travel

5 Cala Llonga

Badespaß und Exklusives

Die etwas abseits liegende Strandsiedlung gleicht einer großen Clubanlage, wenn es auch verschiedene Anbieter sind, die Unterkünfte bereitstellen. Trotz der dominierenden Bebauung hat Cala Llonga einen gewissen Charme. Zu beiden Seiten schützen grün bewaldete Hügel die tief eingeschnittene Bucht vor Winden, das klare Wasser fällt seicht ab. Richtung Roca Llisa regiert der Wohlstand.

Ein 100 Meter breiter und doppelt so langer Sandstrand bietet reichlich Fläche zum Toben, Chillen, Sonnenbaden. So finden sich während der Saison genauso begeisterte Familien in der Cala Llonga ein wie Partypeople, die sich vom Feiern erholen, oder Paare, die eine romantische Zeit genießen möchten.

Mitte: Die ruhig gelegene Cala Llonga ist toll für Familien mit kleinen Kindern.
Unten: In der nahen Urbanización Roca Llisa befindet sich der einzige Golfclub Ibizas.

Für Familien und Ruheliebende

Darauf hat man sich in der Bucht eingestellt, die beiden ansässigen Hotels könnten unterschiedlicher kaum sein: Das Sirenis Cala Llonga Resort ist ganz auf Familien eingestellt und hat häufig auch entsprechende Rabatte im Programm. Das Fiesta Hotel Cala Llonga wiederum richtet sich ausschließlich an Erwachsene, es ist buchbar nur für Gäste ab 18 Jahren. Darüber hinaus gibt es in dem neu gewachsenen Badeort einige Apartmentanbieter.

Cala Llonga ist eine kleine Welt für sich, die Bucht wirkt abgeschieden, und dennoch sind die Wege nach Santa Eulària und Ibiza-Stadt recht kurz (fünf bzw. zwölf Kilometer). Direkt in der Bucht sorgen ein Kinderspielplatz direkt am Strand und

Beachvolleyball für Abwechslung. Das Resort hat außerdem Wassersport von Tauchen und Windsurfen bis Wasserski im Programm. Einige Cafés, Snack Bars und Souvenirshops sind genauso vorhanden wie ein Supermarkt und eine Apotheke. Die klassischen Club-Urlauber, die einen ganzen Urlaub am liebsten im Hotelradius verbringen, sind hier also gut aufgehoben. Jene, die dennoch auf Ibizas legendäres Nachtleben nicht verzichten möchten, können die Busverbindungen zu den großen Clubs nutzen. Besonders nett ist eine Bootstour ab Cala Llonga: Während der Saison starten regelmäßig kleine Fähren nach Santa Eulària und weiter bis zur Ferienhochburg Es Canar mit dem großen Hippiemarkt von Punta Arabi (Siehe S. 64). In der Gegenrichtung geht es auf dem Wasserweg bis nach Ibiza-Stadt.

Nachbarbucht Sol d'en Serra

Nur rund einen Kilometer südlich der Cala Llonga befindet sich ein traumhafter Platz zum Speisen an Meer. Für die einen ist es noch ein Geheimtipp, für die anderen der Hot Spot im Osten der Insel: In der Nachbarbucht Sol D'en Serra sitzt ein stimmungsvoller Beach Club inmitten der Felsenlandschaft. Das »Amante« wurde bereits wiederholt zum besten Strandrestaurant (»White Ibiza Best Beach Restaurant«) gekürt.

Urbanización Roca Llisa

Die beiden weiter im Süden folgenden Buchten, Cala Olivera und Cala Espart, werden von einer Luxusenklave bestimmt, die ab den 1960er-Jahren gewachsen ist: In Roca Llisa leben Residenten, die es sich leisten können und das Klüngeln mit Gleichgesinnten mögen. Man ist unter sich und trifft sich dann und wann, um den Golfschläger zu schwingen.

Infos und Adressen

ESSEN UND TRINKEN

Amante Beach Club. In der roten Felsenbucht von Sol d'en Serra. Tagsüber Beachclub, abends hochkarätiges Restaurant mit mediterraner Küche und Bar. Sol d'en Serra C/Fuera SN, Tel. 971/19 61 76, www.amanteibiza.com

The Wild Asparagus. Das Bar-Restaurant mit Meerblick und Terrasse ist schon seit 1968 am Platz. Internationale Küche. Di–So ab 19 Uhr, So 13–15.30 Uhr (nur in der Saison), Tel. 971/19 64 09.

ÜBERNACHTEN

Sirenis Cala Llonga Resort. Drei-Sterne-Anlage, perfekt für Familien. Calle Atalaya, 20, Tel. 971/19 64 71, www.sirenishotels.com

Fiesta Hotel Cala Llonga. Vier-Sterne-Hotel nur für Gäste ab 18 Jahren. Playa Cala Llonga, www.palladium-hotelgroup.com

AKTIVITÄTEN

Golfanlagen Roca Llisa / Club de Golf Ibiza. 18-Loch- und 9-Loch-Golfkurs. Elektrocart 41 €, Greenfee 90 € (Erw.), bis 21 J. 60 €, bis 15 J. 2 € (Jugendliche und Kinder nur in Begleitung eines Erwachsenen), Ctra. Jesús a Cala Llonga, s/n, Tel. 971/10 61 18, www.golfibiza.com

INFORMATION

Oficina de Informació Turìstica (O.I.T.) de Santa Eulària des Riu. C/Mariano Riquer, 4, Tel. 971 33 07 28, www.santaeulalia.net

Mitte: Blick auf den Stadtstrand von Santa Eulària
Unten: Die gepflegte Promenade ist immer einen Bummel wert.

6 Santa Eulària des Riu

Residentenmekka mit schöner Promenade

»Santa Eule«, nennen einige Deutsche, die hier ihren Platz gefunden haben, ihre Wahlheimat. Vor Ort zeugen gastronomische Spitznamen wie »Fressgasse« oder »Hühner Karl« vom Auswandererdasein. Das von Residenten bevorzugte Städtchen gefällt mit seiner langen Strandpromenade und einem adretten Ortskern. Es geht gediegener zu als in den Partyhochburgen Ibizas – und vieles ist auch typisch ibizenkisch geblieben.

Santa Eulària begrüßt seine Gäste auf charmante Weise. Malerisch ist die Zufahrt um den Kirchhügel Puig de Missa, vorbei an der Pont Vell, einer römisch anmutenden Bogenbrücke. Nach Eivissa ist dies die zweitgrößte Stadt der Insel und Regierungssitz der gleichnamigen Gemeinde. Im Sommer kann es genauso voll werden, und doch geht es meist beschaulich zu. Der Jachthafen liegt mitten in der Stadt und bietet 750 Liegeplätze, die in der Hochsaison oft ausgebucht sind.

MAL EHRLICH

IBIZENKISCHE KÜCHE UND PRODUKTE

Auch wenn es beachtlich ist, was manche Zuwanderer an vielfältiger Gastronomie beisteuern: Es gibt auch in Santa Eulària einige ibizenkische Lokale, in denen man gut und oft preisgünstiger essen kann. Und wer auf den Spuren der neueren Gourmetoasen wandelt, findet Slowfood-Cafés, Avantgarde-Cuisine und Grill Chillouts, die sich durch die Qualität heimischer Zutaten auszeichnen.

Rundgang Santa Eulària

Ⓐ **Promenade** – Eine schöne Flaniermeile vom Sportboothafen bis zum Ortsteil Siesta.

Ⓑ **Sandstrand** – Nahe dem Ortszentrum sich sonnen oder im Meer erfrischen.

Ⓒ **Fähranleger** – Im Hafen starten regelmäßig Fähren entlang der Küste.

Ⓓ **Amüsiermeile** – wo die Nacht zum Tage wird.

Ⓔ **Puerto Deportivo** – Der Sportboothafen mit Boutiquen und Szenebars

Ⓕ **Stadtteil Es Farallò** – Am Wasser haben sich einige Hotels und Restaurants angesiedelt.

Ⓖ **Ortsteil La Siesta** – Lohnt sich wegen des Küstenpfades, der noch über die Promenade hinausführt.

Ⓗ **Riu de Santa Eulària** – Die Mündung eines alten Flusses, die sich zu Fuß erkunden lässt.

Ⓘ **Pont Vell (Alte Brücke)** – auch »Römerbrücke« genannt, jedoch entstand das Viadukt später.

Ⓙ **Kirchhügel Puig de Missa** – Der Ursprung von Santa Eulària mit Wehrkirche und zwei Museen.

Ⓚ **Ethnologisches Museum** – zurück zum Ursprung (s. Infos u. Adressen, S. 62)

Ⓛ **Musèu Barrau (Barrau-Museum)** – Es zeigt Werke des impressionistischen Malers Laureà Barrau i Buñol, der in Santa Eulària lebte und starb.

Ⓜ **Carrer San Jaume** – Die Durchfahrtsstraße ist eine Hauptachse der Stadt.

Ⓝ **Passeig de S'Alamera** – Rund um den Platz laden Straßencafés zum Verweilen ein.

Ⓞ **Casa Consistorial** – Das alte Rathaus dient heute eher repräsentativen Zwecken.

Ⓟ **Denkmal** – zu Ehren von Fischern, die am 17. Januar 1913 Schiffsbrüchige retteten.

Ⓠ **Carrer de Sant Vicenç** – Fußgängerzone, auch als »Fressgasse« bekannt.

Badefreuden und Straßencafés

Eine anderthalb Kilometer lange, gepflegte Promenade verbindet den Sportboothafen mit dem südlichen Ortsteil Siesta. Ihr mittlerer Abschnitt ist von einem recht ansprechenden Sandstrand gesäumt: Auf der einen Seite eröffnen sich herrliche Blicke über das Meer, auf der anderen sind die Wege in die Stadt kurz. Wer einen Parkplatz am zentralen Passeig de S'Alamera bekommt, kann schon nach wenigen Metern in die Badekleidung wechseln. Der Strand liegt etwas tiefer als die Promenade, sodass man vom Rummel wenig mitbekommt. Oben wiederum laden einige Straßencafés und Eisdielen zur Stärkung ein. Im Hafen gleich um die Ecke starten regelmäßig Fähren entlang der Küste Richtung Cala Pada, Es Canar, Es Figueral, Cala Llonga und Eivissa. Eine Schnellfähre erreicht innerhalb einer Stunde direkt die Nachbarinsel Formentera.

Spaziergang zum Puerto Deportivo

Richtung Norden führt die Flaniermeile zwischen Laternen, Palmen und Blumenrabatten bis zum Sportboothafen (Puerto Deportivo), vorbei zunächst an einigen Karaoke-Bars und anderen Lokalen für bierselige Abende bei wummernden Beats. Hier kann es also auch mal lauter werden. Dahinter beginnt der schickere Teil, das Areal mit Ankerplätzen vor Boutiquen und Szenebars wie dem »Cafe Sydney« oder der »Sunseabar«. Viele der Lokale sind unter deutscher Leitung, darunter auch eine einschlägige Adresse: Unscheinbar in hinterer Reihe, mit schlichten Stühlen vor der Tür, brät »Hühner Karl« für alle, die Sehnsucht nach Frikadellen oder Currywurst haben. Karl ist ein Urgestein, das schon lange zur Insel gehört. Eine Institution und entsprechend beliebt bei Stammgästen ist auch der Nachtclub Guarana-Bar.

AUTORENTIPP!

CARRER DE SANT VICENÇ

Ab in die »Fressgasse«, scherzen besonders Residenten und Stammurlauber vor Ort. Zu ernst sollte man den Spitznamen nicht nehmen, suggeriert er doch eher niveaulose Völlerei oder eine rein deutsche Gastronomiekultur. In Wahrheit aber bietet die Carrer de Sant Vicenç besondere einheimische und internationale Lokale, es reihen sich gleich einige empfehlenswerte Tapas-Bars, Bodegas und Restaurants mit internationaler Küche aneinander. Viele verfügen über schöne Außenplätze in der ruhig gelegenen Fußgängerzone oder einen idyllischen Hinterhof. Darüber hinaus haben sich einige kleine Geschäfte angesiedelt – mit typisch ibizenkischen Produkten wie einer besonders großen Auswahl von Hierbas (typisch ibizenkischer Kräuterlikör) und anderen Spirituosen. Mit einem Ambiente à la »Ballermann« also ist Santa Eulàrias Vorzeigesträßchen keineswegs zu vergleichen.

Hinter dem Hafenbecken lässt sich der Spaziergang fortsetzen. Vorbei an Bootswerften führt der Weg nun in den Stadtteil Es Farallò, ein eher unscheinbares Wohn- und Gewerbegebiet, doch am Wasser haben sich einige Hotels und Restaurants angesiedelt. Auch ist diese Gegend optimal, um schlicht spanisch Tapas essen zu gehen oder im Supermarkt einzukaufen.

Am Flusslauf zur Pont Vell

In der Gegenrichtung geleitet die Strandpromenade an einen für Ibiza besonderen Ort: die Mündung eines alten Flusses, an dessen Bett man noch ein hübsches Stück entlanggehen kann bis zur Alten Brücke Pont Vell. Aufgrund seiner Bauweise wird das Viadukt auch »Römerbrücke« genannt, doch es entstand erst weitaus später, wohl im 16. Jahrhundert. Es überspannt den Riu de Santa Eulària, dem das Städtchen seinen Beinamen verdankt. Als einziger Fluss der Pityusen führte er bis Ende des 20. Jahrhunderts noch Wasser (heute nur noch an wenigen Stellen). Er brachte bereits den Mauren ab dem zehnten Jahrhundert Wohlstand. Als damalige Herrscher leiteten sie den kostbaren Quell mit Bewässerungssystemen auf Felder, die auch als Horta de Santa Eulària (Garten von Santa Eulària) bezeichnet wurden. Der Fluss trieb auch die Getreidemühlen am Fuße des Puig de Missa an. Sie waren bis zum 18. Jahrhundert von großer Bedeutung für die Versorgung der Inselbevölkerung.

Kirchhügel Puig de Missa

Über dem modernen Städtchen thront der Ursprung von Santa Eulària auf dem 52 Meter hohen Puig de Missa (Hügel der Messe). Urige Bauernhäuser verschmelzen mit der Wehrkirche zu gelebter Tradition. In einer restaurierten Finca ist das

AUTORENTIPP!

BUCHT NIU BLAU MIT KÜSTENPFAD

Viele Auswärtige übersehen die kleine Traumbucht nordöstlich von Santa Eulària: Niu Blau bedeutet »Blaues Nest«, und genauso fühlt es sich an. Unter Insidern ein beliebter Badestrand mit Restaurant und Bootscharter. Er liegt ziemlich genau in der Mitte eines vier Kilometer langen Küstenpfades mit herrlichen Ausblicken. Richtung Norden geht es bis zur Nachbarbucht Cala Pada und dann noch weiter bis nach Es Canar. Immer wieder führen Stufen oder Pfade hinab ans Meer zu schönen Picknick- und Schnorchelplätzen. Mitunter verläuft die Strecke direkt an der Abbruchkante, auch ein wenig Klettern gehört dazu. Doch der Weg ist breit genug und oft auch gesäumt von üppiger Vegetation. Richtung Süden führt der Pfad direkt nach Santa Eulària am beliebten Beachhotel »Pura Vida« vorbei.

Cala Niu Blau. Abzweigung von der Straße Santa Eulária–Es Canar oder per Küstenwanderpfad, mit authentischem Strandrestaurant und Liegeplätzen im Schatten der Pinien.

Oben: Das Rathaus von Santa Eulària an der Plaça de España
Mitte: Die Römerbrücke sieht nur so aus, wie sie heißt.
Unten: Im Altarraum der Wehrkirche ist sogar eine Windmühle zu sehen.

Ethnologische Museum untergebracht. Hier ist das gestrige Ibiza zum Greifen nah, Trachten, Haushaltsgüter, Möbel und eine alte Ölmühle, die eindrucksvoll zeigt, wie man damals Olivenöl gewann. Kunstfreunden gefällt nebenan das kleine Barrau-Museum mit Bildern von Laureà Barrau i Buñol. Am 27. Dezember 1863 in Barcelona geboren, gehörte der Künstler der Generation der katalanischen Vertreter des Modernisme (Modernisme Català) in der Malerei an. Sein Werk indes ist dieser künstlerischen Strömung nicht zuzurechnen sondern vielmehr dem Impressionismus. 1912 kam Barrau nach Ibiza, wo er blieb, verzaubert vom Licht und den Farben der Insel. Er starb 1957 in Santa Eulària.

Der Puig de Missa wurde 1952 zum Landschaftsschutzgebiet (Bien de Interés Paisajístico) und 1985 zum historisches Kulturgut (Bien de Interés Cultural como lugar histórico) erklärt. Seit 2002 gilt er als Conjunto Histórico (historischer Komplex).

Eine Gemeinde entsteht

Unter der maurischen Herrschaft hieß das Gebiet um Santa Eulària noch Xarc – arabisch für »Osten«. Erst nach der Eroberung durch die Katalanen zu Beginn des 14. Jahrhunderts erhielt es seinen heutigen Namen. Er rührt von einer der Heiligen gewidmeten Kapelle (1302) her, die im frühen 16. Jahrhundert bei Angriffen zerstört wurde. Wohl um 1568 erbaute man die heute noch existierende Kirche Eglèsia de Sta. Eulària. Der Architekt Giovanni Calvi (in Schwarz), der auch die Stadtmauern von Eivissa erbaute, entwarf das Gebäude, wie damals auf Ibiza üblich als Festungskirche zum Schutz vor Piraten. Es wurde im 17. und 18. Jahrhundert erweitert. Die ersten Häuser des Dorfes kamen erst später hinzu.

Unter Bischof Eustaquio de Azara wuchs Santa Eulària zu einer Ortschaft heran. Der Geistliche ließ seinerzeit Dörfer bauen, in denen die verstreute Landbevölkerung wohnen sollte. Hier nun erwarb er das Land um die Kirche und ließ auf eigene Kosten Häuser errichten – Bemühungen, die aufgrund von Raum- und Infrastrukturproblemen an einige Hürden stießen. Die neuen bourbonischen Könige, die aus dem Spanischen Erbfolgekrieg (1701–1714) zwischen Habsburgern, Engländern und Bourbonen hervorgingen, wandelten die alten Landbezirke nach und nach in Gemeinden um. Ibiza, Katalonien, Valencia und Mallorca hatten auf der Seite der Habsburger gekämpft. Seit dem Jahr 1833 existiert die Gemeinde Santa Eulària mit ihren heutigen Grenzen.

Passeig de S'Alamera

Im frühen 19. Jahrhunderts gedieh das Dorf Santa Eulària auf der flachen Ostflanke des Puig de Missa. Aus dieser Zeit stammen die noch heute dominierenden Hauptstraßen Carrer Sant Jaume und Passeig S'Alamera und – an ihrem Schnittpunkt – das prachtvolle Gebäude mit einem Vorplatz samt Denkmal und Brunnen: das alte Rathaus (Casa Consistorial) mit der Plaça Espanya. Es dient heute eher repräsentativen Zwecken. Doch es haben hier neben dem Bürgermeister noch einige Gemeinderäte ihr Büro, auch gibt es im Eingangsbereich eine Auskunftsstelle für Bürger und Touristen. Die entscheidenden Behördengänge aber führen heute in das neue Rathaus (Ayuntament) in der Carrer Mariano Riquer Wallis.

Rings um die beiden Hauptachsen wurden weitere Straßen schachbrettartig angelegt. Dieses Zentrum und einige der alten Gebäude sind erhalten geblieben.

AUTORENTIPP!

SKIKEN AUF IBIZA

Auf dem Gelände des Club Cala Pada gibt es mit dem Ibiza Outline Team die erste offiziell lizenzierte Skikestation der Balearen. Der neue Trendsport ist so etwas wie Skilanglauf im Sommer. Man bewegt sich mit Cross-Skates (Skikes) und Nordic Blading-Stöcken auch außerhalb von befestigten Straßen und Wegen – mit herrlichen Naturerlebnissen. Das innovative Sportgerät soll besonders gelenkschonende Fitnesstouren ermöglichen. Gemeinsam mit Trainer Sven-Oliver Puch und seinem Team geht es auf Tour durch das ländliche Ibiza und zu versteckten Buchten. Angeboten werden verschiedene Kurse für Anfänger und Fortgeschrittene. Bereits Geübte können sich auch Skikes und Stöcke ausleihen und auf eigene Faust losziehen.

Club Cala Pada. Ibiza Outline Team, Ctra. Es Caná, km 3. www.ibizaoutlineteam.com (für Nichthotelgäste), www.clubcalapada.com

Infos und Adressen

SEHENSWÜRDIGKEITEN

Barrau-Museum. Impressionismus auf Ibizenkisch. Camí Cementeri Vell 21, Tel. 971/33 00 72.

Am Fähranleger starten Ausflugsboote.

Casa Consistorial (Altes Rathaus). Historischer Hingucker mit dem Brunnen zu Ehren der Fischer davor. Plaça Espanya, 1.

Museo Etnológico de Ibiza y Formentera. Völkerkunde auf dem Kirchhügel. 1. Okt.–31. März Di–Sa 10–14 Uhr, So 11–13.30 Uhr. (20. Dez.–20. Jan. geschl.). 1. April–30. Sept. Mo–Sa 10–14 Uhr / 17.30–20 Uhr. So 11–13.30 Uhr, feiertags geschl., Can Ros des Puig de Missa, Tel. 971/33 28 45 und 971/33 81 45, meef@cief.es

Puig de Missa. Kirchhügel mit Wehrkirche und Ethnologischem Museum.

ESSEN UND TRINKEN

Caos. Direkt am Paseo mit Blick aufs Meer gibt es Tapas, Salate, Säfte und Bier in bester Bioqualität, ganz im Zeichen des Slowfood. Paseo Marítimo, Local 9, Mobil-Tel. 639/7614 195.

Casa Piedra. Sensationelle Küche in einem wildromantischen Steinhaus (Cada piedra). Gehobene Küche. In Cala Llonga, aber nur rund 50 m von der Straße Richtung Santa Eulària entfernt. Poligono 18 / Carretera Cala Llonga, 42, Tel. 971/19 65 58, Mobil-Tel. 679/90 56 20. www.restaurantecasapiedra.com

Café Sidney Eulalia. Frühstück, Snacks, Menüs oder Brunch mit Blick auf das eigene Boot und auch für andere Gäste. Mo–So 9–23 Uhr, Puerto Deportivo Local 1 B, Tel. 971/33 2 14, www.cafesidney-eulalia.com

El Puntal. Ibizenkische Küche mit Pintxos (Spießchen) und Tapas, ausgewogene Weinkarte. Calle San Lorenzo, 21, Tel. 971 80 75 23, www.elpuntalibiza.es

Hühner Karl. Zuflucht für alle, die dann doch mal Heimweh nach Schweinebraten mit Apfelrotkohl, Kohlroulade, Wiener Schnitzel oder hausgemachten Frikadellen haben. Puerto Deportivo, Tel. 971/33 87 31.

Juanito Bar Restaurante. Das Bar-Restaurant in der »Fressgasse« hat – wie die meisten hier – ganzjährig geöffnet. Tapas und Fisch. Carrer de Sant Vicenç, 33, Tel. 971/33 29 23.

Kathmandu. Nepalesisch-indische Küche, auch im Winter. Carrer de Sant Vicenç, 49, Tel. 971 33 96 35, www.kathmanduibiza.com

L'Alchimista Gelateria. Hausgemachtes italienisches Eis, Snacks, Getränke und Cocktails am südlichen Ende des Paseo. Calle Juan Tur, Edificio Eva Parc, 6, Tel. 971/33 29 42.

La Rambla Restaurante. Wie der Name schon sagt, Restaurant am zentralen Platz (La Rambla) und damit besonders beliebt. Auch nett für einen Kaffee. Internationale Küche.
Passeig de s'Alamera 18,
Tel. 971 33 08 57.

Palardi. Auf der internationalen Karte stehen auch vegetarische Speisen. Carrer de Sant Vicenç 26, Tel. 971 33 60 39, www.palardi.com

Rincón de Pepe. Familiäres Restaurant, das Einheimische gern besuchen. Solide Tapas und andere spanische bzw. ibizenkische Speisen. Carrer de Sant Vicenç 53, Tel. 971 33 13 21.

Royalty. Beliebtes und zentrales Eck-Café zum Sich-Treffen, Sehen und Gesehenwerden, mit Bar und Restaurant. Schon seit 1933 am Platz. Carrer de Sant Vicenç 51 / Carrer San Jaume 51,
Tel. 971 33 18 19.

Somi Art. Restaurant und Lounge Club an der Promenade, gehobene internationale Küche und Events. Paseo 63 86, www.somiart.com

Sun Sea Bar. Seit 2001 multikultureller Hafentreff für Bootsbesitzer, Wassersportfreunde und alle anderen Inselfans. Ganzjährig von 11 Uhr bis Open-end, Local 7, Zona 4, Edificio Koala,
Tel. 971 31 90 24, www.sunseabar.de

ÜBERNACHTEN

Aguas de Ibiza. Das neue Fünf-Sterne-Hotel nahe dem neuen Kongresszentrum (Stadtteil Es Faralló). Die Zimmer wurden nach Feng-Shui-Prinzipien gestaltet. Mit Gourmetrestaurant Alabastro-Lounge und exklusiver Tapas-Bar Vi Cool Spa- und Fitnessbereich. Salvador Camacho, 9,
Tel. 971/31 99 91, www.aguasdeibiza.com/de

Club Cala Pada. Clubanlage in Richtung Es Canar (km 2). Familien und Sportler zählen vor allem zu den Gästen, das Angebot ist darauf abgestimmt. Zum All-Inclusive-Programm gehört auch das Essen im Strandrestaurant »El Gusto«. Ctra. Es Canar, km 3, Tel. 971 33 08 86, www.clubcalapada.com

Pura Vida Beachclub & Restaurant. Nach dem Motto »Life is a beach« lädt der Hotelkomplex auch externe Gäste zum Sonntagsbrunch mit Blick aufs Meer ein. Während der Saison wird immer gutes Entertainment geboten. März–Mitte Okt., Carretera Es Canar, km 1, Playa Niu Blau,
Tel. 971/33 97 72, www.puravida-ibiza.com

AUSGEHEN

Babylon Beach Bar & Restaurant. Innovatives Strandbarkonzept für eine breite Zielgruppe, inklusive Grillrestaurant, Boutique und Kinderspielplatz am nördlichen Ortsende in einer ruhigen Bucht gelegen. Bio-Smoothies und hausgemachte Eis-Lollies. Mit Livemusik-Abenden und DJ. Calle Sa Caleta, 20, Tel. 971/33 21 81, www.babylonbeachbar.com

Guarana. Alteingesessener Club im Sportboothafen. Funk, House, Reggae, Live Musik ... Das Programm ist so abwechslungsreich wie das Publikum. Tel. 636 48 60 48, www.guaranaibiza.com

AKTIVITÄTEN

Ferry Santa Eulalia. Fähren bis nach Es Canar, Ibiza-Stadt und Formentera. Station im Hafen (Höhe Stadtstrand), Büro: C/San Jaime, 38,
Tel. 971/33 22 51, www.ferrysantaeulalia.com

VERANSTALTUNGEN

Palacio de Congresos. Die Architekten Jesús Ulargui Agurruza und Eduardo Pesquera González schufen mit dem neuen Kongresszentrum zugleich einen idealen Ort für Theateraufführungen und Kulturveranstaltungen wie Filmfestspiele.
Avda. Dr. Camacho s/n, Tel. 971/33 64 06,
Mobil-Tel. 661/95 99 02 und 663/82 30 34,
www.ibizacongress.net

INFORMATION

Oficina de Informació Turìstica (O.I.T.) de Santa Eulària des Riu. C/Mariano Riquer, 4,
Tel. 971 33 07 28, www.santaeulalia.net

Mitte: Viele Hotelbauten und ein gut besuchter Strand: Es Canar
Unten: Auf dem Hippie-Markt der Punta Arabi ist auch echtes Kunsthandwerk zu finden.

7 Es Canar

Ein Badeort mit zwei Gesichtern

Punta Arabi heißt die markante Landspitze nördlich von Santa Eulària. Sie ist geprägt durch Massentourismus rund um den Ferienort Es Canar. Der größte Hippiemarkt der Insel zieht zahlreiche Besucher an. Freunde des Party-Cluburlaubs sind begeistert, andere machen lieber einen großen Bogen um die Ortschaft. In der Nebensaison und in den Nachbarbuchten aber sieht es schon ganz anders aus.

An Playa Es Canar ist im Juli und August oft kaum noch ein Flecken Sand zu sehen. Man badet gleichermaßen im warmen Meer und in der Menschenmenge, was allen, die es sich so ausgesucht haben, sichtlich gefällt. Der Strand bietet schließlich alles, was zum Sommervergnügen dazugehört, Aktivitäten wie Wasserski, Parascending und Windsurfen sorgen dafür, dass keine Langeweile aufkommt, entlang der Promenade sind die für Ferienorte typischen Restaurants, Imbisse, Cafés und Souvenir-Shops vertreten. Zahlreiche Hotels

MAL EHRLICH

ENTSPANNTER BUMMEL ÜBER DEN HIPPIEMARKT?

Besonders in den Monaten Juli und August ist es nachmittags so voll auf der Punta Arabi, dass das besondere Flair des Marktes im Gedränge untergeht. Am besten früh da sein, dann geht es noch. Neben typischer Insel- und Hippie-Mode, originellen Taschen und Accessoires finden sich auch Stände mit fantasievollem Schmuck und Kunsthandwerk von selbsternannten Designern. Aber es ist auch Ramsch darunter – genau hinschauen!

Rund um Es Canar

Ein von 1970er-Jahre-Bebauung geprägter Ferienort und malerische Buchten, all das ist hier zu finden und auf recht kurzen Wegen miteinander verbunden. Besonders schön ist eine Wanderung auf den Küstenpfaden Richtung Süden, die bis nach Santa Eulària gehen kann.

Ⓐ **Platja Es Canar** – Der zentrale Strand bietet alles für einen Badeurlaub inklusive einer Auswahl gepflegter Strandrestaurants und Freizeitspaß – im und über dem Wasser schwebend.

Ⓑ **Fähranleger** – Von hier aus geht es in die Nachbarbuchten und nach Santa Eulària.

Ⓒ **Avenida Punta Arabí** – Entlang der Durchfahrtsstraße reihen sich Restaurants, Geschäfte und Hotels. Dahinter verläuft der Küstenwanderweg, abseits des Trubels.

Ⓓ **Punta Arabí** – Gleich hinter der Ortschaft beginnt die mit Pinien bedeckte Landzunge mit schattigen Picknickplätzen.

Ⓔ **Club Punta Arabí** – für auswärtige Gäste durch Partys und den Hippiemarkt von Interesse.

Ⓕ **Campingplatz »La Playa Ibiza«** – schöne Lage direkt an der Küste mit einem alteingesessenen Sunset-Chiriguito.

Ⓖ **Cala Martina** – Die große Nachbarbucht ist eine Alternative zum oft überfüllten Stadtstrand.

Ⓗ **S'Argamassa** – Bucht zwischen der Cala Martina und der Cala Pada mit schönem Strand, hochkarätigem Beach-Club und viel Wassersport.

Ⓘ **Cala Pada** – Auch wenn die Clubanlage dahinter dominiert, der Strand steht allen offen und lohnt sich durchaus zum Badespaß oder zum Sundowner.

Ⓙ **Niu Blau** – kleine hübsche Bucht kurz vor Santa Eulària. Wer im Schatten uralter Pinien Siesta halten will, ist hier genau am richtigen Ort. Es laden ein Strandrestaurant und ein Chiringuito zum Verweilen ein. Und auch der Beachclub Pura Vida steht externen Restaurantgästen offen (siehe S. 63).

AUTORENTIPP!

JACARANDA LOUNGE & THE TREE RESTAURANT

Rund um den großen Pool können die Gäste in Cabanas oder Lounge-Sesseln mit Blick aufs Meer abschalten und Thai-Ambiente genießen. Inhaberin Mandy Hayes schwärmt für das asiatische Land und hat dies in liebevollen Details umgesetzt. Bei sphärischen Sounds kann man zu jeder Tageszeit einen Cocktail schlürfen oder einfach nur chillen. Ab und zu gibt es auch Live-Musik. Einige benachbarte Hotels geben Gutscheine für externe Gäste aus (50 Prozent Rabatt). Für das perfekt exotische Feeling bestellt man sich eine Shisha oder genießt asiatische Fusion-Küche mit mediterranem Touch. Das erstklassige »The Tree Restaurant« bietet außerdem Sushi-Spezialitäten.

Jacaranda Lounge & The Tree Restaurant. Avda. Punta Arabí direkt am Fähranleger, Tel. 660/80 31 84, www.jacaranda-lounge.com

versammeln sich in dem kleinen Küstenort. Am südlichen Ende des Strandes starten regelmäßig Fähren nach Santa Eulària und zu den benachbarten Buchten.

An der Playa Es Canar

An sich ist die von Pinien gesäumte Bucht ganz hübsch. Strand, Beach-Clubs und Restaurants sind gepflegt, und bei ruhigen Bedingungen ist das Wasser glasklar. Zumindest in der Nebensaison können sich hier auch Urlauber wohlfühlen, die lieber weniger Trubel möchten. Es kann sogar von Vorteil sein, sich etwa im Oktober in Es Canar einzuquartieren, denn während andere Orte Ibiza dann schon in den Winterschlaf fallen, ist hier abends noch einiges los. Viele Bars und Restaurants haben dann noch geöffnet.

Die in den 1970er-Jahren gewachsene, eher nüchtern wirkende Ortschaft zieht sich noch ein ganzes Stück südlich der Playa Es Canar, entlang der Durchfahrtsstraße setzt sich die touristische Infrastruktur fort. Dann lichtet sich die Bebauung und macht einem Pinienwald Platz, der große Teile der Landzunge bedeckt. Unerschlossen allerdings ist auch dieser nicht, vielmehr gehören rund 80 000 Quadratmeter des Areals zum »Club Punta Arabi« und ein weiterer Teil zum Campingplatz »La Playa Ibiza« – übrigens eine der vergleichsweise wenigen Möglichkeiten, auf der Insel sein Zelt oder seinen Caravan aufzustellen, die sich auf die Regionen Santa Eulària und Sant Antoni begrenzen.

Der »Club Punta Arabi« ist ein alteingesessenes Ferienresort mit besonders jungem Publikum – Durchschnittsalter 21 Jahre. Das weitläufige Bungalowdorf bettet sich in eine mediterrane Gartenanlage, die Apartments verstecken sich zwischen den Pinien. Der Club ist aus zwei Gründen auch von allgemeiner touristischer Bedeutung: Am obersten Punkt des Resorts öffnet abends die resorteigene Open-Air-Diskothek »Ocean« am Pool mit Meerblick, die auch externe Gäste gegen Eintritt besuchen können. Bei den Partys kooperiert der Club mit großen Veranstaltern wie Cocoon und internationalen Star-DJs, für die Ibiza bekannt ist.

Der inselgrößte Hippiemarkt

Während der Saison ist das Clubgelände obendrein Schauplatz von Ibizas größtem Hippiemarkt. Mehr als 500 Stände werden dann zwischen den Apartments aufgebaut, dazwischen Musiker, Zöpfe flechtende Rastafrauen, lebende Skulpturen und andere Künstler. Ein Spektakel, das jeden Mittwoch rund 15 000 Besucher anzieht. Seit den 1970er-Jahren veranstaltet Punta Arabi den Markt. Damals waren noch echte Hippies dabei, weiß Club-Chef Markus Gerhardt zu berichten, die Handgefertigtes wie Wollpullover oder bunte Bälle verkauften. Heute liegen vor allem typische Inselsouvenirs auf den Tischen, auch die in Besucher in Scharen herankarrenden Reisebusse haben wenig mit dem ursprünglichen Bild gemeinsam. Dennoch – nach wie vor ein Event auf Ibiza, das man einmal erlebt haben sollte.

Nachbarbucht Cala Martina

Um den Sonnenuntergang zu genießen oder auch einen ganzen Strandtag außerhalb der Ortschaft zu verbringen, bietet sich die Cala Martina an. Die weitläufige Bucht liegt etwa 200 Meter südlich des Clubs Punta Arabi, direkt hinter dem Campingplatz – also einfach der Hauptstraße von Es Canar weiter folgen. Der Strand selbst ist 150 Meter lang und eröffnet einen weiten Blick in Richtung Westen. Flach ins Wasser abfallend

Oben: Im kleinen Hafen von Es Canar
Mitte: Unweit des Ortszentrums verstecken sich ruhigere Buchten.
Unten: Jacaranda Lounge: Hier ist der Blick auf die Bucht am schönsten!

AUTORENTIPP!

CALÓ DES GAT

Individualisten, denen die Cala Martina zu überlaufen ist, sollten am östlichen Rand der Bucht (bei der Strandbar Chirincana) einmal den Pfaden über die Felsen und hinten am Campingplatz vorbei folgen: Nebenan versteckt sich die bezaubernde kleine Nachbarbucht Caló des Gat. Leuchtend rote Felsen, ein Stückchen Strand mit Steg und kleines Inselchen im türkisfarbenen Meer bilden ein fotogenes Ensemble. Selbstredend mokiert sich niemand über FKK-Fans, und wer Ruhe sucht, findet sie hier meistens. Auf dem Rückweg ist das bunte »Chirincana« mit seinen Strohdach-Sonnenschirmen und rustikalen Holzbänken ein herrlicher Platz für einen Sundowner wie zu Hippie-Zeiten.

Caló des Gat. Östlich der Cala Martina (zu erreichen über die Av. Punta Arabí)

und mit ausgiebigen Wassersportmöglichkeiten ist er für Familien gut geeignet, auch zwei Strandbars sind vorhanden. Für Windsurfer ist dies bei südlichen Winden einer der Hot Spots Ibizas. Am westlichen Ende der Bucht beginnt der Küstenpfad nach Santa Eulària. Wer fit genug ist, kann die rund fünf Kilometer am Wasser entlanglaufen und unterwegs Pausen in den schönen Buchten einlegen, durch die der Weg führt. So geht es vorbei an S'Argamassa und durch die Cala Pada bis in die Bucht von Niu Blau bis Santa Eulària.

S'Argamassa und Cala Pada

Der relativ kleine Strand von S'Argamassa bezirzt mit sattem Pinienbestand und feinem Sand. Seit der Saison 2013 sind viele der Gäste »reich, berühmt oder schön« – oder alles zugleich, denn mit dem neu eröffneten »Nikki Beach« hat nun auch Ibiza eine Dependance des Jetset-Beachclubs mit Gourmetrestaurant, der unter anderem auch in St. Tropez vertreten ist. Zur Luxus-Location gehört auch eine Anlegestelle für Jachten und Segelschiffe. Auf der großzügigen Terrasse eines erstklassigen Chiringuito direkt an der Mole tummeln sich im Sommer alle, die es sich leisten können.

Ganz anders gibt sich die nächste Bucht: In der Cala Pada haben Familien das Sagen. Es dominiert das gleichnamige Ferienresort, das neben vielen Kindern auch Sportler bis hin zur Profi-Liga anzieht, weil das Animations- und Aktionsprogramm entsprechend ausgerichtet ist. Am Strand ist von der Clubanlage, die sich etwas dahinter verbirgt, nichts zu sehen, und die Bucht steht natürlich auch anderen Gästen offen, die zum Beispiel auch Kurse bei der ansässigen Tauchschule belegen können.

Infos und Adressen

ESSEN UND TRINKEN

Bahía es Pins. Das Restaurant unter Pinien (es Pins) am Strand hebt sich ab, stylish und mit lobenswerter Küche, die Cocktails sind etwas zu süß geraten. Platja Es Canar, Tel. 971/33 12 21.

Donde Marian y Miguel. Seit 2013 lädt das stillvolle Grillrestaurant zum Schlemmen bei Live-Musik von Jazz bis Bossa Nova ein. Das Biofleisch kommt aus heimischen Zuchtbetrieben. Im Winter Mo/Di geschl., im Sommer bis 2 Uhr geöffnet, Carretera Es Canar, km 2, Tel. 971/33 92 71, www.dondemarian.com

ÜBERNACHTEN UND ESSEN

Hotel Las Arenas. Von der schicken Dachterrasse mit Sonnenliegen schweift der Blick weit über die Bucht; hervorragende Küche und Tapas, hauseigene Konditorei mit ibizenkischen Spezialitäten (Greixonera, Torta de Cabra, Hierbas etc.). März–Okt., Avda. Es Canar, 138, Tel. 971/33 07 90, www.lasarenasibiza.com

Club Punta Arabí am Ortsrand von Es Canar, die Clubanlage für junge Partypeople. Im Sommer Livemusik oder und DJ; auch für externe Gäste. Avda. Punta Arabi s/n, Tel. 971/33 06 50, www.clubpuntaarabi.com

Party im Club Punta Arabi

Ethno-Schmuck auf dem Hippie-Markt in Es Canar

Campingplatz La Playa Ibiza. Herrliche Lage an der Cala Martina. Stellplätze für Zelte und Caravans, auch nostalgische Caravans, Nomadenzelte und Bungalows zu mieten. Cala Martina (zu erreichen über die Avda. Punta Arabí), Tel. 971/33 85 25, www.campingibizalaplaya.com

Nikki Beach. Hier trifft sich der Jetset, man merkt es an der Qualität der Speisen, aber auch an den Preisen. Urbanización S'Argamassa, Avda. S'Argamassa, s/n, Tel. 971 33 84 03, www.nikkibeach.com

S'Argamassa Palace. Vier-Sterne-Hotel mit Suiten. Avda. S'Argamassa, 82, Tel. 971/33 02 71, Tel. 610 77 01 90, www.sargamassa-palace.com

AUSGEHEN

Finca Can Suldat. Im Garten dieser ruhig gelegenen Art & Music Finca spielt im Sommer spanische Live-Musik bis 2 Uhr früh. Uriges Grillrestaurant mit ausgezeichneter Küche. Limoncello hausgemacht! Carreterra Es Canar km 4, C/Font des Murtar, nur 10 Gehminuten vom Bootshafen Es Canar entfernt, Tel. 971 31 22 24, www.fincaibiza.com

INFORMATION

Oficina Municipal de Información Turìstica de Santa Eulària des Riu. C/Mariano Riquer, 4, Tel. 971 33 07 28, www.santaeulalia.net

8 Traumbuchten im Nordosten

Von der Cala Nova bis S'Aigua Blanca

Die Küstenlinie zwischen den Ortschaften Es Canar und Sant Vicent birgt kleine Paradiese. Gleich eine ganze Reihe schöner Buchten lädt zum Baden ein. Ob mehr Trubel und Wassersport oder verschwiegenes FKK, hier findet jeder sein Plätzchen. Die meisten Strände sind von Sant Carles aus gut mit dem Auto erreichbar, teils lohnt es sich auch, das Ziel mit einer Wanderung zu verbinden.

Die südlichste der Buchten ist von Es Canar gut zu erreichen: Nur einen Kilometer vom Ortszentrum entfernt, zu Fuß ungefähr eine Viertelstunde, liegt die Cala Nova. Dazu folgt man der Avenida Cala Nova oder – die hübschere Variante – dem Küstenpfad ab der Playa Es Canar Richtung Norden. Zunächst geht es eine breite, gepflegte Strandpromenade entlang und hinter den Wohnresidenzen noch ein paar Schritte über die Felsen

MAL EHRLICH

CALA DE SANT VICENT

Die Cala de Sant Vicent kann mit den südlichen Buchten kaum mithalten, was Idylle und Naturnähe betrifft. Sie ist eher ein Platz zum Kaffeetrinken an der Promenade. Beeindruckend ist jedoch der Blick von oben. Es lohnt sich ein kurzer Fotostopp entlang der Panoramastraße Richtung Sant Joan, um das türkisschimmernde Meer und die steilaufragenden Bergflanken der der Landzunge Punta Grossa mit ihren dichten Pinienwäldern zu bestaunen.

Mitte: Cala Llenya – familiengerechter Sandstrand und viele Ferienunterkünfte
Unten: Die weitläufige Cala Nova liegt nahe bei Es Canar.

Buchten-Hopping

Die kleinen Strandparadiese sind über Straßen und teils auch Wanderwege gut vernetzt.

A Cala Nova – Die idyllische Bucht wirkt fast ursprünglich, abgesehen vom Blick auf ein großes Hotel.

B Punta des Fonoll Marí – Die Landzunge bildet eine Barriere zwischen den Buchten.

C Sant Carles – Das ehemalige »Hippiedorf« verströmt nach wie vor Aussteiger-Flair.

D Cala Llenya – familienfreundliche Badebucht.

E Cala Mastella – Bekannt durch das urige Fischrestaurant »El Bigote«, mit kleiner Badebucht für Ruhesuchende.

F Cala Boix – dunkler Sand und schöne Blicke, im Sommer auch oft gut besucht.

G Pou d'es Lleó – von Felsen und Bootsgaragen gerahmt ein schöner Anblick.

H Cala Negra und Cap Roig – keine Badebucht, aber das Kap bietet tolle Ausblicke.

I Insel Tagomago – Heute steht die Insel nur noch für Privatevents auf Jetset-Niveau zur Verfügung.

J Es Figueral – beliebter Badestrand mit Strandliegen und Brandungswellen vor dramatisch aufragender Steilküste.

K S'Aigua Blanca – die kleine Perle im Nordosten mit FKK-Bereich und überdachtem Strandrestaurant. Wenn der Ostwind bläst, schwärmen die Wellenreiter aus.

L Cala de Sant Vicent – gepflegte Strandpromenade mit Palmen und glasklarem Wasser.

AUTORENTIPP!

EL BIGOTE
Das idyllische Fischlokal in der Cala Mastella ist zwar kein Geheimtipp mehr, doch es ist und bleibt etwas Besonderes. Ohne Reservierung geht gar nichts im »El Bigotes«. Selbst der spanische König Juan Carlos, heißt es, musste auf seiner Jacht warten, bis einer der begehrten Plätze frei wurde. Denn der Fischer und Koch Bigote, so benannt nach seinem Schnurrbart, macht keine Ausnahmen. Jeder Gast ist schließlich König. Gegessen wird, was auf den Tisch kommt, und zwar der Fang des Tages, gekocht über dem Holzfeuer zu zwei festen Tageszeiten: Um 12 Uhr gibt es gegrillten Fisch (a la plancha), um 14 Uhr den ibizenkischen Fischeintopf »Bullit de peix«, gewürzt mit Safran. Rustikales Ambiente und eine luftige Loggia-Terrasse direkt am Wasser, köstlich und einfach herrlich!

El Bigote. Reservierungen unter Tel. 650 79 76 33 (zw. 11 und 13 Uhr anrufen). Zu erreichen direkt ab der Straße sowie vom Strand der Cala Mastella aus über einen Felsenpfad am linken (nördlichen) Rand der Bucht.

mit fantastischen Ausblicken auf die vorgelagerten Inselchen und die weitläufige rötliche Felsenbucht von Cala Nova.

Cala Nova

Die sichelförmige Bucht ist landschaftlich wesentlich reizvoller als der Stadtstrand und weniger verbaut. Das Wasser wartet mit sämtlichen Türkistönen auf und kontrastiert mit den roten Felsen am Rande des Strandes, zwischen denen sich schöne Sonnen- und auch Schattenplätze finden. Wer den ganzen Tag Schatten braucht, mietet sich eine Liege mit Sonnenschirm. Auch gibt es Duschen, einen barrierefreien Zugang, einen Tretbootverleih und Rettungsschwimmer während der Saison. Vorsicht ist hier besonders bei rauer See angebracht, dann können gefährliche Unterströmungen auftreten. Ansonsten aber ist der Strand mit dem flachen Wasser auch für Familien bestens geeignet. Im »Restaurante Cala Nova« zaubern Inhaberin Marisa und ihr Team schmackhafte Fisch- und Fleischgerichte oder leichte Salate, in Sommernächten schwingt man dort die Hüften zu heißen Rhythmen wie Tango und Salsa. Unterhalb des Lokals gibt es einen kleinen FKK-Bereich. Zur Cala Nova gehört außerdem der Nobel-Beach Club Atzaró mit einem edlem Chiringuito. In der Nähe der Bucht befinden sich ein Campingplatz sowie einige Hotels und Apartments unterschiedlicher Preisklassen.

Cala Llenya

Die weiteren Buchten im Nordosten verstecken sich etwas und sind teils nur über die Straßen von Sant Carles aus zu erreichen, während einige auch mit Wanderpfaden verbunden sind. Die Cala Llenya liegt nur rund 200 Meter nördlich direkt neben der Cala Nova, doch die Urbanización (Wohnresidenzen) und die Felsen der Punta des Fonoll Marí erschweren den direkten Zugang. Ab Sant Carles benötigt man mit dem Pkw rund zehn Minuten. Vor pinienbewaldeten Hügeln liegt in einer windgeschützten Bucht der breite, familienfreundliche Sandstrand, an dem es auch eine kleine Bar gibt. Im Hintergrund haben sich private und touristische Unterkünfte angesiedelt, darunter auch die All-Inclusive-Clubanlage Resort Cala Llenya.

Cala Mastella und weitere Paradiese

Nun wird es abenteuerlich: Die schmale Straße ab Sant Carles (ausgeschildert ab der »Bar Anita«) leitet in verwegenen Kurven durch sattgrüne Täler, in denen im Winter die Orangen reifen. Schließlich öffnet sich ein Idyll zwischen Felsen. Auch wenn der kleine Strand wenig Platz bietet: Die Cala Mastella ist für so manche eine der schönsten Buchten Ibizas. Mit dem hinter den Felsen liegenden »El Bigote« (siehe Autorentipp S. 72) besitzt sie zudem eines der originellsten und besten Fischrestaurants. Hier kann man sich auch ein Eis holen oder einen Kaffee trinken. Ab der Cala Mastella schlängelt sich das Sträßlein zu weiteren Nachbarbuchten, jede für sich ein Paradies mit eigenem Charakter. Ihnen gemeinsam ist, dass man an Picknick, Wasser und Sonnenschutz denken sollte und nicht alle bequem (etwa mit Gehbehinderung) zugänglich sind. Zwar gibt es einige Restaurants in den umliegenden Dörfern, doch nicht direkt an jedem Strand. Die nächste Bucht ist die Cala Boix mit dunklem Sand – zu finden nur in diesem Inselteil. Hier gibt es auch eine Strandbar und öffentliche Toiletten.

Ein besonderer Anblick ist die Bucht Pou d'es Lleó, rund einen halben Kilometer nördlich direkt von der Cala Boix aus zu erreichen: Von weitläufigen

Oben: Besonders idyllisch gelegen: die Fischerbucht Pou des Leo
Unten: Die Buchten im Nordosten bieten auch viele Rückzugsmöglichkeiten.

AUTORENTIPP!

VERSTECKTE PFADE
Mehrere der Buchten sind auch mit wunderschönen Wanderwegen verbunden. Einige Touren sind ausgeschildert und markiert. So beginnt und endet in Sant Carles (nahe der legendären »Bar Anita«) eine neun Kilometer lange Rundwanderung zur Cala Mastella und zurück. In der kleinen windgeschützten Badebucht kann man wunderbar im Schatten der Felsen picknicken oder bei sanftem Wellengang schnorcheln. Von dort wiederum sind auch die Buchten Cala de Boix und Pou d'es Lleó auf lohnenden Pfaden zu erreichen. Die Strände liegen alle so nahe beieinander, dass sie leicht zu finden sind. So ist es auch spannend, einfach mal dem einen oder anderen Küstenpfad zu folgen oder eine Nebenstraße zu Fuß zu gehen. Für alle, die es ganz genau wissen wollen, gibt es einige gute Wanderführer über Ibiza zu kaufen und vor Ort auch die Möglichkeit, an geführten Touren teilzunehmen (Termine z. B. im Inselmagazin *Ibiza Heute*).

Felsen gerahmt und mit zahlreichen *Varaderos* (Bootshütten) bestückt, ist sie als Fotomotiv genauso wie als Schnorchelrevier geeignet. In der Mitte bietet ein Stück Sandstrand eine weiche Grundlage. und im Sommer hat meist ein kleiner Kiosk geöffnet. Unzugänglich ist die weiter östlich liegende Cala Negra – hinter einem großen Pinienwald, von steilen Felsen umschlossen und nur mit dem Boot erreichbar. Direkt davor erhebt sich die Insel Tagomago. Zumindest von oben kann man diesen Blick genießen. Es führt ein Pfad auf das die Bucht überragende Cap Roig.

Es Figueral und S'Aigua Blanca

Noch weiter nördlich des Cap Roig wird die Szenerie wieder touristischer. Hier beginnt ein weiter Küstenabschnitt, dessen Zentrum die Feriensiedlung Es Figueral mit einem großen Strand bildet. Die Sandfläche, 350 Meter lang und bis zu 50 Meter breit, ist ausgestattet mit den üblichen Annehmlichkeiten von der Sonnenliege bis hin zum Beachvolleyballnetz. Das Angebot an Wassersport ist groß, neben Tretbooten werden auch die spaßigen »Bananenboote« verliehen. Hier urlauben vor allem Spanier vom Festland und italienische Gäste. Etwas Besonderes ist die Aussicht auf die Insel Tagomago. Nach Es Figueral gelang man über eine Abzweigung der PM 810 hinter Sant Carles, kurz vorm Strand mündet die Straße in einen großen Parkplatz.

Viel schöner noch aber ist etwas weiter nördlich liegende Strand von S'Aigua Blanca (kastilisch: Aguas Blancas): eine majestätische Steilküste und grandiose Ausblicke auf das Meer, ein Paradies für Wellenreiter und FKK-Freunde, am südlichen Ende befindet sich ein beliebter Chiringuito, mehr Restaurant als Bar, mit exklusiver Speisekarte. Mit gut befestigten Zufahrtswegen und Parkmöglichkeiten ist die Bucht bequem erreichbar.

Infos und Adressen

ESSEN UND TRINKEN

Atzaró Beach Club. Die weitläufige Terrasse bietet einen exklusiven Logenplatz am Meer mit weitem Blick über die ganze Bucht. Das Luxus-Strandrestaurant mit ebenso edlem Chiringuito gehört zum Landhotel Atzaró, am südlichen Ende der Cala Nova, Tel. 971/33 88 38, www.atzaro.com

Cala Boix Restaurante. Frischer Fisch, Fischeintopf und Paella. Von Juni bis September wird auf der Terrasse gegrillt. Cala de Boix–Sant Carles, Tel. 971/33 54 08, www.restaurantecalaboix.com

Es Figueral. Osteria Pizzeria (mit Pension). Marktfrische italienische Küche, frischer Fisch, auch Take Away. Außerdem eine Pension mit fröhlich gestalteten Zimmern, ca. 400 Meter bis zum Strand, Platja Es Figueral, Tel. 971/33 59 50, www.pension-esfigueral.com

Pou d'es Lleó. Das Restaurant liegt auf dem Weg zum gleichnamigen Strand und bietet insbesondere Bullit de Peix (Fischeintopf), Paellas und fangfrischen Fisch, serviert in einer großzügigen Gartenlaube. Echt ibizenkisch! Tel. 971/33 52 74, www.poudeslleo.com

Logenplätze am Strand: Im Edel-Chiringuito des Atzaró Beach Club

Die Bucht Pou des Leo ist auch spannend für Kinder.

Punta Verde. Beachlokal in der Cala Nova mit schmackhafter Küche, im Sommer auch Musiknächte mit Tango und Salsa. Platja Cala Nova, Tel. 971/33 04 56.

ÜBERNACHTEN

Apartments Pae des Camp. Apartments in S'Aigua Blanca. Der Bau wirkt etwas nüchtern, umso traumhafter ist der Blick auf die Insel Tagomago und den gesamten Küstenabschnitt. Juan Ferrer Colomar, Apartado 85, Tel. 971/33 50 70, www.paedescamp-ibiza.com

Resort Cala Llenya. Doppelzimmer, Studios und Apartments, familienfreundlich und in Strandnähe. Nächste Ortschaft ist Sant Carles (ca. 5 km). www.calallenyaresortibiza.com

INFORMATION

Oficina Municipal de Información Turìstica de Santa Eulària des Riu. C/Mariano Riquer, 4, Tel. 971/33 07 28, www.santaeulalia.net

Mitte: Sant Carles de Peralta und Umgebung bieten Idylle pur.
Unten: Die Jutetaschen erinnern an die Love-Generation.

9 Sant Carles de Peralta

Dorf der Blumenkinder

Das im Landleben ruhende Dörfchen nördlich von Santa Eulària hat schon einiges erlebt. Ein Zeuge der bunten Zeit ist das Las Dalias mit seinem fast echten Hippiemarkt. Als Kulturzentrum bietet es auch andere lohnende Events. Kultstatus hat genauso die Bar Anita. Bäuerliche Traditionen vergangener Jahrhunderte bewahrt das Museum Es Trui de Ca n'Andreu.

Die Fahrt geht vorbei an Terrassenfeldern, roten Äckern, Olivenplantagen. Sant Carles liegt im ursprünglichsten Teil Ibizas, einer Umgebung, die in den 1960er- und 70er-Jahren zahlreiche Aussteiger anzog. Man bildete Kommunen in alten Fincas, um ein einfaches, friedliches Leben zu führen, ohne Strom und fließend Wasser, mit wenig Geld und viel Zusammenhalt. So entwickelte sich Sant Carles zum Dorf der Blumenkinder, und dieser Zeitgeist ist teils noch spürbar.

Las Dalias

Gleich hinter dem Ortsschild befindet sich auf der linken Straßenseite das »Las Dalias«, was übersetzt »Die Dahlien« bedeutet. Das Lokal ist noch immer bunt und anders, wenn es sich auch zum Touristenmagneten gewandelt hat. Samstags lockt der wohl authentischste Hippiemarkt Ibizas zahlreiche Gäste an. Man trifft auf einige Menschen, die schon damals dabei waren oder zumindest danach aussehen. Benachbarte Bauern stellten ihre Wiesen bereit, um den anrollenden Pkw und Reisebussen genügend Parkplätze zu bieten. Im Las Dalias reihen sich rund 200 Stände mit Schmuck, Kleidung, Kunsthandwerk, das seinen Namen verdient und

Rundgang Sant Carles und Umgebung

Das Dörfchen ist überschaubar, doch es lohnen sich auch Touren im Umland. Neben ausgewiesenen Wanderrouten gibt es auch einige kleine Straßen und Wege, die sich für Rad- und Mountainbiketouren anbieten. Auch der Trendsport »Skiken« wird in dieser Region praktiziert (siehe AT Cala Pada S. 61).

A Las Dalias – besonders bekannt durch den Hippiemarkt, doch es lohnen sich auch die anderen Veranstaltungen und Events mit Live-Musik, z. B. im Rahmen der Noche del Arte (Nacht der Kunst). Eine Legende, die fast zu einer Marke geworden ist. Markt Sa 10–ca. 18.30 Uhr, Mo Nachtmarkt 20–1.30 Uhr (Juni–Sept.), Carreterra Eivissa–San Carles, km 12, Tel. 971/32 68 25, Mobil 661/23 46 72, www.lasdalias.es

B Dorfkirche Sant Carles de Peralta – erbaut im 16. Jh. und mit einem schmucken Vorplatz

C Bar Restaurant Anita – »Anitas Bar« ist legendär mit ihrer historischen Telefonzelle, hölzernen Postfächern und dem preisgekrönten Hierbas. Aufgrund ihrer Geschichte und des historischen Interieurs eine Bar auch von kulturellem Interesse. Lugar Barri San Carlos s/n, Tel. 971 33 50 90.

D Finca-Museum Es Trui de Ca n'Andreu – Gewährt Einblicke in die bäuerliche Tradition und herrliche Ausblicke auf das Umland. Dirección Sant Carles, s/n Cala Llenya. Sant Carles (Ibiza). Tgl. 15.45–16.45 Uhr, Sa. 11–14 und 15.30–7.30 Uhr, Mi/Do 21.30–23.30 Uhr (Zeiten können variieren). Tel. 971 33 52 61.

E Wege zu den Buchten – hier beginnen kleine Straßen und Wanderwegen zu den schönsten Plätzen am Wasser, etwa zur Cala Mastella und zur Bucht von Pou de Lleo.

Typisch ibizenkischer Hippiemarkt

Oben: Auf dem Markt wird vieles geboten – auch zur Unterhaltung. **Unten:** Die Bar Anita hat längst Kultstatus.

auch inseltypischen Souvenirs im lauschigen Innenbereich unter Weinlaub, draußen als Kult-Open-Air-Shopping mit Livemusik und Bars.

Abends veranstaltet das Kulturzentrum chillige Partys wie das indisch angehauchte »Namaste« (siehe Autorentipp S. 79). Es steht auch für Ausstellungen, Theateraufführungen, die Nacht der Kunst (Noche del Arte) und andere Events mit Niveau. Außerdem kann man hier immer nett einen Kaffee trinken, im Restaurant zünftig essen gehen oder einen Drink auf der Rooftop-Bar genießen. Der Hippiemarkt wurde 2013 zusammen mit dem Markt auf der Punta Arabi von der zuständigen Gemeinde Santa Eulària offiziell als »Punto de Interés Turístico Local«, ausgezeichnet. Sie gelten damit also als Einrichtungen von touristisch-kulturellem Wert.

In Planung: Ein Hippiemuseum

Im Jahr 2014 feierte das Las Dalias seinen 60. Geburtstag Im November 1954 hatte der Landwirt und Zimmerer Juan Marí eine Bar mit Grill unter freiem Himmel eröffnet, in der Dorffeste stattfanden. Schon bald entwickelte sie sich zum sozialen und kulturellen Treffpunkt im Norden der Insel. Den Hippie-Markt gibt es erst sein 1985, initiiert von Juans Sohn namens »Juanito« – damals mit noch wenigen Ständen. Er ist also eher als Andenken an die Woodstock-Generation zu verstehen, prägte sie doch die Insel in vielerlei Hinsicht auf kulturelle und ethnologische Weise. Dies soll nun noch erweitert werden. Wie das Magazin *Ibiza Heute* berichtete, plant das Las Dalias, die Geschichte der Hippies in einem Museum zu verewigen, um sie für Inselgäste zu beleuchten und greifbar zu machen. Im Februar 2014 trafen sich die Organisatoren, um das Projekt zu besprechen und erste Schritte zu unternehmen. Die zuständige Gemeinde Santa Eulària soll die Idee mit Interesse aufgenommen haben.

Die legendäre »Bar Anita«

Wer der Straße weiter durch den Ort folgt, vorbei an der malerischen Kirche aus dem 16. Jahrhundert, stößt auf ein schon beinahe berühmtes Holzschild: »Anitas Bar« war seinerzeit das Stammlokal der Hippiegemeinde. Hier gab es die einzige Telefonzelle weit und breit – die Holzkabine mit dem noch funktionsfähigen Wählapparat ist in der Bar zu besichtigen, genauso wie zahlreiche Postfächer. Letztere werden noch heute von Anwohnern genutzt, deren Haus sich so tief im Campo versteckt, dass eine direkte Postzustellung nicht möglich ist.

Anitas Bar war ursprünglich ein Feinkostladen. Es hieß »Can Pep Benet y Sa Botiga« und wurde bereits im späten 19. Jahrhundert eröffnet. Das Haus gehörte damals Josep Noguera »Pep Benet«. Später übernahm Ana Marí Torres, genannt Anita, das Lokal und vererbte es wiederum ihrem Sohn und dem Enkel des Gründers, Néstor Noguera Marí. Anita verstand es, den inselbesten Hierbas, Kräuter-

AUTORENTIPP!

NAMASTE!
Mittwochabends verwandelt sich das Las Dalias in einen Tempel, einen exotischen Garten, einen Ashram, ein buntes Völkerfest … Es mag jeder selbst interpretieren. Indisch dekoriert, mit Tanz und anderen Darbietungen und vegetarischen Speisen ist Namaste seit Jahren ein Ereignis. Der Mittwoch war schon immer ein besonderer Tag im Las Dalias. In den 1970er-Jahren traf man sich in der Bar, um nach einem anstrengenden Markttag in Es Canar zu entspannen. Bei den bunten Partys geht es friedvoll zu, gemäß der Hippie-Tradition und dem Motto der Veranstaltung: Namaste ist eine in Indien unter Hindus gebräuchliche Grußgeste. Mit in Herznähe zusammengeführten Innenhandflächen zeigt man dem anderen seine Ehrerbietung.

Las Dalias. Jeden Mittwoch (Juni–Sept.), Tischreservierungen unter Tel. 661/23 46 72, www.lasdalias.es

AUTORENTIPP!

CAN CURREU
Wer Traditionelles vereint mit luxuriöser Moderne erleben möchte – und dies auf Ibizenkisch –, könnte im Can Curreu auf den Geschmack kommen: einem Landhotel mit Spa-Bereich und Restaurant vom Feinsten nahe Sant Carles. Fünf Sterne, Spa und Restaurant können Gäste auch unabhängig von einer Hotelbuchung besuchen. Die kulinarischen Kreationen mit modernem Touch profitieren je nach Saison von frischen Zutaten aus dem hoteleigenen Garten. Das Gourmetmenü mit fünf Gängen gibt es ab 52 € pro Person. Mit einem Hippie-gemäßen Abgesang des Kostspieligen hat dies nichts mehr zu tun, doch wer Geld ausgeben möchte, bekommt hier einiges dafür. Zum Hotel gehören auch eine Reitstation und Jachtcharter.

Hotel Rural & Spa Can Curreu. Ctra San Carlos, km. 12, Tel. 971 33 52 80, www.cancurreu.com

likör nach uralter Rezeptur, zu brauen. Dafür wurde sie 2005 mit dem Ramon Llull-Preis der Balearen-Regierung ausgezeichnet. Auch der Hierbas ist nach wie vor ein guter Grund, in der »Bar Anita« einzukehren. Er ist nur auf der Insel erhältlich.

Finca-Museum Es Trui de Ca'n Andreu

Noch weiter geht die Zeitreise in einem kleinen Museum, an dem viele vorbeifahren, wohl weil es etwas abseits liegt und auf den ersten Blick wenig zu bieten scheint. Doch wer auf das Schild am Ortsausgang achtet (an der Straße Richtung Cala Llenya), wird die Finca Es Trui de Ca'n Andreu (kastilisch: Es Trull) finden und feststellen, dass es sich lohnt. Das stilvoll restaurierte Landhaus entführt umgehend in das 18. Jahrhundert und verströmt eine einmalige Atmosphäre, vom Hof bietet sich zudem ein fantastischer Blick in das Hinterland.
Zu sehen sind landwirtschaftliche Geräte und Maschinen von anno dazumal, darunter auch eine alte Ölmühle (Es Trull) aus dem Jahr 1775. Auch die verschiedenen Zimmer und die Küche berichten eindrucksvoll vom Landleben vergangener Zeiten. Das privat geführte Museum hat teils unregelmäßige Öffnungszeiten, dafür bekommt man auch mal eine private Führung fernab überfüllter Touristenorte.

Agrotourismus und Wandern

Die ursprünglich gebliebene Region rund um Sant Carles lässt auch den Agrotourismus sprießen. Bis hinauf nach Sant Joan und auch Richtung Westen verstecken sich Landhotels unterschiedlichster Preiskategorien im Hinterland – von einfach-rustikal (und entsprechend günstiger) bis hin zu Edel-Herbergen mit Wellness-Bereich. Auch für Wanderungen und Radtouren ist dies eine der schönsten Regionen der Insel.

Infos und Adressen

SEHENSWÜRDIGKEITEN

Es Trui de Ca'n Andreu (Es Trull). Einblicke in das Landleben des 18. Jhs. – an der Landstraße Sant Carles-Cala Llenya; den Schildern folgen.

ESSEN UND TRINKEN

Las Dalias. Auch das Restaurant-Café und die Rooftop-Bar lohnen sich. Carreterra Eivissa–San Carles, km 12, Tel. 971/32 68 25, Mobil 661/23 46 72, www.lasdalias.es

Sansara. Rustikales Restaurant im Hinterland mit echt ibizenkischem Flair, Abendveranstaltungen und Modeshows. Auf der großen Terrasse fühlen sich auch Kinder wohl. Internationale Küche. Carretera Santa Eulalia-San Carlos, km 9,3, Tel. 971/80 72 31.

Viccio. Das beste Eis der Insel soll es hier geben, und die Premium Ice Cream kommt auch noch als originellerVespa-Service daher. Außerdem: kunstvolle Sushi-Spezialitäten zum Mitnehmen. Edificio Ses Oliveres de Peralta, 15, Tel. 647/16 47 93, www.viccio.com

Im Museum Es Trui de Càn Andreu geht es auf eine Zeitreise.

Ein Urgestein und liebevoll gefertigte Waren: im Las Dalias

ÜBERNACHTEN

Can Prats. Finca mit fünf Zimmern, Pool und Salon. Passatge Can Vicent d'en Prats, ap. 199, San Carlos, 07850 Santa Eulària des Riu, Mobil-Tel. 629/ 64 07 85, www.canprats.com

FESTE UND EVENTS

Ai Carai. Sagenhaftes Livemusik-Festival mit Bühnen im ganzen Dorf; immer Ende Juni zur Sonnwende.

INFORMATION

Oficina Municipal de Información Turìstica de Santa Eulària des Riu. C/Mariano Riquer, 4, Tel. 971 33 07 28, www.santaeulalia.net

DER NORDEN

Vorangehende Doppelseite: Die Traumbucht Cala de Sant Vicent
Mitte: Eindrucksvoll anzusehen ist das Wehrdorf mit den charakteristischen Türmen.
Unten: Mit dem Restaurant La Paloma hat Sant Llorenç ein inselweit beliebtes Lokal zu bieten

10 Sant Llorenç de Balàfia

Privates Wehrdorf im Hinterland

Das ländliche Inselinnere fasziniert auf seine Art. Inmitten von Äckern mit roter Erde liegt Sant Llorenç de Balàfia (spanisch: San Lorenzo). Der hoch gelegene Kirchplatz eröffnet Blicke über eine Idylle, in der besondere Fincas und zwei Türme auffallen. Sie gehören zum Balàfia, einem Wehrdörfchen aus dem 16. Jahrhundert.

Im 16. Jahrhundert, als die Pityusen von Piratenangriffen gebeutelt wurden, entstand zum Schutz nicht allein die Festungsanlage von Eivissa: Ibizas komplette Küstenlinie wurde zu einem raffinierten Warnsystem. Um die Freibeuter frühzeitig zu erspähen, baute man Verteidigungstürme um die ganze Insel, jene runden Türme also, die noch heute bei mancher Wanderung zu entdecken sind. Sobald ein Schiff am Horizont erschien, wurden Signale gegeben – Rauchzeichen am Tag, Lagerfeuer bei Dunkelheit. Damals stand immer ein weiterer Turm in Sichtweite, der die Zeichen dann wiederum an den nächsten weitergab. So pflanzten sich die Warnfeuer rasch um die Insel, und die Einwohner konnten sich in den Wäldern verschanzen. Viele suchten auch Schutz in den Festungskirchen. Sie fungierten als Gotteshäuser und Piratenschutz zugleich, teils standen sogar Kanonen auf dem Dach. Die Kirche von Sant Jordi trägt noch die typischen Wehrzinnen, und in Santa Euràlia liegt die Kirche strategisch günstig, auf dem Puig d'es Missa, wie eine kleine Burg.

Poblat de Balàfia

Auch die Bauern sicherten ihre Höfe, manch einer errichtete meterdicke Schutzmauern und Türme, sodass ganze Wehrdörfer entstanden. Die Siedlung Balàfia bei Sant Llorenç ist das letzte erhaltene Beispiel dafür auf Ibiza: Ein eindrucksvoller, verschachtelter Komplex aus fünf kubischen Bauernhäusern mit nur schmalen Gassen dazwischen und maurischen Rundbogenfenstern, ragen die beiden runden Wehrtürme hervor. Sie tragen weiße aufgemalte Kreuze, vermutlich ein Symbol, das zum Schutz der Häuser vor Angriffen dienen sollte. Der Name des Dorfes ist arabischen Ursprungs: »Balafi« bedeutet so viel wie »Es gibt Wasser«. Nun befindet sich das Dorf zwar weit im Hinterland, doch die beiden Wehrtürme sind ein Zeugnis der barbarischen Zeiten. Sobald Piraten in Sicht waren (und damit angekündigt wurden) retteten sich die Bewohner in die Türme.

Besucher sollten beachten, dass Balàfia kein Freilichtmuseum ist, auch wenn ein rotes Hinweisschild (»Poblat de Balàfia«) der Inselregierung es als Sehenswürdigkeit ausweist und im Internet zu lesen ist, dass das Wehrdorf zu besichtigen sei. Gemeint ist, dass man von außen einmal diskret einen Blick darauf werfen kann.

Esglesia de Sant Llorenç

Das kaum größere Hauptdorf Sant Llorenç hat wenig zu bieten, doch es lohnt sich auf jeden Fall allein schon wegen seiner Lage inmitten der hübschen Kulturlandschaft. Auch gefällt der Ortskern mit seiner Kirche aus dem 18. Jahrhundert, die ein großer Bogen am Eingang ziert. Der Glockenturm, heute in der Mitte der Fassade, stand ursprünglich an einer der Seiten. Er wurde während eines Umbaus im 19. Jahrhundert versetzt. Daneben lädt ein kleiner Park zum Verweilen ein. Mit dem »La Paloma« birgt das Dörfchen ein gastronomisches Highlight, für das Gäste aus allen Inselteilen hierher kommen.

Infos und Adressen

ESSEN UND TRINKEN

La Paloma. Überaus reizvolles Restaurant mit blühendem Garten, Café und eigener Bäckerei, innen auch mit Kaminfeuer. Balàfia de Dalt s/n, Tel. 971/32 55 43, www.palomaibiza.com

ÜBERNACHTEN

Atzaró Agriturismo. Landhotel und Wellnessparadies auf Fünf-Sterne-Niveau mit hervorragender Küche. Ctra. Sant Joan, km 15, Tel. 971/33 88 38, agroturismo@atzaro.com, www.atzaro.com

Xarc Hotel. Finca ganz im Zeichen des gehobenen Agrotourismus. Cosmi-Es Nuvells. Tel. 971/33 91 78, www.agroxarc.es

FESTE UND EVENTS

Frühlingsfest im Atzaró. Ende März findet hier jedes Jahr ein großes Frühlingsfest statt; ab 14 Uhr verkehren kostenlose Busse ab Santa Eulària am Parkplatz Hotel Aguas de Ibiza. mit Zulauf aus allen Inselteilen. 12–2 Uhr.

INFORMATION

Touristeninformation Sant Joan de Labritja. C/ del Alcalde Jaume Marí Roig, 4 de Sant Joan, Mo–Fr 10–14 und 16–20 Uhr, Sa 10–14 Uhr, Winter nur Mo–Sa 10–14 Uhr, Tel. 971/33 30 75, www.ibiza.travel/de

11 Sant Joan de Labritja

Gemeinde im ruhigen Inselnorden

Schroffe Steilküsten, tiefblaues Wasser und dichte Pinienwälder: Eindrucksvoll sind die Landschaften, die die Gemeinde Sant Joan prägen. Der Nordosten ist für viele Inselfreunde das wahre Ibiza, am schönsten zu erkunden bei Wanderungen entlang der spektakulären Küstenpfade oder durch das hügelige Hinterland. Es gedeiht ein naturverträglicher Agrotourismus rund um das Dorf Sant Joan de Labritja.

Mitte: Von grünem Bergland umgeben: das Dorf Sant Joan de Labritja
Unten: Die Wehrkirche ist von schlichter Schönheit.

Auch wenn der Inselsüden im Juli und August pulsiert, das Knattern von Mopeds wie ein Soundteppich über den Straßen liegt und Ibiza nach vielen heißen Tagen doch ein wenig ächzt und staubt: Richtung Norden wird es kühler und grün und still. Es offenbart sich eine Insel, auf der es keine Discos, keinen DJ-Kult, nicht einmal Jet Set zu geben scheint. Ankommen und durchatmen ...

MAL EHRLICH

PARLES EIVISSENC? ¿HABLAS CASTELLANO?
Besonders in den ländlichen Regionen Ibizas sind manche Informationen nur auf Ibizenkisch zu finden. Die gängige Inselsprache ist eine regionale Abwandlung des Katalanischen, und wer nur das kastilische Spanisch beherrscht, kann nicht alle Begriffe ableiten. Darauf sollte man sich einstellen und bei Bedarf für alle Fälle einen Sprachführer dabeihaben. Sämtliche Ortschilder sind in ibizenkischer Sprache, Hinweise oft auch in Kastilisch. Die Insulaner sprechen unter sich oft Ibicenco.

Einige Gäste nehmen es wortwörtlich, so gibt es auch ein Zentrum für Yoga und Naturheilkunde und Anbieter von Yogareisen, die mit den verstreut liegenden Landhotels kooperieren.

Das Ibiza der Naturfreunde

Der Agrotourismus ist hier besonders verbreitet. Es kommen vor allem Urlauber, die Ruhe und Entspannung in ländlicher Umgebung suchen. Diese Sehnsucht stillen große, nahezu unberührte Waldflächen, eine immergrüne Berglandschaft und eine an Klippen reiche Küste mit reizvollen Buchten. Leider war die Gemeinde in den vergangenen Jahren stark von Waldbränden betroffen (siehe Kapitel 12), doch sie hat ihren Zauber bewahrt, und umso wichtiger ist es, das Erhaltene zu schützen. Dank der überschaubaren Größe Ibizas lohnt sich Sant Joan auch für einen Tagesausflug: Nur rund 30 Kilometer sind es etwa von Ibiza-Stadt bis an die nördliche Küste.

Das Gemeindegebiet umfasst rund 122 Quadratkilometer sowie die weiteren Pfarrdörfer San Miguel, San Lorenzo und Sant Vicent, hinzu kommen touristische Küstenorte wie Portinatx. Nur knapp 6000 Einwohner verteilen sich auf dieser Fläche, darunter auch besonders viele Residenten. Es ist die Gemeinde mit dem höchsten Zuwandereranteil Ibizas (rund 30 Prozent), geprägt auch von traditioneller Landwirtschaft.

Am Dorfplatz von Sant Joan

Die Abgeschiedenheit zieht neben einigen Promis besonders Menschen an, die sich für eine alternative oder nachhaltige Lebensweise entschieden haben. Die einen kultivieren sie in bewährter Ibiza-Manier als mehr oder weniger moderne Hippies, die anderen als gut verdienende »Lohas« (Lifestyles

AUTORENTIPP!

FIESTA DE SANT JOAN

Zur Sonnwendfeier am 23. Juni geht es im sonst eher verschlafenen Sant Joan hoch her. Man feiert den Beginn des Sommers und noch dazu das Patronatsfest zu Ehren des Schutzheiligen der Gemeinde. Mit Knallkörpern und Feuern werden die »bösen Geister« vertrieben. Männlichen Insulanern namens Joan steht zudem eine besondere Mutprobe bevor: ein Sprung über den Scheiterhaufen und aus dem Porrón trinken – so nennt man einen Glaskrug mit langer Spitze, aus dem der Kräuterlikör aus möglichst großer Höhe in den offenen Mund gegossen wird. Das typisch katalanische Trinkgefäß wird mittlerweile in vielen Regionen Spaniens bei Feierlichkeiten benutzt. Auf die Feuernacht folgt am 24. Juni zur Mittagszeit die heilige Messe mit Prozession.

Fiesta de Sant Joan. Alljährlich am 23. und 24. Juni

Oben: Am Markttag ist auf dem Kirchenvorplatz besonders viel los. **Unten:** Anwohner verkaufen regionale und nachhaltige Produkte.

of Health and Sustainability) mit Zweitwohnsitz auf der Insel. Gemeinsam ist wohl allen der Wunsch nach einem Leben im Einklang mit der Natur und oft auch die Suche nach Spiritualität. Auch die Einheimischen sind ein Menschenschlag für sich, sogar der Dialekt des Ibizenkischen unterscheidet sich von dem im Süden der Insel. Man trifft sich rund um die gepflegte Placa d'Espanya, dem Dorfplatz von Sant Joan, an dem auch ein Café und einige Läden zu finden sind. Während der Saison ist sonntags Markt, auf dem Anwohner Kunsthandwerk und regionale Produkte verkaufen.

Selbstverständlich ist auch Sant Joan mit einer leuchtend weißen Wehrkirche bestückt, wie die meisten Pfarreien auf Ibiza. Die Església Sant Joan (18. Jahrhundert) ist, dem Namen entsprechend, dem Heiligen Johannes dem Täufer (Sant Joan Bautista) gewidmet. Wer einen Blick in den Altarraum werfen möchte, kann im »Café Vista Alegre« nachfragen, das den Schlüssel verwaltet. Am Platz der Kirche stand zuvor eine 1720 errichtete Kapelle. Die Wohnhäuser von Sant Joan sind teils im inseltypischen Stil erbaut, also als weiße Kuben mit Flachdach. Doch in diesem Teil Ibizas mischt sich auch noch eine andere Bauweise darunter: Besonders außerhalb des Dorfes sind einige Steinhäuser mit schrägen Dächern zu finden – ein Stil, der sonst eher in Nordspanien verbreitet ist.

Traumbuchten in der Felsküste

Die Wege ans Wasser sind auch in Sant Joan kurz, doch zeigt Ibiza auch im Norden ein anderes Küstengesicht. Anstatt im karibischen Türkis der südlichen Inselstrände wie Las Salinas oder Es Cavallet begegnet einem das Meer hier zumeist tiefblau und scheint unergründlich. Die Küste wirkt mal schroff und unnahbar, dann wieder einladend und offen. Es können stärkere Brandungen auftreten, genauso aber gibt es einige geschützte Buchten. Freunde des Tauchsports finden dank der von Felsen geprägten Topografie und vergleichsweise unberührten Küsten lohnende Reviere vor. Schon beim Schnorcheln gibt es viel zu sehen.

Der Hauptstraße C 733 Richtung Portinatx folgend, geht es zu drei herrlichen Buchten. Sie liegen zwischen den Landspitzen Punta de Llevant und Punta Sa Torre, die einen geschützten Rahmen bilden. Im Westen zweigt, ungefähr bei Kilometer 17, die Zufahrt zur Cala Xarraca ab. Die tief eingeschnittene, von hohen Felsen gesäumte Bucht hat einen feinen Sandstrand, an dem sich auch ein Restaurant befindet. Auch Sonnenliegen werden verliehen.

S'Illot des Rencli

Weiter Richtung Portinatx, kurz hinter Kilometer 25, weisen dort, wo die Straße fast direkt am Wasser verläuft, mehrere Schilder zur mittleren Bucht, die eher unbekannt ist, zumal nicht in jeder Landkarte eingetragen: S'Illot des Rencli, ein kleiner Strand mit dunklerem, grobkörnigem Sand und schönen Plateaus in den umgebenden Klippen, auf denen man auch sein Badetuch ausbreiten kann. Dem Küstenpfad folgend, geht es zu weiteren, noch verschwiegeneren Bade- und Sonnenplätzen. Im nahegelegenen Pinienwäldchen lädt ein Paella-Restaurant zum Fischessen bei schöner Aussicht ein. Von Sant Joan bis zu dieser Bucht sind es ungefähr fünf Kilometer. Am Strand gibt es einen Parkplatz.

Von S'Illot des Rencli führt die Küstenstraße weiter durch das Piniengrün Richtung Osten, bis nach einer scharfen Linkskurve die Schilder zur Cala Xuclà auftauchen. Die Abzweigung leitet über eine – Achtung, Stoßdämpfer – im Sommer stau-

AUTORENTIPP!

STRASSE DER GENIESSER

Entlang der Strecke Eivissa–Sant Joan gibt es einige besondere Lokale außerhalb der Ortschaften zu entdecken. Neben Restaurants mit einheimischer Küche wie dem Es Pins und dem Cana Pepeta sind exotische Highlights dabei wie das Bambuddha und das Nagai, das edle Sacca und das Cicale in einer wunderschönen alten Finca. Die neueste kulinarische Bereicherung (seit Mai 2014) ist die Oleoteca Ses Escoles, designt von Isabel López Vilalta: In einem ehemaligen Schulhaus kommt 100 Prozent ibizenkische Lebensart zum Ausdruck.

Bambuddha. Ctra. de Sant Joan, km 8,5, Tel. 971/19 75 10, www.bambuddha.com
Oleoteca Ses Escoles. Ctra. de Sant Joan, km 9,2, Tel. 971/87 02 29, www.canmiquelguasch.com
Nagai Restaurant. Ctra. de Sant Joan, km 9,5, Tel. 971 80 73 08, www.nagairestaurant.com
Cicale. Ctr. Sant Joan, km 12, Tel. 971/32 51 51, www.cicaleibiza.com

Oben: Mit seinen schmucken Häusern ist Sant Joan ein sehenswertes Dorf.
Unten: Auch die Reisegarderobe lässt sich auf dem Markt erweitern.

bende Holperpiste schließlich zu einem sehr kleinen Rondell mit Parkmöglichkeiten, und zwischen den Zweigen blitzt schon das Blau hindurch. Damit ist diese Bucht die wohl abgelegenste des Trios, doch – man staune – auch hier gibt es im Sommer zumindest einen kleinen Strandkiosk. Die drei Buchten liegen so dicht beieinander, dass man getrost überall einmal vorbeischauen kann – um dort zu bleiben, wo es gerade am schönsten ist

Naturschutzgebiet Es Amunts

Das Hinterland von Sant Joan wurde wegen seiner besonderen Flora und Fauna zu einem Gebiet von besonderem Interesse erklärt. Es ist das Naturschutzgebiet Es Amunts, dessen westlicher Teil zur Nachbargemeinde Sant Antoni gehört. Dazu wurde sogar ein kleines Museum eingerichtet, das leider zumindest Urlauber kaum beachten, weil es fast nirgendwo erwähnt wird und man auch leicht daran vorbeifährt: Das Interpretationszentrum Es Amunts ist in einem kleinen Steinquader am Ortseingang von San Lorenzo untergebracht, und zwar gegenüber dem Parkplatz des IES Balàfia, eines Zentrums für Erwachsenenbildung. Auf rund 150 Quadratmeter Fläche informiert die Ausstellung über Kultur und Natur, Landschaft und Geschichte, die hier lebenden Menschen, ihre Gewohnheiten und Lebensformen. Außer dem Ausstellungssaal gibt es einen Multimedia-Raum und einen botanischen Garten.

Infos und Adressen

SEHENSWÜRDIGKEITEN

Centre d'Interpretació des Amunts. Interpretationszentrum zum Naturschutzgebiet. Juli–Sept. Di–Sa 9–15 Uhr, Di auch 16–19 Uhr. Okt.–Juni Di–Sa 9–14 Uhr, Di & Do auch 16–19 Uhr. Feiertags geschl., Ctra. Sant Llorenç de Balàfia s/n (beim Parkplatz IES Balàfia), Tel. 971/32 51 41, www.esamunts.caib.es

ESSEN UND TRINKEN

Restaurante S'Illot des Rencli. Fisch und Paella, Carreterra Portinatx, km 25, Tel. 971/32 05 85.

Vista Alegre. Der Treffpunkt im Dorf: mediterrane Küche und Vegetarisches wie Tofu-Burger. Calle de Eivissa, 1, Tel. 971/33 30 08.

Sabores Naturales. Liebevoll geführtes veganes Restaurant mit kleinem Shop. Calle Vicente Mossen Ferrer, 4, Mobil-Tel. 609/93 84 75.

ÜBERNACHTEN

Can Lluquinet. Casas rurales (Landhäuser), 07810 Sant Joan de Labritja, Mobil-Tel. 619/31 82 33, www.ibizaruralvillas.es

Von Yoga bis hin zu Konzerten – in Sant Joan wird auch einiges geboten.

Gemütliche Cafés laden zur Einkehr ein.

AKTIVITÄTEN

Yogazentrum Ibiza. Auch Naturheilkunde. Wunderschöne ruhige Lage auf dem Campo und dennoch kurzer Weg ins Dorf (10 Min. zu Fuß). Hella Böttcher. 07810 Sant Joan, Tel. / Fax 971/33 32 54, www.yogaferienibiza.de. Kontakt in Deutschland über: Anna Oelerich, Brinkstr. 16, D-48529 Nordhorn, Tel. 059 21/43 89.

EINKAUFEN

Gisela G. Gehäkeltes und andere individuelle Inselmode. Carrer Mossèn Vicent Ferrer i Guasch, 4, 07810 Sant Joan de Labritja, Tel. 971/33 33 75.

Mercadillo de artesanía y productos ecológicos. Markt in Sant Joan. So 10–16 Uhr (ca. Mai-Sept.)

INFORMATION

Touristeninformation Sant Joan de Labritja. C/ del Alcalde Jaume Marí Roig, 4 de Sant Joan, Mo–Fr 10–14 und 16–20 Uhr, Sa 10–14 Uhr, Winter nur Mo–Sa 10–14 Uhr, Tel. 971/33 30 75, www.ibiza.travel/de

Bei Küstenwanderungen sind oftmals Wehrtürme zu entdecken wie hier die Torre de Portinatx.

12 Wandergebiet Inselnorden

Auf Höhenwegen und Küstenpfaden

Umwoben vom Duft aus Rosmarin und Pinien, in den sich salzige Meeresluft mengt, durch den Wechsel von Licht und Schatten, vorbei an erblühenden Wiesen und Äckern aus roter Erde ... Wandern auf Ibiza ist auch ein Fest für die Sinne. Vorausgesetzt, man ist zur passenden Jahreszeit unterwegs, also möglichst im Frühjahr oder Herbst. Der Inselnorden bietet besonders schöne Touren. Dabei sind auch einige Gipfel (Talaias) zu »erklimmen«.

Mit maximal 400 Höhenmetern haben Ibizas Berge zwar nicht gerade alpinen Charakter, bieten aber durchaus fantastische Ausblicke. Im äußersten Nordosten verläuft die Bergkette Sierra de Malacosta mit dem Puig de Fornäs (409 Meter) und dem Puig Gros (403 Meter). Es lohnen sich beson-

MAL EHRLICH

TROCKENE SOMMER

Im Norden Ibizas ist es immer grün dank der üppigen Pinienwälder. Dies kann über die Trockenheit hinwegtäuschen: Schon eine achtlos weggeworfene Zigarette kann verheerende Folgen haben. Die Gefahr besteht aber nicht nur im Inselnorden. Erst im Frühjahr 2014 wurden weitere 40 Hektar Wald aus reiner Nachlässigkeit zerstört. Der Besitzer eines Orangenhains in der Nähe von Es Cubells an der Südküste hatte unerlaubterweise Äste und Unkraut verbrannt. 180 Löschexperten waren 24 Stunden lang im Einsatz.

Wandern im Norden Ibizas

Viele lohnende Touren sind in diesem Teil der Insel zu entdecken. Die meisten beginnen bei Sant Joan und San Vicente und sind auch markiert. Dennoch empfiehlt es sich, einen Wanderführer mit detaillierten Beschreibungen dabeizuhaben.

A **Sant Joan de Labritja** – Das Dorf bietet sich als Ausgangspunkt an und auch für die Einkehr nach der Wanderung.

B **Cala Xarraca** – Hier beginnt die schöne Wanderung zum Talaia de Sant Joan.

C **Talaia de Sant Joan** – Ein Höhenweg führt um den Hausberg des Dorfes, der es auf 362 m bringt.

D **Sant Vicent de Sa Cala** – Auch dieses Dorf ist hat seinen Hausberg, der eine Umrundung wert ist.

E **Talaia de Sant Vicent** – Der höchste Punkt ist 302 m. Von hoch oben hat man fast die ganze Nordküste im Blick.

F **Punta ses Formigues** – Der Küstenpfad zur markanten Landspitze ist Teil der Rundwanderung um die Talaia.

G **Höhle Es Cuilleram** – Sightseeing auf der Wanderung und ein schöner Platz für eine Rast, für alle, die sich mit einem kleinen Picknick stärken wollen.

H **Serra de la Morna** – Diese Region nahm besonderen Schaden bei dem schweren Waldbrand im Mai 2011

I **Bergkette Sierra de Malacosta** – mit dem Puig de Fornäs (409 m) und dem Puig Gros (403 m) hat sie die größten Erhebungen

J **Vanda des Niu des Corbat** – Das fruchtbare Tal vor Portinatx bietet weitere schöne Wandermöglichkeiten (siehe AT S. 95).

Viele Wanderwege sind gut ausgeschildert.

AUTORENTIPP!

GEFÜHRTE WANDERUNGEN

Auch wenn einige Wege lobenswert markiert sind: Es ist nicht jeder Pfad auf Anhieb leicht zu finden, zumal die Zeichen nicht immer regelmäßig aufgefrischt werden. Viele mögen es auch lieber, nicht selbst auf die Orientierung achten zu müssen oder geselliger in einer Gruppe zu wandern. Wer nicht auf eigene Faust losziehen möchte, kann auch auf Ibiza an geführten Wanderungen teilnehmen. Auch gibt es inzwischen einige gute Wanderführer über die Insel zu kaufen (z. B. Rother). Das Magazin *Ibiza Heute* etwa organisiert regelmäßig Touren, übrigens auch für Mountainbiker. Wer wandernd sein Englisch auf Trab bringen will, findet auch spannende Touren mit dem sympathischen Toby, ein erfahrener Guide von Walking Ibiza. Mehr Details siehe Homepage.

Geführte Wanderungen.
Tel. 971/31 92 62,
office@ibiza-heute.de,
www.ibiza-heute.de

ders auch die Wege rund um Sant Joan und Sant Vicent. Viele der Routen sind ausgeschildert und mehr oder weniger gut markiert.

Auf den Hausberg von Sant Joan

Eine besonders schöne Rundtour führt von der Cala Xarraca auf den Gipfel, also die Talaia von Sant Joan (362 Meter) und wieder zurück in die Bucht – mit entsprechend herrlichen Ausblicken. Es sind dabei sowohl das ländliche Ibiza als auch die Küste zu erleben, und die Wanderung lässt sich mit einem Strandaufenthalt verbinden. Die gesamte Strecke beträgt 16 Kilometer. Mit gut befestigten, teils asphaltierten Wegen und wenig Steigung ist sie mit normaler Kondition gut zu schaffen. Inklusive Pause benötigt man ungefähr 4,5 Stunden. Alle, denen dies zu viel ist, können die Strecke ein wenig abkürzen: Die ersten (und letzten) zwei Kilometer geht es an einer schmalen Straße entlang, an der es da und dort auch Parkmöglichkeiten gibt. Ansonsten ist der Start- und Zielpunkt die Cala Xarraca an der Hauptstraße Richtung Portinatx.

Vom Ende des großen Parkplatzes am Strand zweigt die besagte Straße ab. Ihr folgt man rechts (links geht es zur Hauptstraße). Ab hier ist die Wanderroute auch schon mit blauen Markierungen versehen. Nach ungefähr zwei Kilometern zweigt rechts bei einer Hochspannungsleitung eine Schotterpiste ab. Sie führt durch sanft hügeliges Land mit Terrassengärten. An einer Gabelung geht es nach links und weiter bergan, immer geradeaus, bis der Weg Natursteinmauern folgt. Sich auch bei den nächsten Möglichkeiten links haltend, kommt man an einen Platz mit herrlichem Blick Richtung Westen bis zur Küste, an der der Hafenort San Miguel und die Nachbarbucht Cala Benirràs zu erkennen sind. Nach diesem ersten »Pik« geht es noch einmal hinab, vorbei an duftendem Pinienwald, und nachdem man noch zwei Mal links abgebogen ist, verläuft die Route wieder auf einer asphaltierten schmalen Straße, die schließlich auf die Talaia hinaufführt, immer wieder mit großartigen Panoramen. Ein Weg über den Kamm geleitet nach zwei weiteren Linkskurven zu einem Pfad, der dann wieder in den Hauptweg mündet und damit zurück zur Cala Xarraca führt.

Rundtour ab Sant Joan

Vom Dorf Richtung Küste und auf anderem Wege zurück: Für diese reizvolle Rundtour von rund zwölf Kilometern sind circa 3,5 Stunden Gehzeit einzuplanen. Das Auto am besten bei der Kirche parken, dort gibt es auch Einkehrmöglichkeiten nach der Wanderung. Dann folgt man am Ortsausgang der Hauptstraße Richtung Eivissa noch ein Stück, bis nach dem letzten Gebäude links ein Wanderpfad abzweigt, der durch die Felder führt und an einer Weggabelung endet. Dort geht es links weiter und dann rechts auf einen Feldweg. Diesem folgt man – in einer leichten Steigung – ein Stück, bis an einer Mauer ein recht schwer erkennbarer Pfad beginnt, der durch ein Tor und dann abwärts bis zu einem wieder breiteren Weg führt. Die Wanderoute zweigt nun links, rechts und noch einmal links ab und mündet in einen befahrbaren Weg, der rechts hinab bis zur Hauptstraße leitet. Bereits kurz vor der Straße biegt man wieder rechts ab und gelangt so zur Straße Richtung San Miguel, um ihr ein Stück nach links zu folgen. Nach einer Kurve geht es auf einem Weg weiter, der parallel zur Straße (diese dafür überqueren) verläuft und dann nordöstlich um Sant Joan herum, mit schöner Sicht über die Küste. Schließlich führt ein Pfad wieder zurück zur Hauptstraße und zum Ausgangspunkt.

AUTORENTIPP!

EIN FRUCHTBARES TAL

Besonders schön im Frühjahr ist ein Wandergebiet kurz vor Portinatx: Östlich der Hauptstraße C 733, vor den Flanken der Hügelkette, eröffnet sich die Vanda des Niu des Corbat, ein weites, fruchtbares Tal. Zwischen km 23 und 24 gibt es eine Parkmöglichkeit, von der eine Schotterpiste abzweigt. Durch Felder, Wiesen und lauschige Wälder lässt sich das Tal auf einer entspannten, markierten Route (ca. acht Kilometer) umrunden. Zu entdecken ist unter anderem auch ein Brunnen aus maurischen Zeiten. Wie für alle Wanderungen gilt es, auf festes Schuhwerk zu achten, und wer in den heißen Sommermonaten unterwegs ist, sollte immer ausreichend Wasser dabeihaben. Entlang des Weges finden sich auch einige Picknickplätze mit schönen Ausblicken ins Tal.

Vanda des Niu des Corbat.
Startpunkt: Ctra. Portinatx, km 23–24

Oben: Im Inselnorden führen die Wanderwege oft durch dichtes Grün.
Mitte: Manch einer ist besonders kreativ bei der Suche nach einem Rastplatz.
Unten: Auch auf felsigen Pfaden gibt es viel zu entdecken.

Kleinere Spaziergänge

Es lohnt sich auch, die Wege, die im Hinterland überall durch das Campo führen, einfach mal ein Stück zu gehen und die Natur zu genießen. Oft stößt man dabei von selbst auf Wanderwege. Mandel- und Olivenbäume, Zitronen und Orangen, auch Johannisbrot und Feigen gedeihen in einer Landschaft, die auch die immergrünen Pinienwälder der Pityusen – Pinieninseln – prägen. Besonders schön ist es im Frühjahr, wenn die Wiesen sich in Blumenteppiche verwandeln, die Mandelbäume in voller Blüte stehen und die reifenden Zitrusfrüchte für Farbtupfer sorgen.

Die Talaia de Sant Vicent

Weitere Wanderungen beginnen in Sant Vicent de Sa Cala (nach sechs Kilometern ab Sant Joan zu erreichen). Achtung, gemeint ist nicht die Bucht Cala de Sant Vicent, sondern das zugehörige Dorf, das drei Kilometer weiter oberhalb davon liegt (siehe Kap. 13). Sein Hausberg ist die Talaia Sant Vicent (302 Meter), zu erobern auf einer 14-Kilometer-Rundwanderung. Vom Kirchplatz aus – auch hier die beste Parkmöglichkeit – führt ein asphaltierter Weg an der Dorfschule vorbei zu einer Straße, der man ein Stück folgt, bis rechts ein Wanderweg zu einer weiteren Straße leitet. Auf der anderen Straßenseite beginnt der Aufstieg zur Talaia, die ab hier auch ausgeschildert ist. In kleinen Serpentinen geht es auf dem Weg hinauf bis zum Höhenweg, der nach rechts zum höchsten Punkt führt. Es eröffnen sich herrliche Blicke, aber auch ein etwas gespenstisch wirkendes Gebiet, denn hier sind Teile des Waldes abgebrannt. Auf weiteren Wegen und Pfaden geht es schließlich hinab bis zum Meer. Von dort nun bietet ein Küstenpfad – wenn man sich rechts hält – eine schöne Sicht über das Wasser, bis zur markanten Landspitze Punta ses Formigues. Von hier verläuft die

Tour zurück ins grüne Hinterland, durch Wald und Felder bis zur Straße. Nach dem man dieser ein Stück nach rechts gefolgt ist, führt der Weg zu einer kleinen Sehenswürdigkeit: In den Felsen eröffnet sich die Höhle Es Cuilleram (siehe Seite 93). Nach ausgiebiger »Besichtigung« geht es auf der anderen Seite wieder hinab und auf asphaltierten Wegen und einer Schotterpiste zurück nach Sant Vicent de Sa Cala.

Von Waldbränden gezeichnet

Auf manchen Wandertouren macht es sich bemerkbar: Einige Gebiete des Inselnordens gleichen Geisterwäldern. Mehrmals wurde die Region in den vergangenen Jahren von Feuersbrünsten heimgesucht, zuletzt besonders heftig im Mai 2011. Es ging auch durch die deutschen Medien. Das Feuer wütete in einem Umkreis von rund zehn Kilometern und vernichtete rund 1500 Hektar Wald zwischen Portinatx und Cala de Sant Vicent, besonders in der Serra de la Morna. Zum Glück kostete es keine Menschenleben, jedoch beinahe: Rund tausend Personen mussten in Sicherheit gebracht werden, darunter 700 Urlauber aus einem Hotel in Portinatx und 140 Schüler aus der Dorfschule von Sant Joan. Das Feuer war fast bis zum Ortsrand vorgedrungen. Mehrere Straßen der Region wurden voll gesperrt. Es war der bislang heftigste Waldbrand auf Ibiza, mehr als 500 Feuerwehrleute und Rettungskräfte waren im Einsatz. Im Zuge der Katastrophe wurde ein damals 51-jähriger Argentinier festgenommen, der auf Ibiza lebt. Er soll bei der Arbeit an seinen Bienenstöcken zu unachtsam mit einem Räuchergerät hantiert haben, das Imker nutzen, um die Bienen abzulenken. Bereits im Vorjahr hatte es in der Cala Benirràs gebrannt, wobei neben 50 Hektar Wald auch parkende Autos zerstört wurden und die Strandgäste auf dem Seeweg evakuiert wurden.

AUTORENTIPP!

SCHICK ODER RUSTIKAL EINKEHREN

Wandern wird zunehmend salonfähig und ist längst nicht mehr nur ein Zeitvertreib für Menschen im Ruhestand, sondern auch für andere mit Lust auf Bewegung an der frischen Luft. Dazu passt eine Einkehr im schicken Giri Café am Dorfplatz von Sant Joan. Hier fusionieren nicht nur ibizenkische und exotische Küche, sondern auch die traditionelle Inselarchitektur und modernes Design. Zum Restaurant gehört auch eine Cocktail-Bar für den Après-Drink. Winterwanderer müssen allerdings auf andere Lokale ausweichen, denn dieses hat nur während der Saison geöffnet. Und natürlich gibt es im Umkreis auch gemütliche ibizenkische Restaurants für die urige Einkehr, die meist ganzjährig geöffnet haben, z.B. das Vista Alegre (siehe Kap. 11, S. 91). Beides kann sehr schön sein.

The Giri Café. Placa Espanya, 5, Tel. 971/33 34 74, www.thegiri.com

Infos und Adressen

ESSEN UND TRINKEN

Can Curune. Bodenständige und preiswerte ibizenkische Küche, schöne Terrasse und ein kleiner Supermarkt. Crta. Sant Joan Eivissa, Tel. 971/33 30 54.

ÜBERNACHTEN

Ca na Joaneta Agroturismo. Kleines Landhotel (drei Doppelzimmer, eines davon superior) in einer mehr als 200 Jahre alten, restaurierten Finca. Ganzjährig geöffnet. Nahe Santa Eulària, Finca Can Pep d'en Joan, Arabi de Dalt, Tel. 971 331 583, www.canajoaneta.es

Ca na Xica. Landhotel bei Sant Miquel. Ctra. Sant Miquel, km 10,2, Tel. 971/33 46 97, www.canxica.com

Ohrenkaktus mitten in der »Wildnis«

Can Fuster. Agrotourismus acht Zimmer/Suiten nahe bei Sant Joan, zehn Autominuten zu den nächsten Stränden. Venda Cas Ripolls, 1, Tel. 971/33 73 05, www.canfuster.com

Can Gall. Paradiesische, authentische Finca für gehobene Ansprüche mit Pool Bar und Restaurant nur für Hausgäste sowie diversen Extras wie z. B. Segelboot- und Motorradverleih, Mietautos, Ballonfahrten und besonderen Serviceleistungen wie Babysitting, Frisiersalon und Massagen. Ctra. Sant Joan, km 1,2, Tel. 971/33 70 31, www.agrocangall.com

Can Marquet. Landhotel nur für Erwachsene mit neun Apartments, Pool und herrlichem Garten. Alle Zimmer haben King-Size-Betten und eine moderne elektronische Ausstattung. Ctra. Santa Gertrudis – Sant Llorenç, km1, Tel. 971/19 77 00, www.canmarquet.com

Can Martí. Öko-Hotel auf einem Bauernhof, der nach den Regeln der Permakultur betrieben wird, mit Solarstrom und Wasseraufbereitung, Tieren (Hühner, die frische Eier liefern, Esel, Katze). Im eigenen Hofladen gibt es Produkte aus biologischem Anbau. Vier Apartments nahe Sant Joan. Tel. 971/33 35 00, www.canmarti.com

Can n'Escandel Hotel. Neun geschmackvoll gestaltete Zimmer/Suiten, viel Weiß und traditionelles Ambiente. Nahe Sant Joan. Ctra. Sant Joan, Ca n'Escandell, 27, Tel. 971/33 35 40, www.canescandell.com

Can Skye Hotel & Water Spa. Hier korrespondieren die traditionellen Finca-Gebäude mit moderner Ausstattung. Dazu: ein herrlicher Pool und auf Wunsch können hydrotherapeutische Behandlungen dazu gebucht werden. Die Suiten haben teils einen großzügigen Meerblick bis Formentera. Bei Sant Carles. Tel. 971 335 760, www.canskye.com

Can T Can Planells. Agroturismo mit acht Zimmer/Suiten, nahe Sant Miquel, Venda de Rubió, 2, Tel. 971/33 49 24, www.canplanells.com

Can Talaias. Landhotel auf einem Hügel bei Sant Carles, mit Blick über Pinienwälder und das Meer, April–Okt., sechs Zimmer/Suiten bei Sant Carles. Ctra. Pou des Lleó, Tel. 971/33 57 42, www.hotelcantalaias.com

Cas Gasì. Feines Boutique-Hotel mit reichem Wellness-Angebot (Spa, Yoga und Massage). Ganzjährig geöffnet, zehn Zimmer/Suiten, nahe Santa Gertrudis. Cami Vell a Sant Mateu, s/n, Tel. 971/197700, www.casgasi.com

C'as Pla Hotel Rural. Landhotel mit 16 Zimmern/Suiten, nahe Sant Miquel. Ctra. Puerto de Sant Miquel, Tel. 971/334587, www.caspla-ibiza.com

Casa Naya. Landhotel nahe der Straße Richtung Portinatx, mit Pool. Zum Service gehören Touren mit dem Segel- oder Motorboot sowie ein Mietwagenverleih. Nahe Sant Llorenç. Ctra. Ibiza–Portinatx, km 16,5, Tel. 971/325264, www.casanaya.com

Casa Vilda Marge. Das Landhotel richtet sich gezielt an Gäste, die Ruhe suchen statt Partyleben. Mit Pool und schöner Terrasse, sechs Zimmer/Suiten. Bei Sant Joan. Ctra. Portinatx, km 2,8, Venda de Xarraca, 10, Tel. 971/333164, www.casavildamarge.com

The Giri Residence. Boutique-Hotel der Extraklasse inklusive Spa, das neben dem Atzaró Agriturismo als eine der schicksten Wellnessadressen der Insel gilt. Ein bisschen mehr als vier Sterne, mit Luxury Hotel Award 2014, Calle Principal, 3–5, 07810 San Juan, Tel. 618/540983 (9–18 Uhr), www.thegiri.com

In den Felsen stößt man oft auf Eidechsen.

INFORMATION

Touristeninformation Sant Joan de Labritja. C/ del Alcalde Jaume Marí Roig, 4 de Sant Joan, Mo–Fr 10–14 und 16–20 Uhr, Sa 10–14 Uhr, Winter nur Mo–Sa 10–14 Uhr, Tel. 971/333075, www.ibiza.travel/de

Waldweg bei der Vanda des Niu des Corbat.

Trotz der dominanten Bebauung ist die Cala Sant Vicent eine schöne Bucht.

13 Sant Vicent

Kultstätte nahe der Badebucht

Der Name Sant Vicent steht für zwei Ortschaften: das ursprüngliche Dorf oben im Hinterland und den neu gewachsenen Ferienort. Zwischen beiden liegen Welten und drei Kilometer. Ersteres ermöglicht stille Wandertouren, Letzterer Familienspaß am Meer mit Blick auf die Insel Tagomago, die mit Ausflugsbooten zu erreichen ist. Ein wörtlich kultiges Highlight ist die Höhle Es Cuilleram in den Bergen.

Das Dörfchen Sant Vicent de Sa Cala (knapp 400 Einwohner) lassen viele Feriengäste links liegen, denn es befindet sich abseits der Hauptstraße, die wiederum schnurstracks zum Meer hinabführt – oder vielmehr etwas kurvenreich, aber umso eindrucksvoller. Fast übersieht man daher das kleine weiße Ortsschild, das zum Dorfzentrum Sant Vicent mit der Kirche weist. Anders als die für Ibiza typischen Wehrkirchen in manchen Dörfern wurde dieses Gotteshaus erst im 19. Jahrhundert erbaut. Hier abzubiegen lohnt sich, wenn man zum Beispiel den Hausberg Sa Talaia erwandern möchte (siehe Kap. 12, S. 92 f.), ansonsten ist Sant Vicent ein reines Wohngebiet.

Cala de Sant Vicent

Genau das gegenteilige Bild bietet sich in der Bucht von Sant Vicent: Es dominiert die Bebauung und nimmt dem an sich sehr schönen Strand etwas von seinem Charakter, ganze 380 Meter breit und von steilen Klippen gerahmt, noch dazu mit Blick auf das Eiland Tagomago. Für Urlauber, die rein wegen des Badevergnügens kommen, ist es dennoch der perfekte Ort. besonders Familien gefällt der breite Sandabschnitt mit Promenade und allem Drum und Dran, von Wassersport (Tretboote, Windsurfen, Bananaboot) bis hin zu Duschen am Strand. Es gibt ausreichend Unterkünfte und Gastronomie, mit dem »Can Gat« ist ein auch bei Einheimischen beliebtes Fischrestaurant vertreten. Ein Pluspunkt ist auf jeden Fall, dass der Strand selbst zur Hochsaison nicht so überfüllt ist wie die Hot Spots im Inselsüden, was sicherlich mit der abgeschiedenen Lage zusammenhängt. Hier bekommt man an sich auch immer einen Parkplatz in unmittelbarer Strandnähe.

Illa de Tagomago

Ungefähr 900 Meter vom Strand entfernt erheben sich sanft gerundete Felsbuckel aus dem Wasser: Die Insel Tagomago liegt vor Sant Vicent, gehört aber zur Gemeinde Santa Eulària des Riu. Auch wenn das Eiland wahrlich magisch wirkt – dieses Attribut ist der Insel Es Vedrà südwestlich von Ibiza vorbehalten. Der gängigen Deutung zufolge bedeutet der Name vielmehr wohl »Fels des Mago«. Er soll auf den karthagischen Feldherrn Mago (gest. 203 v. Chr.) zurückzuführen sein, den jüngeren Bruder Hannibals. Beide waren bedeutende Figuren im Zweiten Punischen Krieg, in dem die Karthager eine Niederlage erlitten.

Tagomago hat eine Fläche von rund 400 000 Quadratmetern, ist bis zu 1525 Meter lang und bis zu 113 Meter hoch. Seine einzige Bebauung besteht aus einem Leuchtturm (1906) sowie einer Luxus-Villa mit eigener Entsalzungsanlage und Stromversorgung. Die felsige, mit Büschen bewachsene Insel ist öffentlich nicht zugänglich. Es sei denn, man hat sie gemietet: Sie gehört dem Immobilienunternehmer Matthias Kühn und kann wochenweise oder für mehrtätige Events gebucht werden.

AUTORENTIPP!

BOOTSAUSFLÜGE UND TAUCHEN VOR TAGOMAGO

Am schönsten ist die Küste vom Boot aus betrachtet. Wer keinen Sportbootführerschein hat, kann einen besonderen Service nutzen: Einige Charterunternehmen bieten komplette Boote samt Skipper an – das ist zwar nicht ganz billig, kann sich für eine Gruppe lohnen, da die Preise in der Regel pro Boot gelten. Zudem gibt es Tauchschulen, die Tagomago und andere Bootstauchplätze entlang der Küste ansteuern. Oft ist es auch für Nichttaucher möglich, als Gast oder zum Schnorcheln mitzufahren.

Blue Ocean. Ab Ibiza-Stadt, Ruta Norte bis Tagomago. www.blueoceanibiza.com/ruta/ruta-ibiza-norte

Barracuda Ibiza. Ab Santa Eulària bis Tagomago und Cala de Sant Vicente. www.barracudaibiza.com/de/bootsfahrten-ibiza

Centro de Buceo Cala Pada. Tauchausfahrten mit Yogi und Tina, ab Cala Pada, Tel. 971/33 07 55, Mobil-Tel. 626/97 16 16, www.diving-ibiza.com

Oben: Ein besonderer Platz für einen Drink im Schatten.
Unten: Andere gehen lieber surfen, um sich abzukühlen.

Bekannt ist Tagomago für sein hohes Vorkommen an blauen Eidechsen. Im Westen dient eine kleine Bucht als Naturhafen mit Bootsanleger. Einige Felsen tragen Malereien aus den Zeiten der Hippie-Bewegung. Die legendäre Krautrock-Band Can widmete Tagomago 1971 ein avantgardistisches Album (Schreibweise Tago Mago). Die Musiker interpretierten auch den Inselnamen auf ihre Art, wonach »Mago« doch »magisch« bedeutet und Tago ein Zauberkünstler hieß, der auf der Insel lebte. Wie Bassist Holger Czukay in einem Interview berichtete, hielt sich Drummer Jaki Liebezeit damals auf Ibiza auf und wollte sich in einem Anfall von Todessehnsucht vom Felsen der Insel stürzen. Er überlegte es sich anders und soll den Namen für das Album vorgeschlagen haben.

Cova des Culleram

Ungefähr auf halber Strecke zwischen Dorf und Bucht zweigt eine Straße ab, an der ein rotes Schild zu einem Ort von archäologischer Bedeutung weist: Die Höhle Es Culleram befindet sich an einem Berghang in 150 Meter Höhe, auf dem

Gelände einer Finca namens Can Quintals. Sie diente den Phöniziern (Karthagern) als Kultstätte, ist rund 190 Quadratmeter groß und zu besichtigen. Zunächst vermutete man an diesem Platz schlicht eine zu prähistorischen Zeiten bewohnte Höhle. Doch bei den Ausgrabungen wurden außerhalb davon bauliche Strukturen entdeckt, die darauf schließen ließen, dass der Ort von späteren Kulturen als Tempel genutzt wurde. Davor befand sich eine Zisterne (noch gut zu erkennen), die rituellen Waschungen diente, wie sie vor dem Betreten eines Tempels üblich waren.

Im Zuge der von 1907 bis in die 1980er-Jahre andauernden Ausgrabungen kamen spektakuläre Funde von hohem Informationswert zutage, denen zufolge die Kultstätte zwei verschiedene Epochen durchlief. Die erste ist auf das fünfte bis vierte Jahrhundert vor Christus datiert. Aus dieser Zeit stammt eine Bronzeplakette mit der Inschrift: »Für den Herren Reseph-Melkart, dieses Heiligtum, das 'S'DR, Sohn von Ya'asay, Sohn von BRGS, Sohn von Esmunilles geweiht hat.« Daraus folgerten die Wissenschaftler, dass es sich um die Kultstätte für zwei Götter handelte, die zu einem verschmolzen: Reseph, der Gott des Feuers und des Lichts, sowie Melkart, der Gott der Seefahrt und der Vegetation, König der Stadt und Anführer der Siedler von Tyros.

Die zweite Epoche reicht vom Ende des dritten bis zum zweiten Drittel des zweiten Jahrhunderts vor Christus, als die die religiösen Aktivitäten an diesem Platz ihren Höhepunkt erreichen. Ihr wird eine zweite Inschrift auf der besagten Plakette zugeordnet, die sich auf der Rückseite befindet: »Diese Mauer aus geschnittenem Stein wurde gefertigt, geweiht und repariert von 'Abdeshmun, Sohn von Azarba'al, dem Priester für Unsere Herrin, für Tanit, die Mächtige, und für ihren Gad.

AUTORENTIPP!

HIDDEN BAR

Ein Geheimtipp im ansonsten typisch-touristischen Cala Sant Vicent: Die »Versteckte Bar« versteckt sich im Grün zwischen dem Dorf und der Bucht von Sant Vicent an der Zufahrtsstraße. Wie Alice im Wunderland sollen sich die Gäste in dem Gartenrestaurant mit Bar fühlen, dafür wird einiges getan: eine bunte Crazy-Minigolf-Anlage, Riesen-Schach und Brettspiele aus den 1970er-Jahren, dazu Cocktails von der Barkeeper-Legende Chris Edwardes und Fusion-Küche des britischen Starkochs James Taylor. Kinder können sich in einem eigenen Raum austoben. Auch Events wie DJs und Livekonzerte gibt es. Briten treffen sich hier gerne zum High Tea und versammeln sich beim Wimbledon-Finale vor dem TV-Flatscreen. Und wer eine romantische Hochzeit feiern will, ist hier auch bestens aufgehoben!

Hidden Bar. Carrer Cala Sant Vicent, Okt.–März–geschl., Tel. 971/32 02 53, www.hidden-bar.com

Oben: Moderne Opfergaben an der Cova des Culleram
Unten: Die kultige Höhle ist über einen Wanderpfad erreichbar.

Der Architekt war derselbe, zu ihren Diensten.« Diese Worte wiederum interpretierte man als Hinweis auf einen Kultwechsel: Von nun an war der Tempel Tanit geweiht, Göttin der Fruchtbarkeit, der Gesundheit, des Lebens und des Todes.

Votivfiguren der Göttin Tanit

Aus dieser zweiten Epoche stammen zahlreiche Votivfiguren, die in der Höhle gefunden wurden – vorwiegend glockenförmige Statuetten, die die weibliche Gottheit Tanit darstellen. Sie gelten als Beleg dafür, dass einige punische Heiligtümer, wie in diesem Fall Es Culleram, auch Terrakottafiguren produzierten, die wiederum den Gläubigen als Opfergabe für die Gottheiten zum Verkauf angeboten wurden. Einige dieser Votivfiguren sind im Archäologischen Museum von Ibiza (siehe S. 60) ausgestellt. Ab 120 v. Chr. bis zur Zeitenwende war das Heiligtum von Verfall gezeichnet und wurde schließlich gänzlich aufgegeben. Heute wird Es Culleram wieder als Opferraum genutzt: Viele Besucher hinterlassen eine Gabe wie Kerzen, Blumen oder persönliche Dinge, verbunden mit einer Bitte oder Wünschen.

Infos und Adressen

Restaurant an der Promenade

SEHENSWÜRDIGKEITEN

Cova des Culleram. Die Kultstätte ist kostenlos zu besichtigen. Zufahrt zwischen Dorf und Bucht (ausgeschildert); das letzte Stück Weg ist nur zu Fuß zu bewältigen (nicht barrierefrei, Wanderpfade). Di–Sa 9.30–13.30 Uhr.

ESSEN UND TRINKEN

Can Gat. Beliebtes Fischrestaurant direkt an der Strandpromenade. Cala Sant Vicent, Tel. 971/32 01 23.

ÜBERNACHTEN

Can Marge. Ibizenkisches Landhaus in herrlicher Lage für bis zu zehn Personen, mit modernen Komfort (WLAN, Außenküche mit Grill und Whirlpool, Kinderspielplatz. Buchung z. B. über www.ibiza-spotlight.com

Hotel Grupotel Imperio Playa. Ein recht nüchterner Klotz, aber vier Sterne und direkt am Strand. Cala Sant Vicent, s/n, Tel. 971/32 00 55, www.grupotel.com

Tagomago. Wer es sich leisten kann, mietet die Insel samt Villa für die Hochzeit, einen Urlaub oder Meetings (ab drei Tage, Preise auf Anfrage). Auf Wunsch mit »Spielzeug«: Jacht, Zodiacs und Jet-Ski. Isla Tagomago S.A., Mobil-Tel. 691/85 85 53, www.tagomago-island.com

INFORMATION

Touristeninformation Sant Joan de Labritja. C/ del Alcalde Jaume Marí Roig, 4 de Sant Joan, Mo–Fr 10–14 und 16–20 Uhr, Sa 10–14 Uhr, Winter nur Mo–Sa 10–14 Uhr, Tel. 971/33 30 75, www.ibiza.travel/de

Mit Ferienunterkünften ist die Cala de Sant Vicent gut bestückt.

Fotogen und auf Küstenpfaden zu erreichen: Der Leuchtturm von Portinatx

14 Portinatx

Ein Leuchtturm und drei Strände

»Oh, das Ende der Welt!«, mag manch einer denken, der bis in diesen nordöstlichsten Zipfel Ibizas vorgedrungen ist. Nach diversen Windungen führt die Straße in eine Bucht hinab, außer der es nichts mehr sonst weit und breit zu geben scheint. Gerade das macht den Reiz von Portinatx aus – und so weit ist es gar nicht bis Ibiza-Stadt.

Rund eine halbe Stunde benötigt man nur mit dem Auto, um von Eivissa oder dem Flughafen nach Portinatx zu gelangen. Gefühlt aber ist es doch ganz schön abgelegen: Hinter den nahezu unbebauten Landschaften der Gemeinde Sant Joan tut sich plötzlich noch dieser Badeort auf, mit All-inclusive-Hotels und Pauschaltouristen. Trotzdem wirkt der aus einem Fischerdorf gewachsene Ort idyllisch, denn die Bebauung fügt sich hier recht harmonisch in die natürliche Umgebung ein, und die Schatten spendenden Pinien tragen viel Grün bei.

MAL EHRLICH

ABENTEUERLICHE ROUTEN

Einige von Ibizas Wanderwegen sind gut markiert – manche wiederum zu gut: Es vermengen sich blaue Kennzeichen des (mittlerweile verstorbenen) Wanderführers Rolf Hürten, rote Punkte der Einheimischen und weiß-grüne-Streifen (auch für Wanderer) mit farbigen Pfählen für Mountainbiker. So kann manche Route auch in dieser Hinsicht zum Abenteuer werden, also lieber doppelt (z. B. mit Wanderkarte) absichern.

Wasserpark und Wandern

Als Endpunkt hat Portinatx keine Durchgangsstraße, der Verkehr begrenzt sich auf die Hotel- und Strandgäste. Entsprechend ruhig und beliebt bei Familien ist der Ort. Geschützte Buchten mit seichtem Wasser und geringer Brandung tragen dazu bei. Im »El Greco Hotel« gibt es obendrein einen Wasserrutschen-Park (Waterpark), der auch externen Gästen gegen Eintritt offen steht. Zum Essengehen bieten sich einige Restaurants mit schönem Blick über die Bucht an.

Das Umland von Portinatx lädt zum Wandern ein. Eine Tour führt direkt zum Dorf Sant Joan de Labritja, das ein wenig Abwechslung bietet (siehe auch Kapitel 11 und 12). Die Busanbindung Richtung Eivissa oder Santa Eulària indes könnte besser sein, ein Mietwagen ist also ratsam, sofern man noch etwas anderes von der Insel sehen möchte. Während der Saison steuert zudem der Aquabus die Küstenorte Sant Miguel und Sant Antoni an, eine Fähre gibt es für Linienfahrten und Exkursionen.

S'Arenal Gros und S'Arenal Petit

Drei schöne Strände hat Portinatx zu bieten. Die ersten beiden liegen nahe beieinander in der Hauptbucht, ausgestattet mit Sonnenliegen und fußläufig von den Hotels und Apartmentanlagen zu erreichen. Das klare Wasser leuchtet in allen Türkistönen und verführt zum Schnorcheln. Nur einige Felsen trennen die beiden Buchten: S'Arenal Gros heißt der große Hauptstrand im Zentrum, westlich davon schließt sich die etwas ruhigere S'Arenal Petit an. Ungefähr 500 Meter weiter östlich – und schon eher am Ortsrand – liegt die malerische Bucht von Es Portitxol, ein Naturstrand mit Bootshäusern. Von hier geht es entlang der Küste zum Leuchtturm »Faro des Moscaster«.

AUTORENTIPP!

SERRA DE LA MALA COSTA

Von Portinatx führt eine Nebenstrecke durch die Serra de la Mala Costa. Die »Berge der schlimmen Küste« sind ein Eldorado für geübte Wanderer und auch schon bei einer Autofahrt höchst eindrucksvoll. Leider hat die Gegend durch die Waldbrände gelitten, sich zum Teil aber auch bereits wieder erholt. Höchste Erhebungen sind der Puig de Fornàs (409 Meter) und der Puig Gros (403 Meter). Die schmale Straße führt – mehr oder weniger parallel zur ausgebauten Hauptstrecke – nach San Joan und ist auch eine schöne Wandermöglichkeit. Auch Radfahrer finden hier lohnende Touren, allerdings mit Steigungen, die etwas Kondition erfordern.

Wandern im Inselnorden. Ab Portinatx Richtung Cala d'en Serra und dann geradeaus weiter auf der Carreterra Vella de Portinatx.

Oben: Boote in der Bucht von Portinatx
Mitte: Auch verschwiegenere Plätze sind nahe der Ortschaft zu finden.
Unten: Für Kinder ist Portinatx ein kleines Paradies.

Faro des Moscaster

Schwarzweiß erhebt sich der Leuchtturm auf den Klippen der Punta des Moscaster. Er ist seit 1977 in Betrieb, seine Plattform befindet sich in 52 Meter Höhe, unterhalb fallen die Klippen noch gut 40 Meter ins Meer ab. Der Turm ist in dem Sinne nicht zu besichtigen aber auf jeden Fall ein schönes Fotomotiv. Es handelt sich um ein aktives Seezeichen mit einer Reichweite von 18 Seemeilen. Noch Schiffe, die rund 33 Kilometer weit entfernt sind, können also sein Lichtsignal wahrnehmen. Von hier aus kann man dem Küstenpfad noch bis zur Cala d'en Serra folgen, einer einsamen Bucht an der Ostküste, die ansonsten zur schwer zu erreichen ist (einfache Strecke rund fünf Kilometer). Dazu passiert man das kleine steinerne Tor beim Leuchtturm und hält sich immer nah am Wasser – Vorsicht an der Abbruchkante. Begleitet von grandiosen Ausblicken geht es zunächst bis zur Punta de Ses Formigues, jener Felsspitze, die auch Etappenziel der Wanderung um die Talaia de Sant Vicent ist (siehe Kapitel 12). Doch anders als bei der Route bleibt man nun immer dicht an der Küste, die Orientierung ist also einfach. Es geht dabei auch durch eine Kiesbucht und einen »Barranco«, ein ausgetrocknetes Bachbett. Auf der jeweils anderen Seite weisen Steinpyramiden den weiteren Verlauf des Pfades aus, der schließlich bis zur Cala d'en Serra leitet.

Cala d'en Serra

Zwar ist die bezaubernde Bucht auch mit dem Auto zu erreichen, jedoch nur über schier endlose Holperpisten. Der kleine Strand mit einigen Varaderos (Bootsgaragen) ist schön für eine verträumte Stunde oder ein Picknick. Wer anschließend denselben Küstenweg nicht wieder zurückgehen möchte, kann auch der Schotterpiste bis zur Straße folgen, die wiederum zurück nach Portinatx führt.

Infos und Adressen

SEHENSWÜRDIGKEITEN

Faro des Moscaster. Der Leuchtturm von Portinatx.

Torre de Portinatx. Gut erhaltener Wehrturm aus dem 18. Jh. Auf der Landspitze Punta de sa Torre (Richtung S'Arenal Petit)

Badespaß in Portinatx …

ESSEN UND TRINKEN

Cas Mallorqui. Das Restaurant gehört zum Hostal. Frischer Fisch und Meeresfrüchte aus der Region schmecken hier mit Blick auf die Bucht besonders gut. Tel. 971/32 05 05, www.casmallorqui.com

ÜBERNACHTEN

Apartamentos S'Arenal. Nahe dem Meer mit Blick über die Bucht von Portinatx. Calle Sa descuberta 42, Playa S'Arenal Gros. Tel. 971/32 06 10, www.apartamentos-sarenal.com

Club Hotel Portinatx. All-inclusive-Hotel mit drei Sternen nahe am Strand. Cala Portinatx s/n, 07810 Joan de Labritja, Tel. 971/32 06 19, www.bghotels.com

Hostal Cas Mallorquí. – siehe Essen und Trinken

Marconfort El Greco Hotel. Drei-Sterne-Hotel mit breitem Pauschalangebot. Highlight ist der hauseigene Wasserpark. Zimmer mit Blick auf Strand und Meer buchbar. Cala Portinatx, s/n, 07810 Joan de Labritja, Tel. 97/78 33 03, www.marconfort.com

AKTIVITÄTEN

Aquabus. Exkursionen per Boot nach Sant Miguel und Sant Antoni. Ab Hafen Portinatx, Di, Do & Sa Abfahrt 11 Uhr, www.aquabusferryboats.com

Wasserpark. Ein Spaß für Kinder im El Greco Hotel – siehe Übernachten.

AUSGEHEN

Vincents's Bar. Britisches Pub, rustikal und mit Guinness. Edificio Portinatx III – BB, Tel. 971/32 06 80, www.vincentsbarportinatx.com

INFORMATION

Touristeninformation Sant Joan de Labritja. C/ del Alcalde Jaume Marí Roig, 4 de Sant Joan, Mo–Fr 10–14 und 16–20 Uhr, Sa 10–14 Uhr, Winter nur Mo–Sa 10–14 Uhr, Tel. 971/33 30 75, www.ibiza.travel/de

… und herrlich Fisch essen direkt am Wasser.

15 Cala Benirrás

Wo Nina Hagen ein Ja-Wort gab

Ob »Gottes Finger«, der hier aus den Fluten ragt, als Mahnung zu verstehen ist, es nicht zu übertreiben? Wohl kaum, den Felsen gab es schließlich schon lange, bevor Hippies den Strand für ihre Sessions entdeckten. Immer noch treffen sich sonntags Trommler und Feuerkünstler, Strandgäste tanzen dazu im Abendlicht. Auch an anderen Tagen ist Benirrás eine prachtvolle Bühne für Sonnenuntergänge.

Aus einem Grüppchen von Aussteigern, die sich regelmäßig trafen, um zu trommeln und zu tanzen, selbstvergessen und bis in den nächsten Morgen hinein, wurde eine der bekanntesten Attraktionen Ibizas. Das Ereignis, das den Strand jeden Sonntag in eine bunte Party verwandelt, zieht heute zahlreiche Touristen an, was an Sonntagen während der Saison zu einer chronisch verstopften und zugeparkten Zufahrtsstraße führt. Tipp: Mit dem Aquabus ab San Miguel spart man sich die Parkplatzsuche.

Am Strand vor »Gottes Finger«: Benirrás ist auch bei Familien äußerst beliebt.

Punkhochzeit in der Bucht

Trotz alledem: Benirrás am Sonntag ist ein Muss. Der Spirit des noch immer unkonventionellen Open-Air-Festivals lässt sich mit nichts vergleichen, diese Mischung aus Rhythmus, Licht und Meer, gestaltet von Trommlern, Feuerkünstlern, untergehender Sonne und ganz vielen tanzenden Menschen. Oft bis spät in die Nacht steigt die kostenlose Party am südwestlichen Rande der Bucht (links in Richtung Wasser schauend). An einer kleinen Strandbude werden Getränke und Snacks verkauft.

Im August 1987 gab es eine besonders dicke Fete in der Cala Benirrás: Nina Hagen »heiratete« einen damals 18-jährigen Londoner Punk namens Iroquois auf einem in der Bucht ankernden Segelboot und lud zum dreitägigen »Spiritual Punk Wedding Rebel Festival«, das auf der Insel als PR-Aktion kritisiert wurde. Den Priester spielte ihr Gitarrist Bill Liesegang.

Dedo de Dios

Das normale Strandleben mit Liegen und Sonnenschirmen spielt sich im mittleren und östlichen Bereich der Bucht ab, die trotz der Popularität zu den schönsten Ibizas zählt: unverbaut und ohne Pauschaltourismus, dafür mit einem besonderen Panorama, umgeben von mit Pinienwäldern bedeckten Hügeln und den Felsen des Cap Bernat. Einer ragt wie ein riesiger Finger mitten aus dem Wasser gen Himmel. Es ist der »Dedo de Dios«, der Finger Gottes.

Der feine Sandstrand fällt flach ins Wasser ab, in der Brandungszone ist der Grund recht kiesig, was beim Hineinwaten auch deutlich zu spüren ist. Besonders ist den felsigen Zonen ist dafür das Schnorcheln in dem klaren Wasser ein Hochgenuss. Außer der Strandbar in der Trommler-Ecke gibt es zwei größere Restaurants auf der gegenüberliegenden Seite der Bucht.

Salvem Benirrás

Zu sehen sind in der Bucht auch einige Graffiti mit dem Schriftzug »Salvem Benirrás« (Erhaltet Benirrás). Denn es gibt Pläne, das Naturjuwel mit Apartments zuzupflastern. Zwar war die Zone 2008 zum Naturschutzgebiet (Área Natural de Especial Interés – ANEI) erklärt worden. Die neue rechtskonservative Regierung Partido Popular (PP) jedoch erwirkte eine Lockerung des Schutzes.

Infos und Adressen

ESSEN UND TRINKEN

Elements Ibiza. Strandrestaurant mit zu Benirrás passendem Konzept. Gesunde Säfte an der Juice-Bar, Boutique und Heil-Massagen. Cala Benirrás s/n, www.elements-ibiza.com, Tel. 971/33 31 36.

ÜBERNACHTEN

Atoll Ibiza. Die exklusive Anlage liegt fünf Minuten vom legendären Hippie-Strand Benirrás entfernt, jacdom@atollibiza.com, www.atollibiza.com

Villa Can Maries. Landhotel mit acht Zimmer/Suiten, nahe Sant Miquel, Venda des Port des Baladre, Tel. 971/33 45 66, www.hotelcanmaries.com

Vinya d'en Palerm. Agrotourismus in Sant Miquel, Venda de Rubió, 193, Tel. 971/33 49 09, www.vinyadenpalerm.com

AKTIVITÄTEN

Aquabus. Fähre zum Trommel-Event ab Sant Miguel. Abfahrt So 10 Uhr. www.aquabusferryboats.com

INFORMATION

Touristeninformation Sant Joan de Labritja. C/ del Alcalde Jaume Marí Roig, 4 de Sant Joan, Mo–Fr 10–14 und 16–20 Uhr, Sa 10–14 Uhr, Winter nur Mo–Sa 10–14 Uhr, Tel. 971/33 30 75, www.ibiza.travel/de

Mitte: Die Bucht Caló des Moltons versteckt sich nahe des Hauptstrandes und ist über einen Wanderpfad zu erreichen.
Unten: Etwas Besonderes sind die Fresken in der Dorfkirche von Sant Miguel.

16 Sant Miquel de Balansat

Eine Steilküste mit Überraschungen

Das ruhige Dorf bettet sich in Orangen- und Zitronenhaine. Sehenswert ist die mittelalterliche Wehrkirche. Der zugehörige Badeort Port de Sant Miguel platzt im Sommer aus allen Nähten. In der westlichen Steilküste aber verstecken sich auch ruhigere Plätze – und eine sehenswerte Tropfsteinhöhle.

Wie in Sant Vicent liegen Dorf und Hafen ein gutes Stück weit (rund drei Kilometer) auseinander. Das Dorf Sant Miquel de Balanzat gibt sich in malerischer Ibiza-Manier, mit einer Wehrkirche, aus dem 16. Jahrhundert. Sie steht, wie die Kirche von Santa Eulària, auf einem Hügel namens Puig de Missa mit schöner Sicht auf die ländliche Umgebung. Ihr kreuzförmiger Grundriss indes ist einmalig auf Ibiza. Die beiden seitlichen Kapellen, Benirrás und Rubió, kamen erst im späten 17. Jahrhundert hinzu. In

MAL EHRLICH

HÖHLENZAUBER MIT DISCOSOUND

Obwohl für die »Must-see-Höhle« kräftig die Werbetrommel gerührt wird, ist die Präsentation nicht sehr überzeugend, die Wasserfall-Show mit Lichteffekten und Ibiza-Disco-Sound muss man mögen. Es gibt fantastischere Tropfsteinhöhlen in Europa, mit weniger Klimbim und günstigeren Eintrittspreisen! Um den Touristenscharen auszuweichen, bietet sich ein entspannter Besuch in der Vor- oder Nachsaison an. Die mehrsprachigen Mitarbeiter gestalten die Führung recht kurzweilig.

ihnen sind wunderschöne Fresken mit religiösen und floralen Motiven zu sehen.

Port de Sant Miquel

Lebhafter geht es in der Bucht Port de Sant Miquel (Hafen von Sant Miquel) zu, dem Meereszugang am Ende des Tales. An den Hängen reihen sich große Hotels der Kategorien bis vier Sterne, bereits die Zufahrtsstraße ist mit Restaurants und Bars, Souvenirläden und Supermärkten gespickt. Mit dem Luxusresort »Hacienda Na Xamena« besitzt die Region zudem eines der wenigen Fünf-Sterne-Häuser Ibizas, in spektakulärer Lage auf der Steilküste, fast 190 Meter hoch über dem Meer.

Gemessen an der Vielzahl der Unterkünfte, zu denen auch einige Landhotels im Umkreis gehören, ist der Strand von Sant Miquel eindeutig zu klein geraten. Besonders im Juli und August wird es sehr voll, doch es gibt auch Alternativen zum Baden in unmittelbarer Nähe, die zur Hochsaison natürlich auch gut besucht sind. Eine Ausweichmöglichkeit ist die Cala Benirrás, zu der auch Linienboote starten (siehe Kap. 15). Außerdem gibt es noch eine landschaftlich sehr reizvolle Bucht in nordwestlicher Richtung, die jedoch nur über eine steile Schotterpiste zu erreichen ist (mit begrenzten Parkmöglichkeiten): Es Pas de s'Illa den Bosc liegt am Ende der Landzunge Illa den Bosc quasi gegenüber von Port de Sant Miquel.

Halbinsel Illa des Bosc

Der Strand verbindet die Insel S'Illa des Bosc mit der Steilküste und bietet zu beiden Seiten Zugang zum Meer, wobei die nördliche Seite sehr steinig ist und daher weniger zum Baden geeignet. Auch ist die Brandung auf dieser Seite meist stärker. Die südliche Seite mit dem kleinen Strand bietet einen

AUTORENTIPP!

VOLKSTÄNZE UND MARKT
Donnerstags abends (ab ca. 18 Uhr) lohnt es sich besonders, das Dorf Sant Miquel de Balanzat zu besuchen: Auf dem Kirchplatz werden jede Woche Folkloretänze aufgeführt, begleitet von einem Kunsthandwerkermarkt auf dem zentralen Dorfplatz. Hier gehen nur Produkte über die Tische, die auf Ibiza hergestellt wurden. An etwa 30 Ständen findet man originellen Gold- und Silberschmuck, Phantasievolles aus Holze, Leder, Keramik und Glas, inseltypische Adlib-Mode, Makramee-Handarbeiten, Aquarelle, Kerzen, Seidenmalerei und sogar Fossilien. Mit einem Flaó (Käsekuchen mit feiner Minz- und Anisnote), einer ibizenkischen Coca (pikanter Blechkuchen ähnlich einer Pizza ohne Käse) oder einem selbst gebrauten Bier lässt sich eine kleine kulinarische Pause einlegen.

Església de Sant Miquel. Carrer de Missa. / Dorfplatz von Sant Miguel

Oben: In strahlendem Weiß erwartet die Wehrkirche ihre Besucher. **Unten:** Besonders viel Spaß macht der Blick auf die Insel Murada mit dem Fernglas.

schönen Blick auf die Bucht von Sant Miquel. Auch einen kleinen Kiosk und Verleih von Sonnenliegen gibt es. Auf der Insel selbst dominiert ein Luxusanwesen. Der felsige Ausläufer der Halbinsel heißt Punta de sa Ferradura.

Caló des Moltons

Eine oft übersehene Perle indes schlummert zwischen dem Hauptstrand und der Halbinsel: Der kleine Strand von Caló des Moltons ist nur über einen Wanderpfad zu erreichen, der am westlichen Rand der Bucht von Port de Sant Miquel beginnt. Nach nicht einmal einem halben Kilometer gelangt man in an diesen bezaubernden Platz. Eine Handvoll Sonnenliegen steht zum Verleih bereit. Hinter der Bucht führt der Weg noch weiter hinauf bis zum Torre des Molar (1756). Der Wehrturm steht auf der Steilküste in 97 Metern Höhe oberhalb der Illa des Bosc. Die Aussicht über den Meeresarm mit der Halbinsel bis hin zur Cala Benirrás ist fantastisch. Nordwestlich rückt noch eine markante Insel ins Blickfeld: Die Illa Murada, ein unbewohntes Eiland 200 Meter vor der Küste, ist ein beliebtes Tauchrevier. Die Tour zum Torre des Molar lässt sich übrigens auch über eine Abzweigung mit dem Strand Es Pas de s'Illa des Bosc verbinden: Man hält sich dann rechts, anstatt dem Weg den Berg hinauf zum Turm zu folgen.

Cova Can Marçà

Auch etwas touristisch Besonderes verbirgt sich in der Steilküste von Sant Miquel: Die Tropfsteinhöhle Cova de Can Marçà, ein unterirdisches Reich aus Stalaktiten und Stalagmiten, Wasserfällen und Galerien. Von der Höhlenterrasse aus eröffnet sich ein Rundblick über die Bucht mitsamt dem Torre des Molar. Die rund 100 000 Jahre alte Höhle diente einst als Versteck für Schmuggelware.

Infos und Adressen

SEHENSWÜRDIGKEITEN

Cova de Can Marçà. Tropfsteinhöhle. Port de Sant Miquel. Tel. 971/33 47 76, www.covadecanmarsa.com, Sommer: 10.30–20.30 Uhr. Winter: 11–18 Uhr.

Església de Sant Miquel. Wehrkirche mit hübschen Fresken. Carrer de Missa.

Torre des Molar. Wehrturm mit schönem Panorama. Auf der Steilküste westlich der Bucht.

ESSEN UND TRINKEN

Bar Can Xicu. Die familiäre Bar gegenüber der Dorfkirche gibt es schon seit 1905. Carrer de Missa 7, Tel. 971/33 44 16.

C'an Rei. Traditionelle Tapas-Bar in der Bucht von Sant Miquel. Calle Port 2, Tel. 971/33 45 59.

La Luna Nell' Orto. Italienisches Restaurant im Dorf Sant Miquel in einer restaurierten Finca mit lauschiger Terrasse. Ctra. del Puerto de San Miguel s/n, Tel. 971/33 45 99, www.lunanellorto.com

Port Bansalat. Die Qualität des ibizenkischen Fischeintopfs Bullit de Peix hat sich herumgesprochen. Und so kommen die Gäste aus allen Inselteilen gerne hierher, um in Strandnähe zu schlemmen. Mitte Nov.–Mitte Febr. geschl. Tel. 971/33 45 27.

Farben- und Lichtspiele untermalen den Anblick der Tropfsteine.

Die Cova San Marçà hat ganzjährig geöffnet.

ÜBERNACHTEN

Hacienda Na Xamena. War lange das einzige Fünfsternehotel der Insel, ein luxuriöse Anlage, die auf einer spektakulären Klippe. Urb. Na Xamena s/n, buzón 11, Tel. 971/33 45 00, www.hotelhacienda-ibiza.com

Balansat Torremar. Drei-Sterne-Anlage mit eher funktionalen Apartments und Kinderpool. Port de Sant Miquel (in der Bucht), Tel. 971 33 45 37, www.apartamentosbalansat.com

Club San Miguel. Gehört zur Stelle Polaris-Gruppe. Port de San Miguel, Tel. 971/33 45 30, www.sanmiguelresort.com und www.stellapolarishotels.com

Landhotels & Fincas. – siehe Benirrás (siehe Infos & Adressen S. 111).

INFORMATION

Touristeninformation Sant Joan de Labritja. C/ del Alcalde Jaume Marí Roig, 4 de Sant Joan, Mo–Fr 10–14 und 16–20 Uhr, Sa 10–14 Uhr, Winter nur Mo–Sa 10–14 Uhr, Tel. 971/33 30 75, www.ibiza.travel/de

17 Sant Mateu d'Albarca

Häuflein Häuser im Buscatell-Tal

Von Oliven- und Mandelbäumen umgeben, liegt Sant Mateu d'Albarca bereits im Gemeindebezirk Sant Antoni de Portmany. Ein paar Häuser, die eine Kirche umringen, vereinzelte Läden, mehr scheint es nicht zu geben in dem 400-Einwohner-Dörfchen. Hier ist Ibiza noch beinahe so, wie es überall einmal war. Doch Sant Mateu und das Umland haben noch weitaus mehr zu bieten.

Mitte: Sie kommt einem (aus anderen Dörfern) bekannt vor und hat doch etwas Eigenes: die Wehrkirche von Sant Mateu.
Unten: Im Umland gedeihen die Reben für die Ibiza-Weine.

In der fruchtbaren Ebene Plà de Sant Mateu liegend, ist die Region um Sant Mateu besonders für den Weinbau bekannt, kultiviert zum Beispiel in der »Bodega Sa Cova«, die aus den Rebsorten Syrah, Monastrell und Merlot vorzügliche Inselweine keltert. Oder in der Kellerei und Weingut »Can Rich de Buscastell«, die für ihre Rot- und Weißweine (Tempranillo und Merlot, Chardonnay und Malvasía) sowie den hauseigenen Hierbas (Kräuterlikör) schon viele Auszeichnungen erhielt. Der Weinanbau auf Ibiza ist ein Erbe der Phönizier. Sie pflügten schon damals die Erde von Ebusus (Ibiza), damit saftige Reben gedeihen konnten.

Auch Kulturgenuss hat Sant Mateu zu bieten: Die Galerie »Can Cires« vereint bildende Kunst mit Fusion-Küche, die im zugehörigen Restaurant auf den Tisch kommt, beides in einer rund zweihundert Jahre alten, behutsam restaurierten Finca. Eine schöne und leicht begehbare Wanderroute führt zur Bucht Cala d'Albarca. Als Startpunkt bietet sich der Parkplatz des Restaurants »Camp Vell« hinter Sant Mateu an. Bei der rund 4,5 Kilometer langen Tour (einfache Strecke) bekommt man einen schönen Eindruck der Landschaft und noch dazu ein herrlich-raues Küstenpanorama zu sehen. Hier gibt es auch wunderbare Picknickplätze.

Cala d'Albarca

Schon im Ortskern von Sant Mateu d'Albarca, der im Prinzip nur aus einer großen Kreuzung besteht, weisen Schilder zur Cala d'Albarca. Zunächst folgt man der schmalen Landstraße für knapp zwei Kilometer, dann geht es an einer Abzweigung rechts auf eine Schotterpiste, die nach einem guten weiteren Kilometer in einen Waldparkplatz mündet – bis hier ist es also auch möglich, die Strecke mit dem Auto oder Moped zurückzulegen. Doch der dann folgende Pfad ist für Fahrzeuge nicht mehr passierbar. Stetig bergab, zuletzt sehr steil, führt er nach einer halben Stunde Gehzeit zur Bucht, einem wilden Ensemble aus Steilküste, Felsen und Brandung, mit »Konstruktionen« wie einer Felsbrücke, die ein beliebtes Fotomotiv ist.

Es Broll de Buscatell

Völlig anders, jedoch nicht weniger eindrucksvoll präsentiert sich das Hinterland südlich von Sant Mateu: Das fruchtbare Tal Broll de Buscatell ist das grüne Herz von Ibiza, auch aus historischer Sicht. Die Terrassenfelder bergen noch Hinterlassenschaften der maurischen Bewässerungssysteme, mit Überresten von Brunnen und Becken, über die nun die Natur einen Schleier zieht. Auch die einzige Süßwasserquelle der Insel befindet sich hier. Zur Erkundung startet man am besten beim Parkplatz an der Kirche von Sant Mateu. Oder man nähert sich über den Camino de Es Broll, eine Abzweigung der Straße zwischen Sant Rafel und Santa Agnès. Eine weitere Anfahrtsmöglichkeit ist ab Sant Antoni über den Camí de Sa Vorer, der nach einem Fußballplatz auch zum Camino de Es Broll führt.

Infos und Adressen

SEHENSWÜRDIGKEITEN

Can Cires. Galerie in Sant Mateu mit Ausstellungen regionaler Künstler; ausgezeichnete Regionalküche unter der Regie des Elsässer Küchenchefs Francis und seiner Frau Victoria. Tel. 629/66 89 72, www.cancires.com

ESSEN UND TRINKEN

Bodegas y Viñedos Can Rich de Buscastell S.L. Camí de Sa Vorera s/n, Tel. und Fax 971/80 33 77, www.bodegascanrich.com

Bodega Sa Cova. Tel. 971/18 70 46, www.sacovaibiza.co

Camp Vell. Restaurant mit ibizenkischer Küche vor Sant Mateu. Camí des Turs, Tel. 971/80 50 36

ÜBERNACHTEN

Can Pujolet. Agroturismo, ganzjährig geöffnet, 10 Zi./Suiten nahe St. Agnès, Can Pujolet. Tel. 971/80 51 70, www.ibizarural.com

Es Cucons. Landhotel. April–Okt., 14 Zi./Suiten, nahe St. Agnès, Camí de Pla de Corona. Tel. 971/80 55 01, www.escucons.com

FESTE UND EVENTS

Patronatsfest in Sant Mateu. Jährlich am 21. Sept.

INFORMATION

Touristeninformation Sant Antoni de Portmany. Mai–Mitte Okt. Mo–Fr 10–13.30 und 16.30–19 Uhr, Sa 9–13 Uhr. Winter: Mo–Fr 9.30–14 Uhr, Sa 9–13 Uhr, feiertags geschl., Passeig de Ses Fonts, s/n, Tel. 971/34 33 63, www.santantoni.net

DER WESTEN

18 Santa Gertrudis de Fruitera

Adrettes Dorf mit Kulturfaktor

Die schön hergerichtete Ortschaft ist auch von den nordwestlichen Küsten aus gut zu erreichen und immer einen Ausflug wert: Santa Gertrudis liegt so ziemlich genau in der Inselmitte. Das Dorfzentrum lädt mit vielen Cafés und Bars zum Verweilen ein. Kulturliebhaber schätzen die Auktionen und Antiquitäten, die Gemäldegalerien und das Kunsthandwerk, das hier einige Läden füllt.

Im Umland von Santa Gertrudis wird traditionell Obst angebaut, wie der Beiname »de Fruitera« zeigt. Das 500-Einwohner-Dorf gehört noch zur Gemeinde Santa Eulària des Riu und ist entsprechend beliebt bei deutschen und britischen Residenten. Es liegt so ziemlich exakt im Zentrum Ibizas an der Kreuzung der Straßen, die nach Ibiza-Stadt, Sant Miquel, Sant Llorenç und Sant Mateu/Santa Agnès de Corona (auch Santa Inés genannt) führen. Egal also, in welchem Inselteil man sich gerade aufhält – meist sind es nur kurze Wege bis nach Santa Gertrudis. Von Sant Antoni

Vorangehende Doppelseite: Den Sonnenuntergang genießen in der Cala Conta
Mitte: Kunst auf dem Kirchplatz von Santa Gertrudis
Unten: Das Umland ist von Obstanbau geprägt, wie schon der Name des Dorfes verrät.

MAL EHRLICH

WANDERN BEI SANTA GERTRUDIS?

Man könnte meinen, die ländliche Ortschaft sei wie geschaffen als Ausgangspunkt. Doch das Umland ist recht flach und vor allem von Landwirtschaft geprägt. Die schönsten Touren Ibizas liegen in anderen Regionen – von hier gut zu erreichen (etwa bei Sant Joan oder Sant Mateu). Und für eine anschließende Einkehr auf der Rückfahrt ist Santa Gertrudis top.

Schwelgen und shoppen in Santa Gertrudis

Es lohnt sich ein Bummel durch die ganze Ortschaft, denn einige schöne Plätze liegen außerhalb des stark besuchten Dorfkerns.

Ⓐ **Kreisverkehr am Ortseingang** – Dies ist die beste Möglichkeit, in das Dort abzubiegen, ohne in die Einbahnstraßen zu geraten.

Ⓑ **Wehrkirche Santa Gertrudis Màrtir** – Ein echter Hingucker ist das Gotteshaus mit dem sonnengelben Kirchturm.

Ⓒ **Dorfzentrum mit Carrer de Fruitera** – In der kleinen, neu angelegten Fußgängerzone sind viele Restaurants, Bars und Cafés:
Café Musset gegenüber dem Spielplatz, schön für einen Kaffee mit frischgebackenem Brot am Morgen oder eine Stärkung zwischendurch. Venda de Sa Picassa/Calle S'escola, 8, Tel. 971/197671
Es Canto, ein alteingesessenes Lokal, schön am Kirchplatz gelegen, mit traditioneller Küche, Plaça Església, Tel. 971/197060, sowie einige Bars und Geschäfte wie etwa
The Rose mit moderner Kunst und feiner Mode. Die Boutique befindet sich gegenüber vom Spielplatz. Venda de Fruitera, 2, Tel. 971/197935, Mobil-Tel. 680/955615 oder
La Galeria Elefante, wo es Schönes für das Heim, Mode und Accessoires im Ibiza-Look gibt, Tel. 971/197017
(weitere Tipps siehe Infos S. 125).

Ⓓ **»Schinkenbar« Costa** – Die wohl bekannteste Bar von Santa Gertrudis ist fast schon eine Sehenswürdigkeit, sie zu besuchen ein Muss! Plaça Església, s/n, Tel. 971/197021.

Ⓔ **Casa Todo** – Man trifft sich zu wöchentlichen Auktionen (siehe S. 122).

Ⓕ **Kinderspielplatz** – Nördlich parallel zur Fußgängerzone befindet sich ein idyllischer Platz mit Bänken neben einem ganz schönen Kinderspielplatz. In den kleinen Straßencafés kann man eine kurze Verschnaufpause einlegen.

Ⓖ **La Granja Santa Gertrudis** – Die einzige Molkerei Ibizas hat auch einen Direktverkauf mit Produkten wie Ziegenkäse.

Ⓗ **Parkplatz Carrer Venda de Fruitera** – Wer mit dem Auto kommt, kann hier einen Platz finden (während der Hochsaison kann es eng werden).

Flanieren über die Plaça de l'Església

AUTORENTIPP!

»FAST ALLES« ZU ERSTEIGERN

Was 1973 mit einem kleinen Antiquitätengeschäft begann, ist heute Zentrum eines Netzwerks von Sammlern und Händlern, Käufern und Verkäufern, Liebhabern alter Stücke: zweimal (im Winter dreimal) pro Monat trifft man sich mitten in Santa Gertrudis zu den über die Insel hinaus bekannten Versteigerungen im Casi Todo. Unter den Hammer kommt, wie der Name schon sagt, »Fast alles«: Antikes und Modernes, vom Einzelstück bis zum kompletten Finca-Mobiliar. Die Auktionen werden in der Regel auf Englisch und Spanisch durchgeführt, man spricht darüber hinaus Ibizenkisch, Französisch und Italienisch. Zeitgemäß hat auch das Casi Todo inzwischen einen Online-Shop.

Casi Todo. Shop tgl. 10–14 Uhr (Sept.–Juni); Auktionen (genaue Termine siehe Homepage) im Sommer 1-mal pro Monat, Do ab 20.30 Uhr (Sichtung Mi/Do); Winter 2-mal pro Monat, Fr 15–18 Uhr und Sa 10.30–13.30 Uhr (Sichtung jeweils Do 11–15 Uhr), Carrer Venda de Fruitera s/n, Tel. 971/19 70 23, www.casitodo.com

aus etwa fährt man auf direktem Weg nur 13 Kilometer (über die PMV-804-1 und die davon abzweigende Nebenstrecke PM 812-1).

Autofreies Dorfzentrum

Die schmucken weißen Häuser des Dorfes versammeln sich um die Wehrkirche Santa Gertrudis Màrtir, die von 1786 bis 1796 errichtet wurde. Der Säulengang am Eingang und der heutige Glockengiebel entstammen neueren Zeiten. Die in Barcelona gegossene Glocke trägt die Inschrift: »Die ac nocte non cessabo laudare nomen Domini MDCCCXCIX«, was so viel bedeutet wie »Tag und Nacht werde ich den Namen des Herrn unentwegt preisen«.

In der Ortschaft geht es sehr ruhig zu, da eine Umgehungsstraße den Verkehr weitgehend aufnimmt. Das Dorfzentrum ist ein Platz, an dem man es sich einfach gut gehen lassen kann. Es reihen sich Restaurants, Bars und Cafés, Boutiquen und andere kleine Läden mit Ware von Wert, Touristennepp ist kaum zu finden. Früher waren es wortwörtlich Straßencafés, in denen Einheimische und Inselgäste vor parkenden, von den Sandpisten eingestaubten Autos plauderten, bis der Ortskern im Jahr 2008 vollständig renoviert wurde. Manche mokierten sich darüber, dass er mit der Fußgängerzone an Charme verlor. Dafür ist der Bereich nun autofrei, und die mit Bäumen versehene Carrer Venda de Fruitera ist eine lauschige Meile geworden. Wenn der Tag sich dem Ende neigt, treffen sich Menschen aus allen Inselteilen am in ein warmes Licht getauchten Dorfplatz, genießen einen Sundowner oder ein Abendessen, während die Kinder nach mediterraner Manier bis zu später Stunde auf dem Platz vor den Restaurantterrassen spielen. »Tranquilo« – nur keinen Stress, so pflegt man auch hier das spanische Lebensmotto.

Die »Schinkenbar« Costa

Geblieben sind einige alteingesessene Lokale. Schon fast eine Legende ist die »Bar Costa«, von deutschen Touristen auch »Schinkenbar« genannt; denn von der Decke hängen zahlreiche Schinkenkeulen, aus denen der köstliche Belag für Bocadillos (belegte Brötchen) und andere deftige Leckereien gewonnen wird. Die Innenräume sind urgemütlich, im Winter lodert Feuer in einem Kamin, und die Wände hängen voll mit Kunstwerken. Viele der Gemälde stammen aus der Hippiezeit: Damals konnten Künstler, die kein Geld hatten, hier mit ihren Werken bezahlen und davon eine Weile in Form von Naturalien zehren.

Nach wie vor ist Santa Gertrudis eine Ortschaft, die Kreative anzieht und Gäste, die sich gern mit schönen Dingen umgeben. Sie werden fündig in den Geschäften mit Kunsthandwerk und Galerien. Eine wahre Institution sind die Auktionen im »Casi Todo« (siehe AT S. 122). Auch ist kaum zu übersehen, dass viele Residenten Santa Gertrudis zu ihrer Heimat gemacht haben. Einige von ihnen haben edle Bars und Restaurants mit avantgardistischer Küche eröffnet oder zogen in adrett gestaltete Wohnhäuser ein.

Neben dem offensichtlichen Treiben rund um die »Bar Costa« lohnt sich auch eine Erkundung der eher am Ortsrand liegenden Straßen. Hier sind

Oben: Rund um die Plaça de l'Església gibt es viele nette Cafés und Restaurants.
Unten: Vor allem echtes Kunsthandwerk ist in den Läden von Santa Gertrudis zu finden.

AUTORENTIPP!

BUCHHANDLUNG »LIBRO AZUL«
Eine literarische Oase auf der ansonsten in dieser Hinsicht eher gering bestückten Insel tut sich etwas versteckt in Santa Gertrudis auf. Die Buchhandlung ist ein Überlebensquell nicht nur für deutschsprachige Residenten während der langen Wintermonate, sondern auch für alle, die im Urlaub spontan Lust auf einen besonderen Krimi oder den gerade erschienenen Roman der Lieblingsautorin bekommen. Auch der eigens für »Strandlektüre« eingerichtete Bereich kommt gut an. Außerdem bietet Libro Azul eine große Auswahl an Ibiza-Lektüre, Foto- und Architekturbüchern, Kunst- und Designbildbänden. Weitere Schwerpunkte sind spirituelle Literatur, Bücher zum Thema Kochen und Garten sowie Jugend- und Kinderbücher. Was nicht vorrätig ist, kann kurzfristig bestellt werden. Bis Montagmittag bestellte Bücher sind noch in derselben Woche abholbereit.

Libro Azul. Mo–Fr 10.30–14 und 17–20 Uhr, Sa 10.30–14 Uhr. Carrer Venda de Parada 21, Tel. 971/197454, www.libro-azul-ibiza.com

Perlen zu finden wie eine gut sortierte, internationale Buchhandlung (siehe AT S. 124), Galerien und noch so einige empfehlenswerte Restaurants und Läden. Nördlich parallel zur Fußgängerzone befindet sich ein idyllischer Platz mit Sitzbänken neben einem recht hübschen Kinderspielplatz. In den kleinen Straßencafés davor können Eltern einen Café con Leche trinken, während der Nachwuchs sich austobt (zu erreichen über die nördlich parallel zur Fußgängerzone verlaufende Straße).

Milch aus Santa Gertrudis

Die Landschaft rund um Santa Gertrudis ist geprägt von Landwirtschaft, in der vorwiegend Obst und Gemüse angebaut werden, aber auch Schafe, Ziegen und die einzigen Milchkühe der Insel sind zu sehen – schwarz-weiß gescheckte Holstein-Rinder, die weltweit als leistungsstarke Milchlieferanten im Einsatz sind, haben auch hier nahe der Straße Ibiza-Sant-Joan ein herrliches Terrain zum Grasen gefunden. Es soll aber auch Inselgäste geben, die sie partout nicht entdecken konnten. Bei Santa Gertrudis befindet sich die einzige Molkerei Ibizas mit 20 Hektar Weideland. Die Milch gibt es in den Supermärkten der Insel zu kaufen – als Alternative zu der auf der Insel sonst hauptsächlich verkauften H-Milch. Die frischen Produkte wie zum Beispiel auch handgemachter Ziegenkäse werden auch direkt im Laden der Molkerei verkauft (Tienda de la Granja Santa Gertrudis) sowie etwa im Shop des »Grand Palladium Palace« an der Playa d'en Bossa.

Für Parkmöglichkeiten ist im Dorf übrigens auch gesorgt, unter anderem auf einem großen Platz in der Carrer Venda de Fruitera, Höhe Hausnummer 8. Was Santa Gertrudis nicht hat, ist ein Strand in unmittelbarer Nähe – nun, die Wege an die Küsten sind ja nicht weit …

Infos und Adressen

ESSEN UND TRINKEN

Bacchus. Moderne Küche, auch Tagesmenüs. Carrer Venda de Parada 8, Tel. 652/81 9 80.

La Plaza. Elegantes Restaurant für einen ganz besonderen Abend mit einer großen Auswahl an französischen Gerichten und einem wunderschönen Garten. Plaça de l'Església, Tel. 971/19 70 75.

Destino II. Nach dem Erfolg in Sant Josep eröffnete der Ableger des Restaurants in Santa Gertrudis. Modern inspirierte Tapas mit asiatischen und marokkanischen Einflüssen, ansehnliche Weinkarte. Beim Spielplatz. Calle Venda de Fruitera, 2, Tel. 971/19 79 25.

ÜBERNACHTEN

Agroturismo le Marquis. Das sehr ruhig gelegene Hotel mit Pool und romantischen Gartenbungalows ist der perfekte Rückzugsort für Paare ohne Kinder. Carretera de Santa Gertrudis a Sant Llorenç, km 1, Tel. 971/19 75 58, www.lemarquisibiza.com

Im Café Es Santo weiß man das Leben zu genießen.

Die meisten Läden mit Kunsthandwerk sind im autofreien Bereich zu finden.

Can Guillém. Das luxuriöse Landhotel bezaubert durch eine gelungene Kombination eines modernen Interiordesigns mit der typischen Ibiza-Architektur. Camino de Can Saví, Tel. 971/31 62 04, www.hotelruralenibiza.es

VERANSTALTUNGEN

Patronatsfest. Jährlich am 16. Nov.

EINKAUFEN

Te Cuero. »Ich liebe (dich) Leder!« – Der Laden macht mit einem Wortspiel, abgeleitet von »Te Quiero« (dt. Ich liebe dich) Lust auf Leder: Nur die schönsten Dinge aus dem handverarbeiteten Material. Plaça Església s/n, Tel. 635/11 04 76.

La Granja Santa Gertrudis. Direktverkauf der Molkerei. Sa Plana d'en Vidal s/n, Tel. 971/18 73 87, www.granjasantagertrudis.com

INFORMATION

Ajuntament Santa Eulària des Riu. C/Mariano Riquer, 4, 07840 Santa Eulària des Riu, Tel. 971/33 07 28, www.santaeulalia.net

Mitte: Auch in Santa Agnès de Corona bildet die Dorfkirche den Mittelpunkt des Geschehens. **Unten:** Fast wie Schneeflocken wirken die zarten Mandelblüten.

19 Santa Agnès de Corona

Märchenhafte Mandelblüte

Der Blick ist besonders im Frühjahr fantastisch: Hunderte von weiß und rosa erblühenden Bäumen zieren das liebliche Hochtal Camí Es Plá. Auch ansonsten lohnt sich die Umgebung rund um Santa Agnès de Corona (Kastilisch: Santa Inés): Wanderpfade führen an eine spektakuläre Steilküste. Richtung Sant Antoni sind die Höhlenmalereien der Cova de ses Fontanelles ein archäologisches Highlight.

Zu finden ist das Mandeltal bei einer Anfahrt über die Serpentinenstraße ab Sant Antoni, die schließlich auf ein Plateau führt, das sich Richtung Westen eröffnet. Hier steigt man am besten erst einmal aus – Da und dort gibt es Haltemöglichkeiten am Straßenrand, um das Panorama zu genießen. Oder man folgt dem abzweigenden Camí des Plá de Corona, einer schmalen Nebenstraße, die um die Hochebene führt.

Das Dorf Santa Agnès

Auch Orangen- und Zitronenbäume gedeihen in der Kulturlandschaft aus roter, lehmhaltiger Erde, deren hoher Eisengehalt zur Fruchtbarkeit beiträgt. Dies ist eine der idyllischsten und ruhigsten Gegenden Ibizas, kaum zu glauben, dass das quirlige, im Sommer proppenvolle Sant Antoni nur zehn Kilometer weit entfernt liegt. Mittendrin befindet sich selbstverständlich ein dazu passendes Dörfchen. Wie auf einem Gemälde hineingesetzt, ruht Santa Agnès de Corona in dem ländlichen Ensemble. Eine Kirche aus dem 19. Jahrhundert, umringt von den traditionell weiß gekalkten Häusern, wenigen Bars und einem

Supermarkt – Mehr braucht es hier nicht zum Glücklichsein!

Der Charme der Region blieb natürlich nicht verborgen. So rollen während der Saison auch viele Inselbesucher an – teils mit dem Ibitren, einem kleinen Bummelzug auf Rädern, der in Sant Antoni startet. Auch allen, die solche typisch-touristischen Attraktionen vielleicht nicht so mögen, könnten Gefallen finden an der Fahrt durch die bewaldeten Hügel, vorbei an Lavendelhainen und Wiesen, auf denen Mohnblumen und Bockshornklee gedeihen.

Die Mandelblüte erleben

Zu einer Jahreszeit, in der der Großteil Ibizas in einem tiefen Winterschlaf schlummert, ist in Santa Agnès besonders viel los: Bereits im Januar beginnt die Zeit der Mandelblüte, bis ungefähr Ende Februar ist das Naturschauspiel zu bewundern. Weil das Hochtal voller Bäume steht, ist es hier besonders eindrucksvoll, fast wirkt es, als liege frisch gefallener Schnee auf den Ästen. Da dies grundsätzlich nicht gerade die Reisezeit für Ibiza ist, sind es vor allem Einheimische, die sich bei einem Wochenendausflug oder einer Wanderung erholen, um dann in der »Bar Cosmi« auf einen Wein oder Café solo einzukehren. Das Lokal ist auch wegen seiner herrlichen Aussicht über Dorf und Tal beliebt. Santa Agnès lohnt sich übrigens genauso zu anderen Jahreszeiten, wenn die Bäume sattgrün in der rotleuchtenden Landschaft stehen oder die Mandeln an ihnen reifen.

Küstenpanorama bei Ses Margalides

Der Bereich zwischen Dorf und Küste ist ein wunderschönes Wandergebiet mit einigen ausgeschilderten Touren. Als Parkplatz und Startpunkt bietet

AUTORENTIPP!

CAN TIXEDO

Dort, wo Ibiza noch ganz es selbst ist und manch ein Auswanderer schon seit der Hippie-Ära ein friedvolles Leben lebt, vereint sich Kunst mit kulinarischen Genüssen. Die Wände der restaurierten Finca dienen als Fläche für wechselnde Ausstellungen regionaler Künstler (Termine siehe Homepage, leider nicht immer ganz aktuell). Das dazugehörige »Art Café« lohnt sich zu jeder Tageszeit – sei es für ein ausgiebiges Frühstück vor einer Wanderung, für die hausgemachten Tapas zum Mittagessen oder um abends auf einen Cocktail vorbeizuschauen. Mojitos, Caipirinhas und Daiquiris werden mit frischen Früchten zubereitet. Auf der Gin Tonic-Karte stehen verschiedenen Gins und Tonics, die man selbst kombinieren kann. Die Bodega hält ausgesuchte Weine aus ganz Spanien bereit.

Galerie Can Tixedo. Crta. Sant Rafal-Santa Angès, km 5 / Forada (Kreuzung Forada-Buscastel), Di–So 7.30–0.30 Uhr, Tel. 971/34 52 48, www.cantixedo.com

sich die »Bar Cosmi« an. Von hier gelangt man zum Beispiel zu einem spektakulären Aussichtspunkt an der Steilküste beim Cap Negret mit Blick auf das felsige Eiland Ses Margalides. Diese Tour geht zunächst über den Hausberg (Talaia) von Santa Agnès und ist entsprechend über das Sträßlein Camí de Corona Atalaia de Santa Agnès zu erreichen: Eine Schotterstraße zweigt davon ab, führt über den Hügel und schließlich im Zickzack zum Meer hinab. Von der Straße führen noch einige Pfade zu weiteren Aussichtsplätzen.

Cova de ses Fontanelles

In der Steilküste zwischen Sant Antoni und Santa Agnès verbirgt sich eine erwähnenswerte Höhle: die Cova de ses Fontanelles (Höhle der Quellen) mit noch schwach erkennbaren Felszeichnungen, die wohl aus der Bronzezeit (1000 Jahre v. Chr.) stammen. Zu diesem Schluss kam zumindest ihr Entdecker, der französische Archäologe und Abt Henri Breuil, im Jahr 1917. Heute diskutieren Wissenschaftler darüber, ob die Ritzungen in der ersten punischen Epoche entstanden sein könnten. Die Höhle wird auch Sa Cova des Vi, »die Weinhöhle« genannt, weil Bauern sie als kühlen Weinkeller nutzten. Erreichbar ist sie von der Straße Sant Antoni-Santa Agnès aus über einen verschlungenen Weg (circa zweieinhalb Kilometer) und – etwas einfacher – von der Bucht Cala Salada aus (siehe Kapitel 20).

Oben: Hier lebt man ein ursprüngliches, ruhiges Leben.
Unten: Die Heilige Agnes mit der Corona (wörtlich »Kranz«), dem namensgebenden Heiligenschein.

Infos und Adressen

SEHENSWÜRDIGKEITEN

Cova de ses Fontanelles. Die Felszeichnungen sind zwar nur noch schwach zu erkennen, doch es lohnt sich allein schon wegen des tollen Küstenpanoramas. Sie liegt in einer abschüssigen Stelle zwischen sa Forada und Cap Nono und ist von der Cala Salada aus erreichbar.

Cueva de Avenc de Pouas. Noch eine kleine Höhle nahe Santa Agnès. Camí Corona de Dalt, 3, Sant Antoni de Portmany.

ESSEN UND TRINKEN

Can Cosmi. Ibizenkische Küche, der Renner ist die Tortilla nach altem Familienrezept. Ein Lokal, das Einheimische mögen, herrlich für die Einkehr nach einer Wanderung. Plaça Església, 07828 Santa Agnès de Corona. Tel. 971/80 50 20.

ÜBERNACHTEN

Can Pujolet. Ein Ökotourismus-Hotel mit feiner ibizenkischer Architektur. Ganzjährig geöffnet, 10 Zi./Suiten nahe Santa Agnès, Can Pujolet. Tel. 971/80 51 70, www.ibizarural.com

Einkehr nach der Wanderung

Auch Radsportlern gefällt das hügelige Hinterland.

Es Cucons. Landhotel in einem historischen Anwesen aus dem 17. Jh., mitten im Mandelblütental gelegen, mit paradiesischem Garten. Tolles Massage-Angebot, auch als Yoga-Retreat geeignet. Ganzjährig geöffnet, 14 Zi./Suiten mit herrlichen Ausblicken. Nahe Santa Agnès, Camí des Plá de Corona. Tel. 971/80 55 01, www.escucons.com

FESTE UND EVENTS

Patronatsfest in Santa Agnés. Jährlich am 21. Jan. mit Prozession und Feierlichkeiten.

INFORMATION

Touristeninformation Sant Antoni de Portmany. Mai–Mitte Okt. Mo–Fr 10–13.30 und 16.30–19 Uhr, Sa 9–13 Uhr. Winter: Mo–Fr 9.30–14 Uhr, Sa 9–13 Uhr, feiertags geschl., Passeig de Ses Fonts, s/n, Sant Antoni de Portmany, Tel. 971/34 33 63, www.santantoni.net

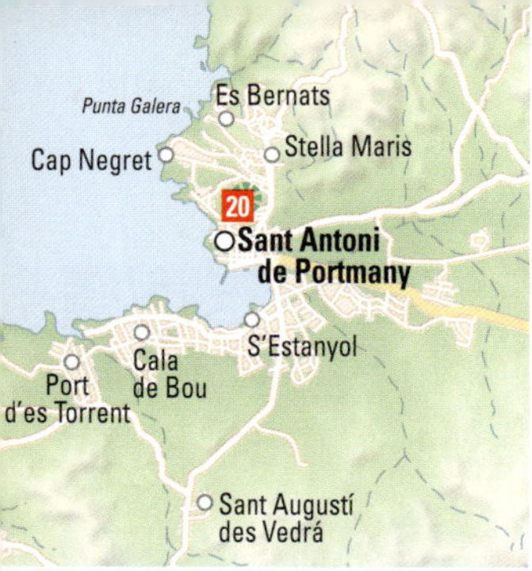

Mitte: Blick auf den Stadtstrand von Sant Antoni de Portmany
Unten: Der mit Palmen gesäumte Passeig de la Mar lädt zum Flanieren ein.

20 Sant Antoni de Portmany

Badeort mit britischem Trubel

Es sind vor allem Urlauber aus Großbritannien, die sich in den Ferienort Sant Antoni verguckt haben. Auch Reisende aus anderen Ländern strömen alljährlich ab Mitte Juni ein – die wohl meisten, um die Sonnenuntergänge an der Küste von Ses Variades zu genießen oder sich in das Nachtleben zu stürzen. Mit rund 24000 Einwohnern ist dies die zweitgrößte Stadt der Insel.

Verständlich, dass die Römer an der Bucht von Sant Antoni Gefallen fanden, dem tiefsten Einschnitt in der Küstenlinie Ibizas, der Schutz bot und zugleich einen weiten Blick auf das westliche Mittelmeer freigab. »Portus Magnus« nannten sie diesen Ort, großer Hafen, das ist noch heute aus dem Beinamen »de Portmany« herauszulesen. Heute reihen sich Hotels entlang der Ufer, viele eilig und lieblos hochgezogen im Zuge des Tourismusbooms

MAL EHRLICH

HOCHSAISON IN SANT ANTONI

Während Ibiza-Stadt mit der hübschen Festungsanlage oder das beschaulichere Santa Eulària auch zur Hochsaison ihre Reize haben, ist Sant Antoni zur wörtlich heißesten Phase des Jahres eher für Urlauber geeignet, die dem feucht-fröhlichen Party-Gedröhne etwas abgewinnen können: Ausnahme: Das Sunset-Spektakel im »Café del Mar« sollte man erlebt haben, doch auch hier kann es dann ziemlich voll werden. Tipp: Picknick und eine Flasche Wein einpacken und in die Nachbarbuchten flüchten!

Rund um die Bucht von Sant Antoni

A Ou de Colómb – Das »Ei des Kolumbus« steht an der Haupteinfahrt im Kreisverkehr.

B Passeig de ses Fonts (auch: Passeig de la Mar) – eine hübsche Flaniermeile

C Hafenmeile – verlängert den Passeig de la Mar

D Wehrkirche – markantes Gotteshaus

E West End – Bars, Kneipen und Nachtclubs

F Calle Salvador Espriu – Hier sind die beiden Diskotheken »Eden« und »Es Paradis« angesiedelt (siehe Infos S. 137).

G Punta de Ses Variades – Die Landspitze mit dem »Sunset-Strip« ist vor allem durch das »Café del Mar« berühmt (siehe Kapitel 21).

H Caló des Moro – Ein Küstenweg führt zu einigen schönen Felsbuchten.

I Cap Blanc – Ein natürliches Höhlenaquarium (siehe Autorentipp S. 133).

J Cala Gració und Cala Gracioneta – zwei romantische Buchten

K Cala Salada – Badebucht mit feinem Sandstrand

L Stadtstrand s'Arenal – Strandpromenade mit herrlichem Blick über die gesamte Bucht

M Punta des Molí – Der Mühlenkomplex an der Landspitze ist ein denkmalgeschütztes Kulturgut.

N Platja Es Pouet – von Hotels dominiert und direkt an der Straße gelegen.

O Platja Estanyol – kleiner Sandstrand

P Port des Torrent – Hier endet der stark von Massentourismus geprägte Küstenstreifen.

Oben: In den nahen Buchten Cala Gracio und Gracioneta scheint die Stadt weit entfernt.
Mitte: Hier kann man es tatsächlich finden: das Ei des Kolumbus.
Unten: An der Plaça de Ses Font kann man auch gut Kaffee trinken.

der 1950er-Jahre, der den Ort wie im Zeitraffer verwandelte: Noch wenige Jahrzehnte zuvor hatten die Einwohner ausschließlich von der Landwirtschaft und der Fischerei gelebt. Die Bausünden von damals prägen das heutige Bild zum größten Teil noch immer. Doch gefällt die lange Strandpromenade, die zu Spaziergängen einlädt oder zum Kaffeetrinken mit Blick über den Hafen, und auch Sant Antoni besitzt einen kleinen Altstadtkern.

Die spanische und ehemals amtliche Bezeichnung für die Stadt lautet übrigens San Antonio Abad – nach dem Namen des christlichen ägyptischen Mönchs Antonius des Großen. Als das Gesetz zur Förderung der Katalanischen Sprache umgesetzt wurde, erfolgte 1986 die Umbenennung in Sant Antoni de Portmany.

Das Ei des Kolumbus

Wer nach dem »Ei des Kolumbus« sucht, wird in Sant Antoni fündig: Es ist das Wahrzeichen der Stadt und steht an der Haupteinfahrt im Kreisverkehr. Im hohlen Kern des Denkmals, als Eigelb sozusagen, ist ein Modell des Schiffes »Santa Maria« zu sehen. Das Ei des Kolumbus (katalanisch: Ou de'n Colómb) wurde 1992 zur 500-Jahr-Feier der Entdeckung Amerikas aufgestellt. Gleich dahinter beginnt der Passeig de ses Fonts (auch: Passeig de la Mar), eine hübsche Flaniermeile mit Palmen, Brunnen, Straßencafés. Hier befinden sich auch das Rathaus und die Touristeninformation, und im Sommer sorgen Musiker für Stimmung. Besonders weiter Richtung Westen, wo sich der breite Boulevard zu einer schmaleren Straße verjüngt, sind einige nette Lokale mit Blick über den Hafen zu finden.

Vom zentralen Passeig de ses Fonts führen viele kleine Straßen in die Innenstadt. Über die Carrer

Ample gelangt man in den historischen Stadtkern mit seiner Wehrkirche. Im frühen 14. Jahrhundert erbaut, zählt sie zu den ältesten Kirchen Ibizas und war zum Schutz vor Piraten mit Kanonen bestückt. Mit ihrem kleinen Vorhof ist sie noch immer so etwas wie eine Bastion, behauptet sich in dem modernen Häusermeer, das von allen Seiten an sie herangewachsen ist. Ein Hauch von Altstadtflair ist zu spüren, wenn man in einem der umliegenden Cafés Platz nimmt oder durch die benachbarten autofreien Gassen schlendert. Einige Geschäfte bieten inseltypische Produkte an wie Ibiza-Mode, Lederwaren, Keramik, Liköre und andere Spezialitäten. Mit dem Charme von Dalt Vila oder Santa Eulària aber kann Sant Antoni keinesfalls mithalten – hier steht nun mal Clubbing im Vordergrund.

Feiern im West End und in S'Arenal

Nachtschwärmer zieht es meist zunächst in das britisch geprägte West End: Bars, Kneipen und Nachtclubs reihen sich aneinander, füllen die Straßen mit Licht und Beats. Die Partymeile umfasst die Carrer de Santa Agnès und einige Nebenstraßen. Zur Hauptsaison fließt der Alkohol in Strömen, und regelmäßig sorgen Urlauber, die volltrunken von einem Hotelbalkon stürzen oder anderweitig Aufsehen erregen, für Schlagzeilen in der Lokalpresse und auch mal erhöhte Polizeipräsenz. Nahe dem Kreisverkehr an der östlichen Hafenseite sind mit dem »Eden« und dem »Es Paradis« (beide Calle Salvador Espriu) zudem zwei der größten Diskotheken der Insel vertreten, bekannt auch für hemmungslose Schaum- beziehungsweise Wasserpartys. Das Publikum entspricht teilweise dem des Ballermann auf Mallorca, zufällig heißt auch der angrenzende Strand S'Arenal genauso wie auf der Schwesterinsel. Hier reihen sich noch weitere Bars entlang der Avenida Dr. Fleming.

AUTORENTIPP!

NATURAQUARIUM CAP BLANC

In den Hohlräumen des Cap Blanc verzaubert ein kleines Aquarium. Es besteht aus fünf felsigen Bassins, in denen sich heimische Meeresbewohner wie Muränen, Plattfische und Rochen tummeln, untermalt von Lichtspielen und klassischer Musik. Ein stimmungsvoller Ort mit der Möglichkeit, die Tiere in ihrem natürlichen Lebensraum zu beobachten. Im zugehörigen Restaurant Sardinadas sitzt man sehr schön mit Blick über das Meer. Einheimische nannten diesen Platz auch Sa Cova de ses Llegostes, die »Langustenhöhle« oder Sa Cova des Peix, die »Fischhöhle«; denn früher lagerten Fischer hier ihre Fänge ein, um sie auf den Märkten von Barcelona und anderen Küstenorten zu verkaufen oder für magere Zeiten aufzubewahren.

Aquarium es Cap Blanc. Mai/Okt. tgl. 10–19 Uhr, Juni–Sept. tgl. 10–22 Uhr, Nov.–April Sa 10–14 Uhr. Carretera Cala Gració s/n (beim Hotel Tanit), Restaurant Sardinadas: Tel. 663/94 54 75; Büro: Tel. 971/34 22 06, www.aquariumcapblanc.com

AUTORENTIPP!

WO WALTER BENJAMIN PHILOSOPHIERTE

Die alte Mühle (1818) auf der nach ihr benannten Punta des Molí birgt ein kleines Kulturzentrum mit Museum. Schon von außen bietet das restaurierte Bauwerk mit dem alten Schöpfrad einen lohnenden Anblick. Den deutschen Philosophen Walter Benjamin inspirierte es zu geistigen Betrachtungen. Im Jahr 1932 mietete er sich ein kleines Haus, das zur Mühle gehörte. Hier verfasste er einige seiner Werke, unter anderem *España 1932* oder *La Serie de Ibiza*, in denen er seine Liebe und seinen Respekt vor der Natur reflektierte. Die Mühle versorgte die Bevölkerung von Sant Antoni sowie der benachbarten Regionen Sant Josep und Sant Agustí noch bis zum Jahr 1929. Sie diente dem Mahlen von Weizen und Gerste, später auch anderen Produkten wie Erbsen und Bohnen oder Hafer für die Tiere.

Kulturraum Punta des Molí. Öffnungszeiten variieren; im Sommer: Di–Sa 10–13 und 18–21 Uhr, im Winter: 10–13 und 16–19 Uhr, in der südöstlichen Bucht von Sant Antoni, Tel. 971/34 45 81.

Zum stilvollen »Vorglühen« geht es an die Punta de ses Variades. Die Landspitze, die Sant Antonis Hauptbucht von der nördlichen Nebenbucht Caló des Moro trennt, ist vor allem durch das »Café del Mar« berühmt (Kapitel 21 S. 138), als Höhepunkt auf dem »Sunset Strip«, einer Promenade mit Meerblick bis zur Inselgruppe von Sa Conillara (La Conejera). In der Nachbarschaft laden noch weitere Szenelokale zum Drink bei spektakulären Sonnenuntergängen ein.

Idyllische Buchten

Auf der anderen, also stadtauswärts gelegenen Seite der Caló des Moro wird es idyllischer. Ein Küstenweg führt zunächst noch an einigem Apartmentanlagen vorbei und dann zu einigen schönen Felsbuchten. Am Cap Blanc befindet sich das nach dem Kap benannte Höhlenaquarium (siehe Autorentipp S. 133). Dahinter folgen die Cala Gració und die Cala Gracioneta, zwei romantische Buchten, verbunden über einen Felsenpfad. Noch weiter nördlich schließt sich die beliebte Badebucht Cala Salada an, von der aus wiederum die Höhle Es Cuilleram (Siehe Kap. 19) zu erreichen ist. Wer genügend Zeit mitbringt und gut zu Fuß ist, kann alles an einem Tag entdecken. Die windgeschützten Buchten lassen sich aber auch direkt mit dem Auto ansteuern (über Abzweigungen der Hauptstraße Richtung Santa Agnès).

Von besonderer Schönheit sind die unzugänglicheren Steilküsten nördlich von Sant Antoni. Hier nisten zahlreiche Vogelarten, darunter der Königsfalke und der aus Madagaskar eingewanderte Eleonorfalke. Zu erleben ist das Naturschauspiel bei Bootstouren (einige Anbieter im Hafen von Sant Antoni sowie in Sant Miguel und Portinatx. Auch zum Wandern ist besonders das nördliche

Küstengebiet ein lohnendes Revier mit Touren, die auch durch das Hinterland mit seinen Feldern und Kieferwäldern führen.

Stadtstrand S'Arenal

Richtung Süden umrundet der gut einen Kilometer lange Stadtstrand S'Arenal die Bucht, begleitet von einer Strandpromenade – ein schöner Spaziergang mit Blick über das Wasser und Sant Antoni. Besonders stimmungsvoll bei Sonnenuntergang, der auch von hier aus schön anzusehen ist mit den Silhouetten der ankernden Boote im Vordergrund. Nach der Landspitze mit dem ethnologisch interessanten Kulturraum Sa Punta des Molí, der als eine der bedeutendsten historischen Stätten Sant Antonis unter Denkmalschutz steht. Es handelt sich dabei um einem Komplex mit traditioneller Ölpresse, Ausstellungsraum und Hafen. Direkt dahinter schließt sich der kleinere Nebenstrand von Es Pouet an, der dicht an der Straße liegt und von Hotels dominiert wird. Dazu gehören auch Ferien-Amüsements wie Wasserski und die obligatorischen Sonnenliegen. Etwas hübscher ist der benachbarte Strand Platja Estanyol, die hinter einem kleinen Pinienwäldchen liegt.

Der Uferstraße weiter folgend setzen sich die touristisch erschlossenen Strände und Buchten fort Richtung Westen bis zur Bucht von Port des Torrent; ein Teil davon gehört bereits zum Gemeindegebiet von Sant Josep. Dies ist eines der am stärksten vom Massentourismus geprägten Gebiete Ibizas, ein Hotel steht neben dem nächsten, in Kolonie mit vornehmlich britischen Pubs und Karaoke-Bars. Im äußersten Westen schließt sich eine wieder ländlichere Region an, die mit Traumbuchten wie der Cala Conta (Platjes de Comte) und der Cala Bassa aufwartet – mit Blick auf die Inseln Conejera und Bosque (siehe Kap. 23).

AUTORENTIPP!

HÖHLENKAPELLE UND »RESTAURANT SA CAPELLA«

Eine Höhle mit besonderem Innenleben befindet sich nahe Sant Antoni: Die Cova Santa Agnès ist eine unterirdische Kapelle, die einer Legende zufolge dank eines Versprechens entstand, das ein Matrose im Jahr 1300 gab, der in Seenot geraten war.
Er flehte die Heilige Jungfrau Santa Agnès an, sie möge das Schiff retten, er werde ihr zum Dank eine Kapelle errichten. Und das Wunder geschah … Wiederentdeckt wurde die Höhlenkapelle im Jahr 1907. Bereits in früheren Epochen diente sie wohl als Kultstätte, bei Ausgrabungen stießen die Archäologen auf Gegenstände aus punischer, römischer und maurischer Zeit. Auf dem Weg zur Kapelle lohnt sich das Restaurant »Sa Capela«.

Cova Santa Agnès. Mo–Fr 9.30–13.30 Uhr (im Sommer, unregelmäßig). Carrer Capella s/n. An der Straße nach Santa Agnès kurz hinter Sant Antoni.
Restaurant Sa Capella de Can Basora. Crta. Sant Antoni–Santa Agnès, km 0,5, Tel. 971/34 00 57.

Infos und Adressen

SEHENSWÜRDIGKEITEN

Ou de'n Colómb. Das »Ei des Kolumbus« steht am Hauptkreisverkehr.

Esglesia de Sant Antoni. Die Wehrkirche ruht an der Plaça de Església inmitten des neuzeitlichen Treibens.

ESSEN UND TRINKEN

Ample 32. Das Restaurant des Hotels Blau Parc ist auch für externe Gäste interessant. Kreative Tapas-Küche. Caló des Moro, Tel. 971/34 81 32, www.ample32.com

Auf dem Markt von Sant Antoni gibt es natürlich auch frischen Fisch.

Ca'n Pilot. Wer auf Gegrilltes steht, sei es Fisch oder Fleisch, sollte auf dem Weg nach Sant Antoni einen kulinarischen Zwischenstopp einlegen. Crta. Eivissa-Sant Antoni, 07816 Sant Rafel. Tel. 971/19 82 93, www.asadorcanpilot.com

Coastline Café. Die internationale Küche ist eher Mittelmaß, doch das Restaurant punktet mit einem Pool und Wasserfall bei herrlichem Meerblick. Hier gibt es zusätzlich GoGos und Shows nach dem Sonnenuntergang. Calle Cervantes 50/Caló des Moro, Bahía Sant Antoni, Tel. 971/34 85 53.

Es Mirai. Thailändisch-indonesisches Restaurant in der Caló des Moro. Carrer Rosalia 28, Tel. 971/80 44 59.

Kanya. Ideal zum Chillen und Vorglühen bei DJ-Musik: Direkt am Knick der Cala des Moro gelegen, bietet die niveauvolle Strandbar bzw. das Restaurant fantastische Blicke auf den Sonnenuntergang. Tel. 634/02 04 95. Tickets/VIP/Events per E-Mail an Mel mel@onesongmanagement.com

Kumharas. Kleines Highlight in der ansonsten weniger attraktiven Cala Bou an der Südseite der Bucht von Sant Antoni. Zum Beachclub gehört ein alter Wehrturm, in den die Bar einzog. Carrer Lugo, 1, 07829 Sant Josep de sa Talaia. Tel. 971/80 55 74, www.kumharas.org

Mint Lounge Bar. Stilvoll Chillen bei einem Cocktail und genussvoll speisen, z. B. hausgemachte Pizzen, Pasta und frische Salate. Mai–Mitte Nov., tgl. 11–23 Uhr, Lepanto, 3, Bahía de San Antonio, Tel. 971/59 59 03.

Sa Flama. Leckere Tapas und mexikanische Küche im Schatten der Pinien oder bei Sonnenuntergang genießen – das geht auch in der idyllischen Bucht mit der Beach Bar Sa Flama. C/Escalo Cala de Bou. Bahía de San Antonio, Tel. 971/34 09 34.

Villa Mercedes. Stilvolles Restaurant beim Club Nàutic. Passeig de la Mar. Tel. 971/34 85 43, www.villamercedesibiza.com

ÜBERNACHTEN

Aparthotel Blau Parc. Am Strand der Bucht Caló des Moro, vier Sterne. Tel. 971/34 81 31.

Fiesta Hotel Tanit. Das Drei Sterne-Hotel befindet sich nahe dem Cap Blanc, und damit sind auch die Wege zum Sunset-Strip kurz. Carretera de Cala Gració, s/n, Tel. 971/34 13 00, www.palladiumhotelgroup.com

Hotel Tropical. Zentrale Citylage und drei Sterne. Calle Cervantes 28, Tel. 971/34 00 50, www.hoteltropicalibiza.com

Ibiza Rocks House at Pikes Hotel. Das coole Landhotel (Richtung Santa Gertrudis) mit Pool gehört zur Beach-Bar Ibiza Rock, gehobene Preiskategorie. Camí de Sa Vorera s/n, 07820 Sant Antoni, Tel. 971/34 22 22, www.ibizarockshouse.com

AUSGEHEN

Eden. Rund 5000 Gäste passen in den zentral gelegenen Club, der auch für seine Schaumpartys bekannt ist. Calle Salvador Espriu s/n, Tel. 971/80 32 39, www.edenibiza.com

Es Paradis. Drei Dancefloors, zehn Bars und Musik für ein breites Publikum. Besonders beliebt: Die Wasserpartys »Fiesta del Agua«, nach Absenken der Tanzfläche entsteht ein Pool. Calle Salvador Espriu s/n, Tel. 971/34 66 00, www.esparadis.com

Ibiza Rocks Bar. Am Stadtstrand S'Arenal, Mainstream-Sound hören und Burger essen. Avinguda Doctor Fleming 6 und ein Ableger in der Playa Den Bossa bei Ibiza-Stadt, www.ibizarocks.com

Itaca Ibiza. Noch einmal die volle Dröhnung am S'Arenal-Strand, und dies gleich auf zwei Stockwerken. Avinguda Doctor Fleming 8, Tel. 971/34 41 43, www.itacaibiza.com

Die Hafenkneipen bieten Logenplätze direkt am Wasser.

Linekers Ibiza. Und wer in den benachbarten Bars wirklich noch nicht genug bekam, kann diese noch mitnehmen. Avinguda Doctor Fleming 12, Tel. 971/34 76 48, www.linekersibiza.com

Ocean Beach Club. An der Südseite der Bucht von Sant Antoni bei der Punta des Moli. Zum Beachclub gehören auch ein Dachgarten und die Lounge-Bar Pearl. Carrer des Molí, 12–14, Tel. 971/80 32 60, www.oceanbeachibiza.com

The orange corner. Bar und Grillrestaurant in S'Arenal. Very british – tagsüber gut zum Chillen, gegen Abend gut zum Vorglühen für die Nachtschwärmertour durch die Diskotheken. Av. Doctor Fleming 2, Tel. 971/34 68 42.

The Zoo Projekt. Outdoor-Partys auf dem Gelände eines ehemaligen Tiergeheges nahe der Stadt. Benimussa Hills, Carre Romani, s/n, 07820 Sant Antoni de Portmany, www.zooibiza.com

AKTIVITÄTEN

Arenal Diving. Tauchbasis, Kurse nach PADI und Ausfahrten, der Service wird unterschiedlich bewertet. Av. Doctor Fleming 16, Tel. 617/28 00 55, www.arenaldiving.com

Ausflugsboote. Touren entlang der Küste und zu den Nachbarbuchten, diverse Anbieter im Hafen.

FESTE UND EVENTS

Patronatsfest in Sant Antoni. Jährlich um den 17. Januar wird der Schutzheilige einige Tage lang gefeiert.

Fiestas de San Bartolomé in San Antoni. Jährlich am 24. Aug. mit großem Feuerwerk.

INFORMATION

Touristeninformation Sant Antoni de Portmany. Mai–Mitte Okt. Mo–Fr 10–13.30 und 16.30–19 Uhr, Sa 9–13 Uhr. Winter: Mo–Fr 9.30–14 Uhr, Sa 9–13 Uhr, feiertags geschl., Passeig de Ses Fonts, s/n, Sant Antoni de Portmany, Tel. 971/34 33 63, www.santantoni.net

Mitte: Stimmungsvolle Plätze für einen Sundowner: an der Punta des ses Variades
Unten: DJ auf dem Sunset-Strip: der passende Sound zum Sonnenuntergang

21 Café del Mar
Wiege des Ibiza-Sounds

Man hört ihn in fast jedem Beach-Club auch in nördlichen Ländern, seine Melodien untermalen so manche Werbung. Die sphärischen Klänge passen zum Rhythmus der wogenden Wellen, zum einmaligen Licht dieser Insel. Mit einem ersten Album 1994 brachte der DJ und Musiker José Padilla den unvergleichbaren Ibiza-Sound auf die Welt. Das Café am Meer, in dem er auflegte, vereint noch heute unterschiedlichste Menschen beim Applaus für die untergehende Sonne.

Ob Ramón Guiral Broto, Carlos Andrea und José Les damals wohl ahnten, wohin ihr Einfall führen würde? Man schrieb das Jahr 1978, als es die drei Aussteiger von den Kanarischen Inseln nach Ibiza verschlug, wo sie sich im Nachtleben von Sant Antoni austobten. Die felsige Punta de Ses Variades war wie geschaffen, um sich einzustimmen bei einem Drink, wenn die Sonne das Meer glutrot färbte. Der perfekte Platz für ein Musikcafé, beschlossen die drei, wie es sonst auf der Insel

MAL EHRLICH

ANDERE PLÄTZE

Das »Café del Mar« ist und bleibt das Original, nur kann es während der Saison schwer sein, einen Platz auf der Terrasse zu finden. Da die Sonnenuntergänge genauso auch von nebenan ein Erlebnis sind, kann es entspannter sein, auf eines der Nachbarlokale auszuweichen oder einfach ein Plätzchen in den Felsen abseits zu suchen und sich etwas zum Trinken mitzubringen.

noch nicht zu finden war, zur chilligen Einstimmung auf lange Nächte.

Es begann mit »Volumen Uno«

Zwei Jahre später eröffnete das von dem katalanischen Architekten Luis Güell gestaltete Lokal, in dem regelmäßig DJs auflegten, darunter einer, der heute als Begründer des Ibiza-Sounds gilt: José Padilla, geboren 1955 in Barcelona, war als 20-Jähriger nach Ibiza gezogen, um in den schon damals bekannten Clubs wie Pacha und Space aufzulegen. Ab 1991 war er Resident-DJ im »Café del Mar«, dessen Namen er seine ersten Kompilation widmete: 1994 erschien das Album »Café del Mar Volumen Uno (vol. 1)«, eine Sammlung sphärischer Stücke von ihm und anderen Musikern. Jahr für Jahr kam mindestens eine Kompilation hinzu, und so war es nur konsequent, in Sant Antoni das eigene Musik-Label Café del Mar Music zu gründen, bei dem die Alben ab 1998 und Volumen 5 (Cinco) 1998 erschienen. Mittlerweile sind mehr als 30 Kompilationen mit insgesamt rund 500 Stücken, und der Ibiza-Sound hat längst die Welt erobert.

José Padilla legte noch bis 1997 selbst im »Café del Mar« auf und gab dann an seinen Nachfolger Bruno Lepretre ab, heute bekannt als »Bruno from Ibiza«. Ein Aufschrei, der durch die Fangemeinde ging, verebbte bald, nachdem der Neue bewiesen hatte, dass er der Sache würdig ist. Acht Jahre blieb Bruno der DJ des Hauses und führte die Reihe der Kompilationen weiter.

Applaus für die sinkende Sonne

Das kleine Café mit der Terrasse in den Felsen entwickelte zu einer Open-Air-Location, deren Gäste heute an Sommerabenden die komplette Land-

AUTORENTIPP!

SHOP IM CAFÉ DEL MAR

Zum »Café del Mar« gehört auch ein kleiner Shop, in dem unter anderem alle erschienenen Alben der Kompilationen-Reihe verkauft werden. Drumherum: Natürlich viel Merchandising auch mit Souvenirs, die der Mensch nicht unbedingt braucht. Doch es lohnt sich, einmal zu stöbern, denn man bekommt hier auch die original spanischen Editionen der CDs, und das ist eine besonders schöne Erinnerung an Ibiza. Inzwischen sind die Compilations und Soundtracks auch weltweit in Franchising-Läden erhältlich, und doch kann nichts das persönliche Chillout-Erlebnis ersetzen, das ein jeder mit den Sunset-Events im legendären Café del Mar verbindet.

Cafe del Mar – Shop.
Calle de Lepant, 4, 07800 San Antonio de Portmany. Tel. 971/34 25 16, info@cafedelmarmusic.com

Oben: Einige der Bars sind in jeder Hinsicht auf Chillen eingestellt.
Unten: Die Sonnenuntergänge sorgen für gebührenden Applaus.

spitze in einen Festivalplatz verwandeln – und damit den an sich nicht so attraktiven Strandabschnitt in einen besonderen Ort. Mehrere Tausend kommen an manchen Tagen zum Sunset-Strip, das Happening verteilt sich inzwischen auch auf die benachbarten Bars und Restaurants wie das »Café Mambo«. Traditionell brandet in der Menge Applaus auf, sobald der glutrote Sonnenball im Meer versunken ist. Was die einen albern finden, kann man auch als Ode und Dank an die Natur sehen, die jeden Abend wieder für solch ein berührendes Schauspiel sorgt.

Das »Café del Mar« beginnt am Osterwochenende seine Saison und hat bis Ende Oktober geöffnet. Neben dem regulären Betrieb gibt es besondere Partys, die auf der Homepage angekündigt werden. Viele kommen wegen der Terrasse und des Sunset-Spektakels, doch es lohnt sich, auch einmal zu ruhigeren Uhr- oder Jahreszeiten das Café zu besuchen und den architektonisch schön gestalteten Innenbereich zu beachten, in Blau-Weiß gehalten, mit Statuen und barockgleichen Schnörkeln und gemütlichen Sitzecken. Hier werden auch Speisen von Sushi bis Pizza serviert (Reservierung erforderlich und Mindestverzehr).

Ableger in anderen Ländern

Die großen Jubiläen wie das 25-jährige Bestehen im Jahr 2005 werden mit einer großen Festivalbühne am Meer gefeiert. Das Jahr 2015 bringt gleich drei CDs mit insgesamt 39 Tracks hervor. Die von Toni Simonen ausgewählte Compilation bereichern Art of Noise, John Williams, Moby, M83, Nightmares on Wax, Bliss und viele andere. Unterdessen hat das »Café del Mar« auch Nachwuchs bekommen, unter anderem auf Lanzarote. Und seit Frühjahr 2014 gibt es einen Ableger in Magaluf im Südwesten von Mallorca.

Infos und Adressen

ESSEN UND TRINKEN

Café del Mar. Das Original. Es wird empfohlen, mindestens 1,5 Stunden vor Sonnenuntergang da zu sein, um noch einen Platz ohne Reservierung zu bekommen. Tische in der vordersten Reihe mit Meerblick erfordern einen Mindestverzehr von 45 € p. P. Av. Juan Carlos I, s/n, Tel. 971/31 05 09, April–Ende Okt., tgl. ab 11 Uhr bis spät in die Nacht, Reservierungen bis 20 Uhr: Tel. 648/97 85 66, www.cafedelmarmusic.com

Café Mambo. Musik vom DJ und Warm-up-Partys. Von Vormittags bis spät in die Nacht geöffnet. Calle Vara de Rey 70, www.cafemamboibiza.com

Golden Buddha Lounge Club. Beim Café del Mar. Im Restaurant gibt es britisch inspirierte Tapas. Carrer Rosalia 35/Caló des Moro, Tel. 971/34 56 33, www.goldenbuddhaibiza.com

Sushi Mambo Restaurant. Sashimi und Maki verspeisen oder/und einen Cocktail trinken auf dem Sunset Strip. Calle General Balanzat, 3, Tel. 971/59 67 67.

Savannah. Beach Club beim Café del Mar. Carrer del General Balanzat, 38, Tel. 971/34 80 31.

ÜBERNACHTEN

Es Mitjorn. Nur 150 m vom Freizeithafen entfernt, stilvoll renoviert und relativ günstig. Das kleine familiengeführt Hotel bietet 18 Zimmer im ibizenkischen Stil. Metge Mateu Gasull 2, San Antonio, info@esmitjorn.com, Tel. 971/34 09 02, www.esmitjorn.com

Kanya Apartments. Wer zusammen mit Freunden einen Logenplatz am Strand ergattern will, sollte früh im Voraus reservieren, die Luxusapartments sind schnell ausgebucht. Tel. 634/02 04 95. Hotelbuchung: info@kanyabeachapartments.com

INFORMATION

Touristeninformation Sant Antoni de Portmany. Mai–Mitte Okt. Mo–Fr 10–13.30 und 16.30–19 Uhr, Sa 9–13 Uhr. Winter: Mo–Fr 9.30–14 Uhr, Sa 9–13 Uhr, feiertags geschl., Passeig de Ses Fonts, s/n, Sant Antoni de Portmany, Tel. 971/34 33 63, www.santantoni.net

Es lohnt sich, auch einmal früher da zu sein – dann findet man noch Platz an der Punta de ses Variades.

22 Sant Rafel

Das unscheinbare Töpferdorf

Das Häuflein Häuser nahe Sant Antoni bildet einen ruhigen Kontrast zum Treiben in der Party-Stadt. Zumeist moderne Gebäude, eine Kirche, natürlich in strahlendem Ibiza-Weiß – Ist dieses Dorf genauso wie manch ein anderes auf der Insel? Nicht ganz, denn Sant Rafel (kast. San Rafael) wurde zum Gebiet von kunsthandwerklichem Interesse erklärt. Hier sind die besten Keramiker der Insel zu finden.

Sant Rafel, mitunter auch erwähnt mit dem Beinamen »de sa Creu« oder (seltener) »de Forca«, liegt ungefähr auf halber Strecke von Sant Antoni nach Ibiza-Stadt. Um in das parallel liegende Dorf zu gelangen, verlässt man die Autobahn-ähnliche Hauptstraße. Die Ortschaft wirkt neu gewachsen und recht pragmatisch, viele nutzen sie auch als Zwischenstopp, um im Supermarkt einzukaufen oder Bargeld am Automaten abzuheben. Weniger als 500 Einwohner leben in Sant Rafel selbst, hinzu kommen fast 2000 im Umland.

Zona de Interés Artesanal

Und doch hat Sant Rafel etwas Besonderes zu bieten, nämlich als einziges Dorf Ibizas den offiziellen Titel: Zona de Interés Artesanal, was so viel bedeutet wie »Gebiet von kunsthandwerklichem Interesse«. Es verdankt ihn den Töpferwerkstätten, die sich hier angesiedelt haben und unter anderem Keramik nach karthagischer Art herstellen, also wie vor mehr als 2000 Jahren. Inzwischen leider reduzierter, ist das Handwerk noch mit zwei Werkstätten im Ort und Verkaufsständen entlang der Landstraßen vertreten.

Mitte: Eine der beiden noch gebliebenen Töpferwerkstätten ist Icardi Ceramica.
Unten: Wahre Handwerkskunst: der Keramiker bei der Arbeit

Esglesia de Sant Rafel

In exponierter Hügellage, mit Blick bis auf die Inselhauptstadt und das Meer, präsentiert sich die Kirche von Sant Rafel. Zwischen 1786 und 1793 erbaut, zählt sie nicht zu den mittelalterlichen Wehrkirchen. Der einschiffige Sakralbau ist unauffällig, abgesehen von dem charakteristischen, pyramidenförmigen Glockenturm mit einer kleinen Kuppel und dem herrlichen Panorama, das sich von hier aus bietet.

Sant Rafel lohnt sich auch zum Essengehen. Neben bei Einheimischen besonders beliebten ibizenkischen Restaurants und Bars sind einige Lokale mit exotischerer Küche vertreten. Das noch recht junge Restaurant »Es Tancó« erhielt einen Preis für das am schönsten renovierte Gebäude. Zu Sant Rafel gehören außerdem die beiden edlen Szene-Restaurants »El Ayoun« und »La Maison de l'Eléphant«, in denen man hervorragend speist oder sich auf einen Cocktail an der Bar trifft, liegt die Ortschaft doch auch nahe den größten Insel-Discos und ist damit wie geschaffen, um den Abend einzuläuten.

Ein Ort für Pferdenarren

Etwas außerhalb des Dorfes befindet sich die neuere der beiden Trabrennbahnen Ibizas (nach Sant Jordi), das Hipodrom de Sant Rafel. Ganzjährig sorgen Pferderennen für Spannung, ein Event, das vor allem Einheimische besuchen, obwohl es auch für Urlauber interessant ist. Pferdenarren gefällt außerdem das große Gestüt Yeguada Los Olivos an der Hauptstraße. Es wurde von Don Miguel Munoz Munoz, dem Großvater des heutigen Eigentümers, im sevillanischen Dorf Cantilla del Rio gegründet, um Pferde und Maultiere für das Spanische Militär in Afrika zu liefern, und zog schließlich nach Ibiza um. Gezüchtet werden die beiden Linien Bahones und Pura Raza Española.

Infos und Adressen

ESSEN UND TRINKEN

Es Tancó. Das Restaurant bietet traditionelle Gerichte mit modernem Touch. Av. Is. Macabich, 9, Tel. 971/19 85 99.

El Ayoun. Orientalische Küche vom Feinsten; mit Bar und Boutique. A. Is. Macabich, 6, Tel. 971/19 83 35; VIP-Tel. 618/34 50 74, www.elayoun.com

La Maison de l'Eléphant. Mediterran-internationale Küche, schicke Rooftop-Lounge. Plaça de Esglesia, Tel. 971/23 81 78, www.elephant-ibiza.com

AKTIVITÄTEN

Hipodrom de Sant Rafel. Trabrennbahn nahe dem Dorf, mit Restaurant. Tel. 971/19 85 61. www.hipodromsantrafel.com

Gestüt Yeguada Los Olivos. Ctra. Eivissa–San Antoni, km 6,2, Tel. 971/31 73 65, www.yeguadalosolivos.com

EINKAUFEN

Cerámicas Icardi. Mo–So 10–20 Uhr, an der Ortsausfahrt Richtung Sant Antoni, Av. Is. Macabich, 42 (Can Ferrerer), Tel. 971/19 81 06.

Cerámicas Can Kinoto. Mai–Okt., Mo–So 10–20 Uhr, Nov.–April Mo–So 10–13 und 15–19 Uhr, Av. Isidor Macabich, 44, 07815 Sant Rafel, Tel. 971/19 82 62, www.cankinoto.com

Mitte: Speisen mit fantastischem Meerblick: in der Cala Conta
Unten: Zum Greifen nah scheint die Inselgruppe um Sa Conillera.

23 Strandparadiese im Inselwesten

Von der Cala Bassa bis zur Cala Tarida

Während die zugebauten Stadtstrände von Sant Antoni Geschmackssache sind, eröffnen sich weiter westlich kleine Paradiese. Cala Conta (Katalanisch: Cala Comte) und Cala Bassa sind hübsche, von Klippen gerahmte Sandbuchten mit Sicht auf die Insel Sa Conillera (kast.: La Conejera). Bei Familien besonders beliebt ist die Cala Tarida, die auch ein breites Programm an Wassersport und anderen Aktivitäten bietet. Dazwischen verstecken sich noch kleine Perlen.

Sich von Sant Antoni aus nähernd, können Naturfreunde ungefähr ab Port Es Torrent aufatmen: Das zugebaute Areal lichtet sich wieder und macht dem ländlichen Ibiza Platz, wobei dieser Inselteil weniger von Agrikultur geprägt ist und mehr von einer etwas verwilderten Küstenlandschaft mit Pinien und Sabina-Büschen, auch Sadebäume genannt, einer Untergattung wacholderartiger Zypressengewächse. Schnell ist spürbar, dass hier das Strandleben überwiegt.

MAL EHRLICH

KOSTSPIELIGE STRANDBARS

Besonders für eine Familie kann das Mittagessen ganz schön das Reisebudget schröpfen, zumal einige der Beach-Lokale den »Touristenzuschlag« erheben. Wer Geld sparen möchte, hält auf dem Weg zum Strand am Supermarkt – ein paar gekühlte Getränke, Bocadillos (Baguettes), Käse und Schinken, etwas Obst und fertig ist ein köstliches Piratenpicknick!

Buchten-Hopping im Nordwesten

Auch die Traumbuchten im Nordwesten liegen so dicht beieinander, dass sie sich wunderbar bei einer Wanderung verbinden lassen. Wer weniger laufen möchte, kann sie über kurze Verbindungen auch nacheinander mit dem Kfz ansteuern. Besonders reizvoll ist es, die Region mit dem Ausflugsboot zu erkunden. Touren starten zum Beispiel im Hafen von Sant Antoni. Auch Tauchschulen steuern diesen Küstenbereich an (z. B. ab der Cala Vedella).

Ⓐ **Port Es Torrent** – Ab hier lichtet sich die Bebauung und macht einer Küstenlandschaft mit Pinien und Sabina-Büschen Platz.

Ⓑ **Cala Bassa** – Diese malerische Bucht ist von Sant Antoni aus am besten zu erreichen.

Ⓒ **Cala Conta (Cala Comte)** – Gleich mehrere kleine Traumbuchten und von rötlichen Felsen gerahmte Sandstrände mit Blick auf die Inseln Conillera (Conejera) und Bosque. Die zwei herrlichen Sunset-Restaurants Ashram und S'Illa des Bosc (siehe Infos S. 149) bieten großzügige Parkplätze; die Zufahrtspiste zum eleganteren Panoramarestaurant S'Illa des Bosc ist jedoch etwas holprig.

Ⓓ **Cala Codolar** – kleine Badebucht mit der vorgelagerten Insel Illa de s'Espart, die über die Cala Tarida erreichbar ist. Über dem nur 50 Meter langen Sandstrand erhebt sich die Clubanlage des Calimera Delfin Playa. Von der Poolterrasse hat man einen Blick bis nach Es Vedrà. Drei Sterne Superior, all inclusive. Cala Codolar, s/n, Tel. 971/19 52 00, www.calimera.de

Ⓔ **Cala Llentia** – schön für eine Küstenwanderung mit Blick bis nach Es Vedrà.

Ⓕ **Sportboothafen Coral Mar (Cala Corral)** – geschützter Platz für einige Boote.

Ⓖ **Cala Tarida** – Hier nimmt die Bebauung wieder überhand, doch der Strand ist wunderschön.

Strandgenuss an der Cala Bassa

Oben: Sonnenliegen, Schirme und Wassersport: In der Cala Bassa gibt es alles.
Unten: Den Sonnenuntergang vom Strand der Cala Conta aus genießen …

Cala Bassa: Fun für jedermann

Nur ungefähr zehn Minuten fährt man mit dem Auto ab Sant Antoni, um die erste der Traumbuchten zu erreichen, auch eine Fähre steuert sie während der Saison regelmäßig an: Die Cala Bassa verführt mit einem hellen Sandstrand, ungefähr 300 Meter breit, und klarem Wasser, das in Ufernähe seicht genug und damit für Kinder gut geeignet ist. Mit einem großen Parkplatz und Holzbohlenwegen hat sie auch einen barrierefreien Zugang. Am Strand stehen Duschen, Toiletten und Umkleidekabinen zur Verfügung, und es gibt Sonnenliegen für ein bis drei Personen. Wer sich auf dem Meer bewegen möchte, kann zwischen rasanten Jetskis, beschaulichen Tretbooten oder Spaßgeräten wie dem Bananaboat wählen.

Mehrere Restaurants und kleinere Strandbars sorgen dafür, dass man sich nicht unbedingt ein Picknick einpacken muss – wenn auch dies trotzdem eine schöne Idee ist, um ganz in Ruhe in einer der felsigen Nischen etwas abseits des Trubels zu speisen. Das Angebot der Lokale reicht von einfachen Snacks über traditionell-mediterrane Küche bis hin zum noblen Fusion-Cooking und Sushi im Cala Bassa Beachclub (siehe AT S. 148). So ist die Cala Bassa ein Platz, an dem sich jeder wohlfühlen kann, wobei natürlich zu berücksichtigen ist, dass der Andrang in den Hauptmonaten Juli und August groß ist. Für einen Spaziergang lohnen sich die schattigen Pinienwälder rund um die Bucht. Richtung Westen führen mehrere Sandpfade über die Landspitze Cap de Cala Bassa in eine ruhigere, tief eingeschnittene Nachbarbucht, die das Cap zusammen mit der Punta de sa Torre bildet. Letztere ist benannt nach dem Wehrturm Torre de Rovira, der auch ein schönes Wanderziel abgibt.

Cala Conta: Naturparadies mit Inselblick

Auf der westlichen Seite der Punta de sa Torre reihen sich die für viele schönsten Buchten dieser Region. Wenn auch oft von der (einen) Cala Conta die Rede ist, so sind es doch mehrere kleine Buchten und feinsandige Strände, die dazu gehören. Hier haben die rötlichen Felsen zahlreiche Sonnenterassen gebildet, auch finden sich so einige verschwiegene Plätzchen, unter anderem eine kleine Bucht, die über eine Steintreppe zu erreichen ist. Am Hauptstrand indes dominiert das typische Strandleben mit Sonnenliegen und mehr Trubel. Auch zwei Strandrestaurants gibt es, eines davon mit gehobener Küche.

Besonders an der Cala Conta ist die Sicht auf die Inseln Sa Conillera (kastilisch: La Conejera) und Bosque atemberaubend bei Sonnenuntergang. Das Farbenspiel mit dem klaren Türkis ist einmalig, und für Taucher sind die Inseln ein attraktives Revier. Für seine ausgesprochen gute Wasserqualität erhielt der Strand bereits die Blaue Flagge, wie übrigens mehrere Strände auf Ibiza. Auch die Cala Conta ist an den öffentlichen Nahverkehr (Linienbus) und die Fährverbindung angebunden. Wer mit dem Auto kommt, findet Parkmöglichkeiten auf dem Felsplateau. Zu erreichen ist die Bucht mit dem Pkw von der Straße Richtung Sant Josep aus: kurz vor dem Dorf Sant Agustí geht es zur Cala Conta.

AUTORENTIPP!

ZEIT UND RAUM

Seit Frühjahr 2014 krönt ein Arrangement aus Steinsäulen die Küste oberhalb der Bucht Cala Llentia. Der australische Künstler Andrew Rogers Creek errichtete eine riesige Sonnenuhr. Die Skulptur »Zeit und Raum« besteht aus 13 Monolithen, die in einem Radius von 24 Metern aufgestellt wurden. Jeder hat eine goldfarbene Spitze, die das Sonnenlicht reflektiert. Von dieser halb futuristisch, halb archaisch wirkenden Skulpturenformation aus ist im Westen die »magische« Inselgruppe um Es Vedrà zu erkennen, und im Osten rundet die Bergkette Sa Talaia die beeindruckende Kulisse ab.

Zeit und Raum. Cala Llentia. Zu erreichen von der Cala Compte/Cala Codolar oder Cala Tarida aus über Straßen oder Wanderpfade.

Die Cala Conta lädt zum Relaxen ein.

AUTORENTIPP!

CALA BASSA BEACH CLUB

Unter den vielen Strandlokalen in den Buchten gibt es ein besonders erwähnenswertes: Der »Cala Bassa Beach Club« (auch: Restaurante CBbC) bietet außergewöhnliche Gaumenfreuden mit Fusion-Küche und Sushi bei angenehmer Lounge-Musik von wechselnden DJs. Fast Food auf höchstem Niveau wird im CBbC Snack kredenzt, allerdings nur bis 20 Uhr, ebenso wie im legeren Chiringo. Zu den vier unterschiedlichen Gastronomie-Konzepten gehört außerdem die exklusive Taittinger-Lounge für das VIP-Publikum. Für das komplette Verwöhn- und Relax-Programm kann man sich zuvor eine Massage oder ein Bodytreatment gönnen.

Cala Bassa Beach Club. Mai–Okt, Restaurant und Sushi.
12.30–0 Uhr, Tel. 971/34 38 17,
Chiringo. 10–20 Uhr, Tel. 971/80 56 39,
Snack. 10–20 Uhr, Tel. 902/30 04 44,
Büro Tel. 971/34 26 61,
VIP Tel. 683/10 83 43
www.calabassabeachclub.com

An der Cala Bassa kommt Urlaubsfeeling auf.

Cala Codolar und Cala Llentia

Südlich der Cala Conta befindet sich mit der Cala Codolar noch eine kleine Bucht. Rund 70 Meter breit, liegt sie fast vis-à-vis der weiteren Insel Illa de s'Espart. Sie wird vom »Club Calimera Delfin Playa« dominiert. Einige Strandliegen und ein Beachlokal sorgen auch hier dafür, dass die touristischen Grundbedürfnisse gedeckt sind. Die felsige, noch weiter südliche Nebenbucht heißt Cala Llentia und ist aufgrund der steilen Ufer eher etwas für eine Küstenwanderung – von oben hat man einen schönen Blick auf die Inseln, und Richtung Süden sieht man das Eiland Es Vedrà hinter der Steilküste hervorlugen. Seit Frühjahr 2014 sorgt hier eine große Sonnenuhr für besondere Eindrücke (siehe AT S. 147). In der nächsten kleinen Bucht Cala Corral befindet sich der Sportboothafen Coral Mar mit einigen Liegeplätzen.

Cala Tarida: Familienspaß

Bei der Anfahrt mag manch einer, der wenig von Cluburlaub und Pauschaltourismus hält, noch den Kopf schütteln, denn die Verstädterung der Cala Tarida besteht aus einer entsprechenden Infrastruktur. Hotels und Apartmentanlagen sowie Supermärkte und touristische Einkehrmöglichkeiten bedecken das Plateau. Der weitläufige Strand unterhalb der Steilküste aber gefällt dann doch den meisten – davon abgesehen vielleicht, dass auch hier im Sommer der Bär los ist. Das Antlitz des Naturstrandes, wie seine Nachbarbuchten mit hellem Sand, felsigen Bereichen und in klarem Türkis leuchtenden Wasser, wurde weitgehend bewahrt. Sehr flach ins Meer abfallend und mit geringer Brandung ist er ein Paradies für Familien. Einige nur schwimmend zu erreichende Inselchen bieten Rückzugsplätze. Auch die Cala Tarida ist mit dem Bus ab Sant Antoni oder über die Straße nach Sant Josep zu erreichen.

Infos und Adressen

ESSEN UND TRINKEN

Sunset Ashram. Kein indisches Kloster (Ashram), sondern ein Paradies auf den Klippen der Cala Conta mit Blick auf die Inselgruppe. Bar und Restaurant, Musik vom DJ. Fantastisch für Sonnenuntergänge. Crta. Cala Conta s/n, Tel. 971/80 66 31, www.sunsetashram.com

Ses Eufabies. Restaurant in wunderschöner Lage am Strand der Cala Tarida. Fleisch, Fisch, Pasta und Tagesgerichte. Crta. de Cala Tarida s/n, Tel. 971/80 63 28, www.eufabies.com

Restaurant S'Illa des Bosc. Gehobene ibizenkische Küche auf einem kleinen Plateau am Strand über der Cala Conta. Hier bekommt man auch den traditionellen Fischeintopf Bullit de Peix und Paellas vom Feinsten, vornehm am Tisch serviert. Carretera Cala Conta s/n, Tel. 971/80 61 61, www.silladesbosc.com

ÜBERNACHTEN

Insotel Club Cala Tarida. Vier-Sterne-Anlage in der Cala Tarida. Pauschal buchbar über die gängigen Reiseveranstalter. www.insotel.com

Die Buchten bieten Strandlokale für jeden Geschmack.

Das dürfte ein guter Tropfen sein.

AKTIVITÄTEN

Orcasub. Alteingesessene Tauchbasis in der Cala Tarida. Ausbildung nach PADI und Boots-Tauchgänge, Verleih von Equipment usw. Attraktives Tauchgebiet. Cala Tarida s/n, Tel. 971/80 63 07, Mobil-Tel. 657/55 71 43, www.orcasub.es

Wasserspaß. In den Buchten gibt es zudem ein breites Wassersport-Angebot (Jetski, Tretboote usw.).

INFORMATION

Touristeninformation Sant Josep. Mai–Okt. Mo–Sa 9.30–13.30 Uhr. Plaça Església s/n, 07830 Sant Josep de sa Talaia, Tel. 971/80 16 27.

Mitte: Trägt auch den inoffiziellen Titel »das schönste Dorf Ibizas«: Sant Agustí.
Unten: Von innen betrachtet ist es eine ganz normale Kirche.

24 Sant Agustí des Vedrà

Eine ungewöhnliche Kirche

Das zur Gemeinde von Sant Josep gehörende Dorf ruht sieben Kilometer südlich von Sant Antoni im hügeligen Hinterland. Malerisch ist der Anblick der weißen Häuser, die sich an den Berghang schmiegen, einen kleinen Ausläufer des Puig d'en Lluc. Hier ist die Welt noch in Ordnung – der Spruch passt in diesem Fall. Zur Dorfkirche gibt es eine besondere Geschichte.

Ibiza besitzt viele schöne Dörfer, Sant Agustí aber sticht noch hervor. Die ursprüngliche Architektur blieb weitgehend erhalten. Die Kirche mit dem Pfarrhaus, ein alter Turm und die charakteristischen Bauernhäuser bilden ein liebevoll gepflegtes Ensemble, das sich äußerst fotogen in die Landschaft fügt. Kein Neubau, schon gar keine Bausünde trübt den Anblick. Rundherum verteilen sich Felder, die teils auch dem Weinanbau dienen, und einige bewaldete Hügel. Und dennoch sind die Wege zu den Strandbuchten Cala Tarida und Cala Conta (siehe Kapitel 23) kurz.

Kirche ohne Ostung

Die schlichte Kirche (frühes 19.Jahrhundert) wirkt unschuldig, und auf den ersten Blick gleicht sie den anderen Inselkirchen. Doch sie ist etwas Besonderes, was auf eine aus heutiger Sicht amüsante Geschichte zurückzuführen ist: Anders, als bei Gotteshäusern üblich, ist ihr Schiff nicht geostet, also nicht nach Osten ausgerichtet – zur aufgehenden Sonne als Sinnbild der Auferstehung Christi –, sondern nach Westen. Das liegt an einer, so wird vor Ort berichtet, Streitigkeit unter den Familien, die sich nicht einigen konnten, auf welchem ihrer Grundstücke die Kirche ihren Platz finden sollte. Man fand einen friedlichen Kompromiss: Die Esglesia de Sant Agustí steht nun genau an der Grenze, und damit gleichermaßen auf beiden Grundstücken, weshalb es schwierig gewesen wäre, auch noch eine Ostung mit unterzubringen.

Genießen am Dorfplatz

Der Dorfplatz mit der abends beleuchteten Kirche ist auf jeden Fall einen Besuch wert, zumal sich hier ein empfehlenswertes Restaurant befindet: Das »Ca'n Berri Vell« ist unter anderem für seine Spezialität Kaninchen inselweit bekannt. In Sant Agustí und Umgebung leben, genauso wie im benachbarten Sant Josep, recht viele Residenten aus Deutschland. Bis 2005 gab es hier auch eigens eine Schule namens Can Blau, in der neben Spanisch auch Deutsch unterrichtet wurde. Schon Ersteres ist ungewöhnlich für Ibiza, ist doch die Amts- (und damit in der Regel auch die Unterrichtssprache) Katalanisch. Das Can Blau wurde mangels Schülern geschlossen.

Ein lohnender Zwischenstopp

Von Sant Augustí sind es über die PM 803 nicht einmal vier Kilometer bis nach Sant Josep (siehe Kap. 25), so lassen sich die beiden Ortschaften auch bei einer Tour verbinden. Mit seiner zentralen Lage im westlichen Inselteil ist das Dorf außerdem ein schönes Etappenziel: sei es zum Einkehren nach einer Wanderung rund um Sant Josep, nach einem Strandtag in der Cala Tarida oder als Stopp auf der Durchreise Richtung Sant Antoni. Das Gourmetrestaurant »Soul Kitchen« ist allein schon wegen des Panoramablicks einen Besuch wert. Gesehen haben sollte man dieses hübsche Fleckchen Ibiza auf jeden Fall.

Infos und Adressen

SEHENSWÜRDIGKEITEN

Església de Sant Agustí. Auch ihrer schönen Lage wegen lohnt sich die Dorfkirche.

ESSEN UND TRINKEN

Ca'n Berri Vell. Inseltypisches vereint sich mit einer exotisch-internationalen Küche, das ergibt z. B. Tagesgerichte, wie Lamm mit »garam massala«. Plaza Mayor, 3 (am Kirchplatz) Tel. 971/80 30 35, www.barcanberri.com

Restaurante Soul Kitchen. Gastronomisches Highlight mit fantastischem Blick über die Landschaft: Die Lounge Club bietet Räumlichkeiten und eine großzügige Terrasse für Feierlichkeiten und Events mit besonderem Flair. Crta. Sant Josep–Sant Antoni, km 5, Tel. 971/34 24 74, www.soulkitchen-ibiza.com

Chimichurri. Das Restaurant mit lauschiger Pergola-Terrasse wirbt insbesondere mit rustikalen Schlemmerplatten für mehrere Personen; die 50 cm bis 1 m langen Salchichas (Bratwürste) sind mit Salat, Senf und Kartoffeln angerichtet. Das Rindfleisch kommt aus Argentinien. Die Bierkarte umfasst 100 verschiedene Marken aus aller Welt. Mo, Mi, Do 19–24 Uhr, Sa, So & feiertags 13–16 und 19–24 Uhr, Crta. Sant Josep-Sant Antoni, km 3, Tel. 971/80 42 15, www.chimichurri-ibiza.com

ÜBERNACHTEN

Can Serreta. Modern gestaltetes Landhotel mit Pool. Camí de Benimussa s/n, 07830 Sant Josep de sa Talaia, Tel. 630/86 93 20, www.canserreta.com

DER SÜDEN

25 Sant Josep de Sa Talaia
Dorfleben nahe den Naturparks

Vorangehende Doppelseite: Sonnenuntergang nahe Es Vedrà
Mitte: Anders als viele mittelalterliche Kirchen auf Ibiza entstand die Església de Sant Josep erst später (18. Jh.).
Unten: Auf dem Wochenmarkt in Sant Josep de Sa Talaia

Nach Sant Josep gelangt jeder, der über die PM 803 von Ibiza-Stadt nach Sant Antoni fährt oder zurück. Die namensgebende Ortschaft der flächenmäßig größten Inselgemeinde liegt direkt an dieser Verbindungsstraße. Trotz des Durchgangsverkehrs ist es ein beschaulicher Flecken, der angenehme Ruhe verströmt und auch kulinarisch einiges zu bieten hat. Dies gilt umso mehr für das vergleichsweise dünn besiedelte Umland.

Seinen Beinamen verdankt Sant Josep der bewaldeten Kuppe, die hinter dem Dorf aufragt. Einen solchen Hausberg können zwar auch andere Ortschaften Ibizas (wie etwa Sant Joan) vorweisen, doch der Sa Talaia de Sant Josep ist mit 475 Metern von allen der höchste. Neben dem Dünenparadies von Ses Salines und den Naturschutzgebieten von Es Vedrà, Es Vedranell sowie den kleinen Inseln des Westens besitzt die Gemeinde auch die meisten Strände und Buchten entlang ihrer 80 Kilometer langen Küste.

Entspannter Einkaufsbummel

Im Dorf selbst leben rund 500 Einwohner ein an Traditionen orientiertes Leben, dem sich auch einige Residenten angepasst haben. Das in Spanien verbreitete, oft auch mit einem Augenzwinkern ausgesprochene »mañana« gehört zur Philosophie des Alltags: Wenn du etwas auch morgen erledigen kannst – mach es, und genieße lieber den heutigen Tag! Und genießen kann man ganz wunderbar in Sant Josep. Einige Restaurant bieten hervorragende Küche, und sogar für einen kleinen Shoppingbummel ist die Ortschaft gut. Entlang der Hauptstraße und zum Beispiel der davon abzweigenden Avenida Es Cubells sind einige Läden mit hochwertigem Warenangebot zu finden, unter anderem traditionelle Keramik und Korbwaren, Antiquitäten und Einrichtungsgegenstände. Einige verstecken sich in den schmalen Sträßlein wie der Carrer de Jardi und der Carrer Can Pou, genauso wie manch ein nettes Café oder eine Bar. Es lohnt sich also, einfach einmal durch den ganzen Ort zu schlendern.

Església de Sant Josep

Auch Sant Josep hat eine schön restaurierte Dorfkirche, und es zieren Palmen ihre Seiten. Sie wurde um 1730 errichtet. Fast ein wenig wuchtig wirkt ihr nahezu quadratisches Schiff mit mehreren Seitenkapellen und Arkaden vor dem Portal. Sehenswert ist auch ihr Innenleben mit einem der wohl schönsten Altäre Ibizas und der geschnitzten hölzernen Kanzel. Rund um die Kirche und die Plaça de sa Església spielt sich das dörfliche Leben ab, ganz besonders auch in der alteingesessenen »Bar Bernat Vinya« (siehe Kap. 26, AT S. 160) direkt gegenüber, die auf eine lange Tradition zurückblickt: Bereits im 19. Jahrhundert war sie die Stammkneipe der Dorfbewohner.

Die Gemeinde Sant Josep

Im Umland von Sant Josep werden einige noble Ferienvillen in Toplage vermietet, etwa in Can Sergent, einem Weiler südöstlich des Dorfes. Hier befindet auch der zum Kulturgut erklärt Zufluchtsturm Torre de Can Sergent (17. Jahrhundert) auf einem Hügel mit schönem Panoramablick. Ansonsten sind Sehenswürdigkeiten rar in der dünn besiedelten Gemeinde: Sie ist zwar flächenmäßig die größte Ibizas, gemessen an der Einwohnerzahl

AUTORENTIPP!

LA CASITA VERDE

Das »grüne Häuschen« ist der gar nicht so kleine Hauptsitz des Ökoverbands Greenheart Ibiza. Er liegt versteckt in den Hügeln auf halbem Weg (km 6) zwischen Sant Josep und Sant Rafel. Hier wird erfolgreich Permakultur betrieben, eine nachhaltige Agrarwirtschaft, die dem Erhalt naturnaher Kreisläufe dient. Jeden Sonntag können Besucher im Rahmen des Öko-Events Sundays@ Casita Verde die Früchte dieses zukunftsweisenden Konzepts genießen. In der Idylle des fruchtbaren Hinterlands wird vegetarisch gekocht, Interessierten zeigen Chris Dews und sein Team, wie schonender Umgang mit der Natur funktioniert und was Heilpflanzen alles vermögen. Es gibt einen Kinderspielplatz und viel zu entdecken. Die kunstvoll gestaltete Casita besteht fast komplett aus recyceltem Material.

La Casita Verde. Ganzjährig geöffnet, So 14–19 Uhr, Mittagslunch 14–16 Uhr (für Mitglieder der Assoziation oder nach vorheriger Absprache unter Tel. 971/187353, www.casitaverde.com

steht sie jedoch erst an dritter Stelle. Entsprechend wohltuend kann ein Urlaub hier auf dem Lande sein, sofern man die Ruhe sucht. Sant Josep macht zwar weniger von sich reden als Eivissa, Sant Antoni oder Santa Eulària des Riu, doch es ist die wohlhabendste Gemeinde der Insel, nicht zuletzt durch den Flughafen bei Ibiza-Stadt, der sich auf ihrem Gebiet befindet. Understatement also und ein Revier, in dem sich auch Prominenz gern in Prachtdomizile zurückzieht, ganz besonders an der Küste von Es Cubells. Zu den Immobilienbesitzern der Region zählen auch weltbekannte Musiker wie Phil Collins und Mike Oldfield.

In den touristisch stärker erschlossenen Buchten der Gemeinde kann es im Sommer allerdings voll werden. Ein Besuchermagnet ist die Cala d'Hort mit der »magischen« Insel Es Vedrà, die man einfach gesehen haben muss. Neben den westlichen Buchten wie der Cala Tarida oder der Cala Conta zählen auch versteckte Paradiese wie Sa Caleta dazu oder Jetset-Treffs wie die Cala Jondal. Mit den weitläufigen Stränden von Ses Salines und Es Cavallet sind obendrein die schönsten Dünenstrände Ibizas vertreten (siehe S. 184 und 189). Im Einzugsgebiet von Sant Josep sollte also jeder sein Plätzchen am Meer finden. Zunächst aber ist es eine gute Idee, den Hausberg zu besteigen, um den sagenhaften Rundblick über die Gemeinde und die umliegenden Hügel- und Berglandschaften zu genießen.

Oben: Die Dorfkirche beherbergt einen sehenswerten Altar …
Unten: … und so manch anderes schmuckes Detail.

Infos und Adressen

ESSEN UND TRINKEN

Cafe Can Xicu. Schön für ein Bocadillo oder einen Hamburger zwischendurch. Ab und zu Livemusik auf der Terrasse. Calle Pedro Escanelle, 5 (bei der Kirche), Tel. 971/80 0 002.

El Destino. Restaurant gegenüber der Kirche mit einer sehr großen Auswahl an Tapas, darunter zum Beispiel auch asiatisch oder marokkanisch inspirierte und vegetarische Kreationen. Carrer Talaia, 5, Tel. 971/80 0 341.

ÜBERNACHTEN

Can Sergent. Taumvillen und charmante Landhäuser rund um Sant Josep. Tel. 692/98 7 827, www.cansergent.com

Hotel Los Jardines de Palerm. Idyllisches Boutique-Hotel in einer Finca aus dem 17. Jahrhundert. Luxus pur, mit modernem Interieur. Zwei Gehminuten bis ins Dorf. Can Pujol d'en Cardona, 34, Tel. 971/80 03 18, www.jardinesdepalerm.com

Traditionell und ibizenkisch: das Café Raco Verd

Nahe Sant Josep: die Lounge-Bar km 5

AUSGEHEN

km 5. Die paradiesische Lounge-Bar km 5 (so benannt nach ihrer Lage an der Straße) besteht aus Boutique, Gourmetrestaurant und edel-romantischem Garten, Schauplatz legendärer Vollmond-Partys und glamouröser Events. Carretera Ibiza–Sant Antoni, km 5,6, Tel. 971/39 63 49, www.km5-lounge.com

VERANSTALTUNGEN

Open Air Kino. Jährlich im Sommer in der alten Schule (Escuelas Viejas). Termine vor Ort oder z. B. im Magazin Ibiza Heute.

EINKAUFEN

Silk. Möbel, Gardinen und Einrichtungsgegenstände. Wer keinen Sessel mit ins Flugzeug schleppen möchte, findet hier auch viele kleine Dinge, die das Leben schöner machen. Calle Pere Escanellas, 19, Tel. 971/80 16 98.

INFORMATION

Oficina Informació Turística de Sant Josep. Mai–Okt. Mo–Sa 9.30–13.30 Uhr. Plaça Església s/n, Sant Josep de Sa Talaia, Tel. 971/8 016 27.

26 Sa Talaia de Sant Josep
Ibizas höchste Kuppe erwandern

Sanft und unspektakulär wirkt die bewaldete Bergkuppe aus der Ferne. Doch der Blick von oben begeistert und bei klarer Sicht reicht er bis nach Alicante. Und auch die Tour selbst, durch dichte Nadelwälder und sonnige Olivenhaine, ist den Aufstieg schon wert. Sie ist bei normaler Fitness in ungefähr eine Stunde gut zu schaffen. Eine barrierefreie Alternative ist die Fahrt mit dem Auto fast bis zur höchsten Stelle.

Der Name des 475 Meter hohen Berges, wie mehrere andere auf der Insel heißt er schlicht »Sa Talaia«, entstammt den maurischen Zeiten. Vom katalanischen bzw. ursprünglich kastilischen Wort »Talayot« abgeleitet, bedeutet er so viel wie Beobachtungs- und Wachturm. Die Wandertour beginnt direkt im Dorf Sant Josep und ist ausgeschildert, nur muss man teils etwas genauer hinsehen, um alle Markierungen zu entdecken. Dennoch ist der Pfad recht leicht zu finden.

Die Tour auf den Hausberg von Sant Josep ist eine besonders schöne Wanderung.

Naturtreppen und Trampelpfade

Der Startpunkt versteckt sich hinter der »Bar Bernat Vinya«: Am Ende einer Sackgasse beginnt ein Weg, der wie eine private Einfahrt aussieht. Er führt, begleitet von Natursteinmauern, in Biegungen durch wilde Gärten und endet an einer kleinen Straße, wo auch ein Schild »Sa Talaia« den weiteren Verlauf (nach links) anzeigt. Von dort passiert man zunächst ein Wohngebiet, bis schließlich am Waldesrand der Aufstieg zum Gipfel beginnt. Über Naturtreppen und Trampelpfade geht es nun mit recht angenehmer Steigung

Von Sant Josep zum höchsten Punkt

Auch wenn der Weg im Grunde die Route vorgibt, sollte man auf Markierungen achten. Je nach Gusto und Kondition lässt sich der Aufstieg unterschiedlich lang gestalten. Bei normalem Gehtempo ohne Pause dauert er etwa eine Stunde. Festes Schuhwerk mit gutem Profil sollte nicht fehlen.

Ⓐ **Startpunkt** – Hinter der Bar Can Bernat Vinya (siehe Autorentipp S. 160) beginnt der Weg am Ende einer Sackgasse.

Ⓑ **Schild »Sa Talaia«** – Hier geht es nach links und durch ein Wohngebiet in herrlicher Hanglage.

Ⓒ **Kiesplatz** – Ein erster Weitblick über das Umland mit den Naturschutzgebieten von Ses Salines im Süden und der Inselgruppe Es Vedrà im Südwesten. Hier beginnt der Aufstieg, stets von herrlichen Ausblicken aufs Meer begleitet.

Ⓓ **Hanglage** – Der sonnige Pfad führt vorbei an Terrassenfeldern und eröffnet Blicke zur Südküste mit ihren markanten Landspitzen Cala Jondal und der Punta de Porroig) sowie dem Kap Negret bei Es Cubells und dem Kap Llentrisca bis hin zum markanten Archipel von Es Vedrà und den kleinen Inseln des Westens.

Ⓔ **Picknickplatz** – Dort, wo es wieder in den Wald geht, lädt eine Lichtung zur Rast ein.

Ⓕ **Gabelung** – Hier hält man sich rechts und folgt dem Pfad bis zur Geröllhalde.

Ⓖ **Gipfel** – Zwar gibt es hier kein Gipfelkreuz, doch der Ausblick ist grandios. Je nach Witterungsverhältnissen schweift der Blick bis an die spanische Ostküste. Besonders in der Morgen- und Abenddämmerung kommen Landschaftsfotografen voll auf ihre Kosten.

Ⓗ **Autoroute** – Ab der Strecke nach Sant Antoni, etwa 700 Meter hinter Sant Josep, führt links der Camí de Sa Talaia auf den Gipfel. Dies ist auch eine schöne Möglichkeit für körperlich beeinträchtigte Menschen, den Berg zu erobern.

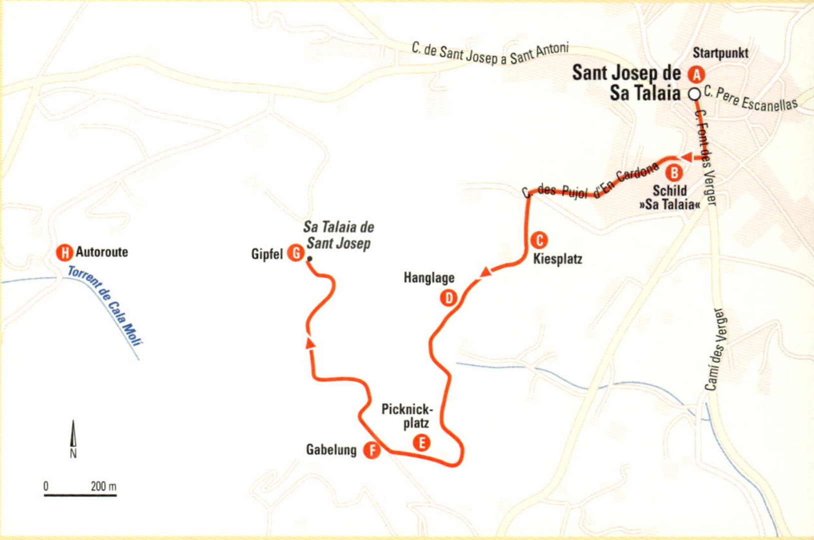

AUTORENTIPP!

EINKEHR IN DER BAR BERNAT VINYA

Die alteingesessene Bar im Dorf Sant Josep passt perfekt für eine rustikale Einkehr nach der Wanderung. Sie ist das Stammlokal der Einheimischen zum Kartenspielen und schon seit rund 150 Jahren am Platz. Besonders schön sitzt man auf der lauschigen Steinterrasse unter Schatten spendenden Bäumen. Da die Wandertour hinter der Bar beginnt, bietet es sich an, in der Nähe zu parken, so kann man nach der Rückkehr direkt in der Bar bei einem Sandwich oder »Café con leche« die schönen Eindrücke nachwirken lassen. Zudem ist die Bar täglich und ganzjährig geöffnet, also auch zu den besten Zeiten für Wanderer im Frühjahr oder Herbst.

Bar Bernat Vinya. Plaça Església s/n, Tel. 971/80 07 03.

Hier beginnt der Aufstieg auf den Hausberg von Sant Josep – Der Pfad ist leicht zu finden.

durch das Dickicht, vorbei auch an Terrassenfeldern und Olivenhainen, und zwischendurch bieten sich erste schöne Aussichten. Allein das letzte Stück der Tour ist etwas steiler und führt über eine Geröllhalde schließlich zum Gipfel.

Von einem ersten Plateau aus sind der Strand Ses Salines und die Inselgruppen bis nach Formentera zu erkennen. Vorn zeichnen sich ganz winzig die aneinandergereihten Hotelbauten entlang der Playa d'en Bossa ab, und links ist die Bucht von Sant Antoni zu sehen – entsprechende Wetterverhältnisse natürlich vorausgesetzt.

Picknick mit Panorama

Nun ist man auch direkt an einem schönen Picknickplatz angekommen. Doch es wird noch besser. Ganz in der Nähe erhebt sich noch ein zweiter, kleinerer Gipfel. Es sind wenige Meter mit großer Wirkung. Der Blick von ganz oben, am höchsten Punkt des Sa Talaia, eröffnet ein fast Rundum-Panorama über die Insel, eine Sicht, die Sorgen vergessen lässt. Bei besten Bedingungen soll sie bis nach Alicante reichen.

Wer sich diese schöne Wanderung wirklich entgehen lassen möchte, kann auch mit dem Auto bis auf den Gipfel fahren: Ab der Strecke nach Sant Antoni, etwa 700 Meter hinter Sant Josep, führt links der Camí de Sa Talaia direkt hinauf. Dies ist auch eine schöne Option für etwa körperlich beeinträchtigte Begleitpersonen und kleine Kinder, die den Aufstieg nicht schaffen. So kann man sich oben treffen zum gemeinsamen Gipfelerleben oder sich auch nach der Wanderung abholen lassen. Ansonsten ist aber auch der Rückweg – dieselbe Route – lohnenswert, denn es sind noch einmal andere Perspektiven, und bergab geht es noch leichter.

Infos und Adressen

Bei der Besteigung der Talaia ist auch dieser Gipfelstein zu entdecken.

ESSEN UND TRINKEN

Direkt am Berg gibt es keine besonderen Einkehrmöglichkeiten, jedoch bieten sich in der Umgebung Lokale an, die herrliche Ausblicke auf die bewaldete Berglandschaft und das Meer bieten.

Bella Vista. Das erst 2014 eröffnete Lokal hat im Nu Feinschmecker auf den Plan gerufen, die von der erlesenen Mittelmeerküche nur so schwärmen. Crta. Sant Josep, km 12, Tel. 971/80 08 67

Can Domingo. Das italienische Slowfood-Lokal empfängt seine Gäste in einem romantischen Garten mit liebevoll gedeckten Tischen. Crta. Eivissa – Sant Josep, km 9,8, 07830 Sant Josep, Tel. 971/80 01 84, www.canddomingoibiza.com

S'Espartar. Die etwas längere Anfahrt lohnt sich: Seit über 30 Jahren lockt das familiengeführtes Restaurant nicht nur mit herrlichem Ausblick auf die Landschaft und das Meer. Neben den Paellas stehen hausgemachte Desserts zur Auswahl wie Greixonera, eine Art Zimtpudding, Crema Catalana und Casa Flan. Bodega mit Weinverkauf. Av. Cala Tarida, km 4, Tel. 971/80 02 93, www.restaurantsespartar.com

INFORMATION

Oficina Informació Turística de Sant Josep. Mai–Okt. Mo–Sa 9.30–13.30 Uhr. Plaça Església S/N, Sant Josep de Sa Talaia, Tel. 971/80 16 27.

In und um Sant Josep trifft man auch auf wunderbare Sukkulenten-Gewächse.

Mitte: Die Cala Vadella ist eine kleine Urlaubswelt für sich.
Unten: Besonders an den felsigen Rändern ist die Bucht ideal zum Schnorcheln.

27 Cala Vadella

Wo abends sich die Klippen röten

Nur ungefähr zehn Minuten fährt man vom Dorf Sant Josep bis zu dieser hübschen Ferienbucht. Geschützt zwischen hohen Klippen und Pinienhügeln, mit Fischerhäusern und einigen Apartmentanlagen bestückt, passt sie als Reiseziel für alle, die Idylle suchen und doch auf etwas touristische Infrastruktur nicht verzichten möchten. Schön auch für einen Tagestrip, wenn man in anderen Inselteilen nächtigt, oder einen Drink bei Sonnenuntergang.

Die Cala Vadella (ibizenkisch: Cala Vedella) ist über zwei schmale Nebenstraßen ab der Hauptverbindung Sant Josep-Sant Antoni zu erreichen, also genauso auch aus Richtung Norden über die Nachbarbuchten bis bin zur Cala Tarida. In jedem Fall ist es eine etwas kurvenreiche Anfahrt über schmale Neben- oder Küstenstraßen. Diese Tatsache sowie die Tallage zwischen den Klippen machen die Cala Vadella zu einem Platz, an dem man

MAL EHRLICH

IM WINTER SEHR RUHIG

Was man in der Hauptreisezeit von April bis Oktober schätzt, kann im Winter dann doch etwas zu viel werden: In der Cala Vadella mit ihrer abgeschiedenen Lage wie auch in den benachbarten Buchten Cala Molí, Cala Tarida und Cala d'Hort ist es dann ziemlich einsam. Andererseits leben einige Residenten ganzjährig in der Gegend, und man trifft sich da und dort in Bars oder bei anderen Gelegenheiten in geselliger Runde.

auch ein wenig das Gefühl haben kann, »abseits des Geschehens« zu sein, zumal die Wege in die drei größten Inselstädte mit dem Partyleben damit nicht gerade die kürzesten sind. Doch für Urlauber, die gern in ihrer kleinen Ferienwelt versinken und eher die Ruhe suchen, ist die kleine Bucht genauso ein lohnendes Ziel wie für einen Tagesausflug. Obendrein gibt es während der Saison eine Busverbindung nach Sant Antoni und Sant Josep/Ibiza-Stadt. Mit dem Auto kann man bis an den Strand hinabfahren, und es ist ein Parkplatz vorhanden, der allerdings in den Hauptreisemonaten schnell belegt ist. Wer also einen stressfreien Strandtag erleben will, reist besser mit dem Badebuslinie 26 an. Sie verkehrt zwischen Mitte Mai und Anfang Oktober regelmäßig vormittags und abends.

Badevergnügen und Wassersport

Der fast 300 Meter lange Sandstrand ist ausgestattet mit Duschen, Liegen, Sonnenschirmen und es gibt Rettungsschwimmer während der Saison. Nahe am Wasser gibt es außerdem einige Restaurants, Bars und Läden mit Souvenirs und Beachwear. Die tief in das Hügelland ragende Bucht ist entsprechend gut geschützt, es sei denn, es stehen stärkere Westwinde direkt auf der Küste. Flach abfallend, ist der breite Strand ideal für Familien auch mit kleinen Kindern, und er bietet mehr Platz, als man auf den ersten Blick angesichts der geringen Größe der Bucht meinen möchte. An ihren felsigen Rändern findet sich manch ruhigeres Plätzchen zwischen den Bootsgaragen und durch den steinigen Grund, und das oft stille Wasser gibt es hier auch beim Schnorcheln allerlei zu sehen. Gerätetaucher finden rund um die Bucht spektakuläre Spots. Eine kleine Tauchbasis (Big Blue) ist in der Bucht vorhanden, nach einem Besitzerwechsel eröffnete sie neu und erntete bislang eine positive Resonanz.

AUTORENTIPP!

CALA MOLÍ

Zwischen der Cala Vadella und der Cala Tarida versteckt sich die Cala Molí in der bewaldeten Steilküste. Die kleine Bucht bildet den Ausgang der Schlucht Torrent de sa Molí. Sie ist das Vorzeigeprojekt eines Pionierprogramms in Sachen Umweltschutz, das man ins Leben rief, um Strandliebhabern zu zeigen, wie eine typische ibizenkische Bucht im naturbelassenen Zustand aussieht. Die Gemeindeverwaltung von Sant Josep hat zudem entschieden, auf Strandliegen zu verzichten. Geblieben sind ein alteingesessenes Hostal mit Strandrestaurant und Pool. Der kiesige Strand bietet einen schönen Blick auf die kleine, unbewohnte Insel Illa de S'Espartar, das klare Wasser schöne Schnorchelplätze. Zur Anfahrt folgt man der ausgeschilderten Abzweigung an der Verbindungsstraße Sant Antoni–Sant Josep, Parkmöglichkeiten gibt es am Straßenrand.

Hostal und Restaurant Cala Molí.
Tel. 971/80 60 02, www.calamoli.com

Oben: Die Cala Vadella bezaubert mit satten, kraftvollen Farben.
Unten: Auch die traditionellen Bootsgaragen (Varaderos) schmücken die Bucht

Ein Platz für Sonnenuntergänge

Auch Tretboote und Kajaks werden in der Cala Vadella vermietet, und im Sommer ankern oft zahlreiche Motorboote und Segeljachten in der Bucht, die bedingt durch ihre unmittelbare Westlage auch ein schöner Platz ist, um an Deck oder vom Strand aus den Sonnenuntergang zu genießen. Es kommt ein wenig auf den eigenen Standort an, da die Klippen die Sicht auf das offenen Meer begrenzen, wobei schon der Anblick, wie sie sich glutrot verfärben, die Sache wert ist. Zu beachten ist noch, dass es morgens am Strand schattig sein kann. Dafür scheint die Sonne hier abends umso länger.

Die Hänge der Bucht sind ausgekleidet mit Apartmenthotels mittlerer Kategorie, die sich recht harmonisch in das Bild fügen und meist kurze Wege zum Strand bieten. Oberhalb der Bucht hat sich eine Urbanisation entwickelt, in der vor allem Residenten leben. Die Cala Vadella und ihre Region sind auch bei Künstlern beliebt, die sich auf ein Schaffen abseits des Hippiemarkt-Trubels konzentrieren und besondere Stücke für Individualisten anfertigen. Darunter die Keramikkünstlerin Cati Tur, die Interessierten gern ihre Ausstellung in den privaten Räumen zeigt, oder Luis Gomez Tondreau, der seine Objekte aus Treib- und Wurzelhölzern und anderen Materialien gestaltet, die er in der Natur findet (siehe Infos und Adressen).

Die Umgebung entdecken

Das Umland der Cala Vadella mit seinen pinienbestandenen Hügeln ermöglicht schöne Spaziergänge und Ausflüge. Auch sind die Traumbuchten Cala Conta und Cala Bassa südwestlich von Sant Antoni (siehe Kapitel 23) über die Küstenstraße (verläuft ungefähr parallel zur Hauptstrecke) recht schnell zu erreichen.

Infos und Adressen

ESSEN UND TRINKEN

Bon sol. Auch bei Anwohnern eines der beliebtesten Restaurants in der Bucht. Italienische Küche und auch schön für einen Cappuccino oder ein Glas Wein mit Meerblick. Tgl. außer Mi, direkt am Strand, Tel. 971/80 8 213.

Can Jaume. Alteingesessenes Restaurant mit Beach-Bar in schönster Strandlage, mit echti bizenkischer Küche und WLAN-Anschluss. In der Bar läuft chillige Musik. Das Restaurant hat ganzjährig geöffnet. Tel. 971/80 8 488; Beachbar Tel. 971/80 81 27, www.canjaume.com

Musik-Events gibt es zum Beispiel im La Sardina Loca.

La Sardina Loca. Frühstücksliebhaber können hier schon ab 8 Uhr Gleichgesinnte treffen, die sich an der Kreuzung Cala Vadella, Cala Carbó und Cala d'Hort zu einem ersten Sonnetanken treffen. Der schon immer beliebte Treffpunkt (ehemals Bar Cas Pou) bietet den ganzen Tag hindurch kleine und große Leckerbissen und zum Abend auch Musik-Events. Kein Tel.

ÜBERNACHTEN

Puerto Cala Vadella. Zwei-Sterne-Aparthotel nahe dem Strand und leicht erhöht liegend, so hat man auch vom Pool aus die Bucht im Blick. Carrer Castelldefels, 22, Tel. 971/80 80 13, www.hotelcalavedella.com

Für Sonnenanbeter ist Ibiza überall ein gutes Urlaubsziel.

Club Aquarium. Drei-Sterne-Anlage im Piniengrün oberhalb der Bucht (ca. 350 m bis zum Wasser). Die Zimmer haben Balkon oder Terrasse. Calle de la Carrasca, 45–47, ww.club-aquarium.com, Tel. 971/80 81 00.

AKTIVITÄTEN

Tauchbasis Big Blue. Direkt in der Bucht, Ausbildung und Bootstauchgänge. Tel. 650/76 92 96.

EINKAUFEN

Keramikkunst & Holz. Wer individuelle Lieblingsstückemit Inselflair erwerben will, besucht direkt die Künstler Cati Tur und Luis Gomez Tondreau vor Ort. www.cala-vadella.info/de/kuenstler.html

Souvenirs & Beachwear. Am Strand gibt es kleine Läden mit Souvenirs und Strandbekleidung.

Supermärkte. Für den täglichen Bedarf gibt es zwei Supermärkte oberhalb der Bucht (an der Kreuzung Cala Vadella/Cala Molí sowie Cala Vadella/Cala Carbó)

INFORMATION

Oficina Informació Turística de Sant Josep. Mai–Okt. Mo–Sa 9.30–13.30 Uhr. Plaça Església S/N, Sant Josep de Sa Talaia, Tel. 971/80 16 27.

Mitte: Romantische Momente am Meer und dann schön essen gehen: Für Zeit zu zweit ist die Bucht auch ganz wunderbar.
Unten: Fast naturbelassen ist der Strand der Cala d'Hort.

28 Cala d'Hort

Blick auf ein prominentes Inselpaar

Gemessen an dem Panorama ist diese Bucht mit keiner anderen Ibizas vergleichbar: Es Vedrà, das Eiland, dem man unter anderem »magische Kräfte« nachsagt, ragt mit seinen 381 Metern wie zum Greifen nah majestätisch aus dem Meer, flankiert von der kammartigen Felseninsel Es Vedranell. In der Nähe bietet die Ausgrabungsstätte Ses Païsses de Cala d'Hort Einblicke bis in die punische Vergangenheit Ibizas.

Auch wenn mehr als eine Seemeile zwischen Es Vedrà (siehe Kapitel 29) mit Es Vedranell und Bucht liegt: Es wirkt, als sei der mystische Felsen so nah, dass man mal eben hinüberschwimmen könnte. Die guten zwei Kilometer aber sollte man dann doch lieber mit einem Boot zurücklegen. Direkt in der Cala d'Hort starten sonntags Touren während der Saison, und auch andere Anbieter von Bootsexkursionen oder Tauchausflügen steuern diesen Küstenbereich an. Schon vom Strand aus ist der Bann der geheimnisvollen Insel spürbar, darüber sind sich auch Nichtesoteriker einig.

Vorzügliche Fischgerichte

Trotz ihrer relativ abgeschiedenen Lage wird die Bucht im Sommer rege besucht, was dazu führt, dass die Zufahrtsstraße oft bis weit oberhalb des Strandes zugeparkt ist. Besonders ihr letztes Stück ist mit 15 Prozent Gefälle ein Engpass während der Hochsaison. Wer früh kommt, kann jedoch einen der wenigen Parkplätze im Schatten ergattern. Die PMV 803-1 verbindet das Dorf Sant Josep de Sa Talaia mit der Bucht, und zwar wie ein Ring über zwei Varianten: Die nördliche Route verläuft über neun Kilometer an der Cala Vadella vorbei, die Südroute ist etwas länger (10,5 Kilometer) und führt über die Küste bei Es Cubells. So kann man also den Ausflug mit einer abwechslungsreichen Fahrt verbinden und hin und zurück jeweils andere Eindrücke genießen. Der überschaubare Strand der Cala d'Hort ist teils sandig und kiesig. Ein Bereich ist mit Sonnenliegen versehen, auch eine Strandboutique fehlt nicht. Zu den Rändern der Bucht überwiegen Felsen mit Varaderos, den inseltypischen Fischerbootsgaragen. Die Strandrestaurants offerieren eine empfehlenswerte Küche mit viel Fisch, das »Es Boldaldo« am nördlichen Rande der Bucht bietet eine besondere Perspektive, da es etwas erhöht liegt.

Cala Truja und Cala Carbó

Am nördlichen Rand der Bucht blitzt das Inselchen Escull de Cala d'Hort küstennah aus dem Wasser, und wenn man über die ihr gegenüberliegende Landspitze spaziert, ist die naturbelassene Cala Truja erreicht, eine winzige und recht steinige Nebenbucht mit einer einsamen Bootshütte. Noch etwas weiter nordwestlich befindet sich mit der Cala Carbó eine weitere hübsche Bucht mit zwei empfehlenswerten Strandrestaurants. Im Sommer sind die 50 Meter Strand (mit Sonnenliegen) schnell ausgeschöpft. Die Bucht ist auch über den direkten Küstenpfad von der Cala d'Hort aus zu erreichen – es sind nur ungefähr 500 Meter.

Ses Païsses de Cala d'Hort

Interessant ist auch das Hinterland nahe der Straße Richtung Cala Carbó: Hier befindet sich (zwischen der Cala d'Hort und Cala Truja) die archäologische Fundstätte Ses Païsses de Cala d'Hort: eine punisch-römische Siedlung mit zwei Nekropolen, jeweils

AUTORENTIPP!

MIRADOR D'ES SAVINAR

Diese Perspektive von Es Vedrà ist die wohl eindrucksvollste: Der Blick von Cap del Jueus aus mit rund 200 Höhenmetern. Es ist mit rund 700 Metern zugleich die kürzeste Distanz vom Festland aus. Das Panorama bietet sich vom Wehrturm Es Savinar (1763) aus, auch Torre del Pirata (dt. »Piratenturm«) genannt. Etwas weiter unterhalb befindet sich das Aussichtsplateau Mirador d'es Savinar. Obwohl der Turm auch ausgeschildert ist, übersieht man die Abzweigung leicht, die ungefähr 1,5 Kilometer vor der Cala d'Hort (aus Richtung Es Cubells kommend) links zum Turm führt.

Anfahrt. Straße Es Cubells – Cala d'Hort. Circa zwei Kilometer nach Es Cubells, wo die Straße zur Cala d'Hort eine Rechtskurve macht und Es Vedrà schon über das Kap lugt, geht es zum Aussichtsturm. Man folgt der links abzweigenden Schotterpiste bis zu einem Parkplatz. Hinter einem Drahtzaun beginnt der Pfad.

Oben: Eine besonders schöne Möglichkeit, an den Strand zu gelangen, ist dieser Küstenpfad. **Unten:** Hier findet man oft auch noch ein ruhigeres Plätzchen.

einer aus der punischen und einer aus der byzantinischen Epoche. Auch stießen die Forscher hier auf zahlreiche Keramikstücke. Die punische Nekropolis besteht aus 20 in die Felsen eingearbeiteten Grabstätten. Die Siedlung war vom 5. Jahrhundert vor Christus bis 7. Jahrhundert nach Christus mit Leben erfüllt. Sie nimmt eine Fläche von rund 650 000 Quadratmetern ein und zeugt von der ländlichen Kolonisierung Ibizas, mit der sich auch die Handelsbeziehungen entwickelten.

Der Archäologe Carlos Román Ferrer entdeckte die punische Nekropolis im Jahr 1917. Nach ihm ist die Straße an der Strandpromenade von Figueretes benannt. Es sollte noch bis in die 1980er- und 1990er-Jahre dauern, bis das Terrain vollständig unter der Leitung von Joan Ramón Torres untersucht werden konnte. Auf der zu besichtigenden Fundstätte hat man ein Ethnographisches Museum in einer alten Finca eingerichtet. Der Besuch des Platzes lohnt sich auch wegen der herrlichen Aussicht auf Es Vedrà und den »Piratenturm« Torre des Savinar auf den davor aufragenden Klippen. Dies ist auch eines der beliebtesten Fotomotive Ibizas.

Infos und Adressen

In der Ausgrabungsstätte Ses Païsses de Cala d'Hort

SEHENSWÜRDIGKEITEN

Museo Etnográfico de Ses Païsses de Cala d'Hort. Ausgrabungsstätte mit Ethnografischem Museum. April–Sept. Di–Sa 10–14 und 17:30–20 Uhr, Okt–März Di-Sa 10–14 Uhr, 20. Dez.–1. Jan. und feiertags geschl. Carretera a Cala d'Hort s/n, Tel. 971/33 28 45.

ESSEN UND TRINKEN

Cala d'Hort Restaurant. Einen Tick authentischer als das allzu touristische El Carmen ist dieses benachbarte Restaurant genau in der Mitte der Bucht. Auf einer herrlich schattiger Terrasse schmecken Fisch und Paella besonders gut, dazu knackig frische Salate! April–Okt., Tel. 971/93 50 36.

Restaurante del Carmen. Cala d'Hort s/n. Direkt am Strand, von der Terrasse, kann man bei Fisch oder Paella den Blick auf Es Vedrà genießen. Mit Pension. Cala d'Hort s/n, Tel. 971/18 74 49.

Balneario Cala Carbó. Fisch und Meeresfrüchte genießen in der Nachbarbucht. Cala Carbó, Tel. 971/80 82 51.

Restaurante Can Vicent. Auch das zweite Restaurant in der Cala Carbó ist stets gut besucht. Besonders an Sonntagen nutzen Einheimische gern die Bucht. Cala Garbó. Tel. 971/80 81 55.

ÜBERNACHTEN

Pensión del Carmen. Zum vorderen Strandrestaurant in der Cala d'Hort gehören auch acht einfache Zimmer. Cala d'Hort s/n, Tel. 971/18 74 49.

INFORMATION

Oficina Informació Turística de Sant Josep. Mai–Okt. Mo–Sa 9.30–13.30 Uhr. Plaça Església S/N, Sant Josep de Sa Talaia, Tel. 971/80 16 27.

Bei der Aussicht schmeckt der frische Fisch gleich doppelt so gut.

Mitte: Aus jeder Perspektive fasziniert Es Vedrà auf andere Weise, ob von der Steilküste aus … **Unten:** … oder vom Strand der Cala d'Hort aus betrachtet.

29 Es Vedrà

Ibizas magischer Felsen

Es ist besonders zu spüren, wenn die steilen Wände ganz nahe gerückt sind, die Rufe der Silbermöwen in den Felsen widerhallen und sich die Luft plötzlich so klar und rein anfühlt wie in einer Kathedrale. In tiefster Ehrfurcht möchte man sich vor der Natur verneigen, die sich auf solch majestätische Weise zu präsentieren vermag. Die Stimmung bei Es Vedrà lässt sich durchaus als magisch beschreiben.

Nähert man sich mit dem Boot, sind manchmal auch die Bewohner von Es Vedrà zu erkennen, die sich das Refugium mit Hunderten von Seevögeln teilen. Leichtfüßig trippeln diese über die steilen Felswände, als sei die Schwerkraft für sie aufgehoben worden: Eine kleine Herde von dort angesiedelten Bergziegen lebt auf dem Eiland.

Ein Platz für Eremiten

In den 1850er-Jahren zog sich der Karmelitermönch Don Francisco Palau (1811–1872) für mehrere längere Zeiträume als Einsiedler auf Es Vedrà zurück, um sich ins Gebet zu vertiefen. Er ernährte sich, so heißt es, von Möweneiern und ein wenig Quellwasser, das er in einer Grotte fand. An der Küste von Es Cubells (siehe Kap. 30 S. 176) ließ der Pater später Ibizas erste Marienwallfahrtskirche errichten. Die heute in Mare de Deú del Carmen umbenannte Kirche ist der Jungfrau Carmen geweiht, der Schutzheiligen der Fischer und Seeleute. Der Mönch soll von Visionen und offenbarenden Begegnungen mit der Heiligen Jungfrau Maria berichtet haben, von himmlischen Energien und weiblichen Lichtwesen.

Naturpark Es Vedrà

AUTORENTIPP!

TAUCHEN MIT SCUBA IBIZA

Tauchgänge in der Felsenlandschaft von Es Vedrà, rund um Es Vedranell oder am nahen Unterwasserberg La Bota zählen zum Spektakulärsten und Schönsten, was Ibiza zu bieten hat. Wer einen Tauchschein ab Anfängerlevel besitzt, z.B. PADI Open Water Diver, oder diesen Sport bei einem Kurs auf Ibiza erlernen kann, sollte diese Möglichkeit unbedingt nutzen. Die Anfahrt mit dem Boot ist bereits ein Erlebnis. Zu den wenigen Basen, die über die Sondergenehmigung verfügen, gehört Scuba Ibiza, noch dazu bringt das Tauchcenter als bislang einziges auf Ibiza die hohe Qualifikation »PADI 5 Star IDC Dive Center« mit, bildet also auch Tauchlehrer aus. Basisleiter und Kapitän Yaqui Mennes Pine ist auf Ibiza und Formentera groß geworden, spricht sechs Sprachen und kennt fast jede Muräne persönlich.

Scuba Ibiza. Marina Botafoch/Ibiza-Stadt, Tel. 971/19 28 84, www.scubaibiza.com

Um Es Vedrà ranken sich seit jeher zahlreiche Mythen und fantastische Legenden, Für manche ist die Felseninsel der mögliche Ort, an dem die Sirenen aus Homers Epos den griechischen Helden Odysseus mit ihren Gesängen verführten, um sein Schiff an den Felsen zerschellen zu lassen (was sich gerade noch verhindern ließ, indem er sich Wachs in die Ohren stopfte). Andere sehen in Es Vedrà den letzten sichtbaren Teil des im Meer versunkenen, sagenumwobenen Reiches Atlantis. Dabei klingt die Geschichte des Mönchs noch am plausibelsten. Glaubhaft wirkte indes auch die Darstellung eines Flugkapitäns, der ein Ufo entdeckte…

Waren es Ufos und Usos?

Ein seltsamer Vorfall am 11. November 1979 sorgte tagelang für Schlagzeilen: Der Fall Manises (Caso Manises) rief die Ufologen auf den Plan. Flug Nummer JK-297 war mit 109 Passagieren von Salzburg gestartet, hatte gerade Mallorca passiert und nahm nun Kurs auf Teneriffa. Nahe Es Vedrà bemerkte der Pilot ein sich rasch bewegendes rotes Licht, das sich auf Kollisionskurs befand. Weder der Radar der militärischen Überwachung von Madrid noch das Kontrollzentrum in Barcelona vermochten das Objekt zu identifizieren. Der Kapitän versuchte, dem Licht auszuweichen, doch es schien den Flieger zu verfolgen und platzierte sich nur einen halben Kilometer entfernt davon auf derselben Flughöhe. Daraufhin entschied man sich für eine Notlandung auf dem nahen Flughafen Manises von Valencia. Fakt ist, dass sämtliche Interpretationsversuche ad acta gelegt wurden. Zuletzt will die spanische Aufklärungskommission Ikaros herausgefunden haben, dass es sich lediglich um die Industrielichter der Raffinerie Escombreras nahe Cartagena handelte, die in der Ferne flimmerten. Die Sternenhimmel soll an jenem Tag so hell geleuchtet haben, dass der Pilot durch die ungewöhnliche Fernsicht irregeführt wurde.

Fischer wollen auch schon Usos, Unbekannte Unterwasserobjekte, im Umkreis von Es Vedrà gesichtet haben. Sie bemerkten leuchtende Felder unter der Meeresoberfläche. Nun, womöglich waren es Taucher, die mit ihren Lampen die roten Fächergorgonien erstrahlen ließen, die an den Wänden ab ungefähr 40 Meter Tiefe gedeihen. Der Felsarchipel entfaltet auch unter Wasser eine besondere Magie, die Besucher anzieht.

Ein ganz besonderes Tauchgebiet

Es Vedrà und ihre Schwesterfelsen zählt zu den schönsten Tauchrevieren Ibizas. In der spektakulären Felsenlandschaft mit Steilwänden, kleinen Höhlen und Canyons leben zahlreiche Arten wie Zackenbarsche und Muränen, Oktopusse, Pfeilhechte (Barrakudas), Gelbschwanz-Makrelen, Drachenköpfe und Schlangensterne. Zu dem Tauchgebiet gehört auch der Unterwasserberg La Bota. Seine knapp unter der Meeresoberfläche liegende nördliche Spitze ist allenfalls zu erahnen durch das an dieser Stelle sich brechende und kräuselnde Wasser.

Zum Schutz der Natur dürfen sich ansonsten nur Privatboote den Inseln nähern und nicht dort ankern (Abstand ist während der Vogelbrutzeit zu halten (April bis Juni). Für Tauchboote mit Sondergenehmigung gelten Ausnahmen. Die Fahrten mit großen touristischen Schiffen wie den Glasbodenkatamaranen führen in etwas größerer Distanz an Es Vedrá vorbei.

Die Inseln gehören zum Naturpark Es Vedrà, Es Vedranell und den westlichen Inseln. Das Gebiet

AUTORENTIPP!

»ATLANTIS« ENTDECKEN
In gewisser Weise ist sie wahr, die Geschichte von Atlantis: Nicht auf Es Vedrà, sondern an der gegenüber liegenden Landspitze Cap des Jueus führen Pfade hinab in ein Felsenreich aus Steinquadern, teils aufgetürmt zu Wänden wie von Tempeln, dazwischen Gänge und freie Plätze – tatsächlich geschaffen von Menschenhand. Nur handelt es sich in Wahrheit um einen Steinbruch Sa Pedrera, in dem seinerzeit Quader für den Bau der Festungsanlage Dalt Vila gewonnen wurden. Etwas oberhalb befindet sich eine Opferstätte, die Blumenkinder und ihre Nachfolger einrichteten.

Sa Pedrera. Cap des Jueus. Anfahrt wie zum Mirador d'es Savinar (siehe AT Kap. 28 S. 167), doch – Vorsicht! – keinesfalls den viel zu steilen Abstieg an der Ostflanke beim Turm wählen, sondern bereits zuvor den Pfaden am flacheren Hang (bei der Parkmöglichkeit links beginnend) folgen. Viel entspannter ist der Zugang vom Wasser aus.

Oben: Für (Hobby-)Fotografen ist Es Vedrà ein Motiv, das schier grenzenlose Möglichkeiten bietet. **Unten:** Neben der weit verbreiteten Silbermöwe sind auch seltenere Vögel rund um die Inseln zu beobachten.

umfasst neben Es Vedrà und seinen Schwesterinseln Es Vedranell sowie dem nördlich davon aus dem Wasser ragenden Felsen Sa Galera auch die Illots de Ponent nahe Sant Antoni: Sa Conillera, Es Bosc, S'Espartar und Ses Bledes. Die Eilande bieten Lebensraum auch für seltene Meeresvögel, Eidechsen und endemische Arten von Wirbellosen sowie zahlreiche Pflanzenarten. Auch der Berg Sa Talaia de Sant Josep gehört zu diesem Naturschutzgebiet. Es Vedrà ragt stolze 381 Meter aus dem Meer. Die kürzeste Entfernung zum Ufer, dem Cap des Jueus, beträgt rund 700 Meter.

Seit kurzem kann man auch bei geführten Vollmondwanderungen das Naturschutzgebiet von Es Vedrà, Es Vedranell und der westlichen Felsinseln Illots de Ponent in besonders magischem Licht entdecken. Unter der Leitung des Teams für Umwelterziehung bietet Espais de Natura in den Sommermonaten entsprechende Touren an. Wer vorhat, jeden Winkel dieses Küstenabschnitts in aller Ruhe zu erkunden, findet im «Landhotel Calador» einen idealen Ausgangspunkt für kürzere oder längere Tagestouren ins Umland zwischen Bergen und Meer.

Infos und Adressen

SEHENSWÜRDIGKEITEN

Torre d'es Savinar. siehe AT Kap. 28, S. 167

ESSEN UND TRINKEN

Restaurante Es Boldado. Etwas erhöht am nördlichen Ende der Bucht, gehobener sind auch die Preise. Eine Treppe führt direkt vom Strand dorthin, auch Zufahrtsmöglichkeit über die Straße. Carrer Cala Vadella, Tel. 626/49 45 37.

ÜBERNACHTEN

Landhotel Calador. Schmuckes Landhotel im ibizenkischen Stil und mit traumhaftem Ausblick auf Es Vedrà. Zur Auswahl stehen Doppelzimmer und Apartments mit Garten und/oder Terrasse, ein Turmstudio und eine Suite Deluxe zu erschwinglichen Preisen in der Nebensaison. C./Cala Carbó S/N, Apartado de Correos 570, Tel. 971/80 84 24, www.calador-ibiza.com

AKTIVITÄTEN

Capitan Nemo. Touren mit dem Glasboden-Katamaran, täglich (während der Saison) ab Sant Antoni. Die Tour führt über die nördlichen Buchten Cala Bassa, Cala Conta, Cala Tarida, Cala Vadella und Cala d'Hort und schließlich einmal um Es Vedrà. Unterwegs Badestopp mit Drink. Puerto de Sant Antoni, Tel. 659/53 54 35, www.nautilusibiza.com

Ulises Cat. Der Glasboden-Katamaran steuert zweimal pro Woche (während der Saison) auch Es Vedrá und Atlantis an. Dreistündige Tour entlang der Südküste mit Stopp zum Baden. Verkauf von Getränken und Snacks an Bord. Mai-Sept Di/Do Abfahrt Figueretes um 12 Uhr, Playa d'en Bossa um 12.15 Uhr (Zeiten können sich ändern), Tel. 630/08 53 09, www.barcoibizaformentera.com

Espais de Natura. Vollmondspaziergänge, Tel. 971/30 14 60/971 39 47 94, Startpunkt: Embarcadero Playas de Comte

INFORMATION

Oficina del Parque natural. C/Murcia 6, Sant Josep de sa Talaia, Tel. 971/30 1 460, ext. 4, www.de.balearsnatura.com

Morgens hat man die zauberhafte Bucht samt Sahneblick noch für sich.

Mitte: Einfach grandios ist die Aussicht vom Kirchplateau aus.
Unten: Auch das Gotteshaus selbst ist ein Hingucker mit seinen charakteristischen Stützstreben.

30 Es Cubells

Faszinierende Klippenlandschaft

Zwischen den markanten Landspitzen Kap Llentrisca im Westen und Porroig im Osten thront der Weiler hoch oben auf dem steilen Ufer. Eine Fahrt über die Küstenstraße ist ein an Aussichten reiches Erlebnis. Wer ein wenig Gekurve nicht scheut, wird zudem mit feinen Plätzen am Wasser belohnt, kleinen Fischerbuchten, in denen sich auch ein idyllisches Restaurant versteckt.

Ein Häuflein Wohnhäuser, zwei Bars und ein Lebensmittelgeschäft... Als Urlauber könnte man sich fragen, ob sich die Fahrt nach Es Cubells lohnt. Da es auf dem Weg zur Cala d'Hort liegt, bietet es sich auf jeden Fall für einen Stopp an. Der Hauptgewinn der winzigen Ortschaft ist die Kirche Mare de Déu del Carmen (geweiht um 1864): Sie steht sozusagen direkt über dem Meer, und der Ausblick, der sich an ihrer Rückseite bietet, ist schlichtweg grandios: Zu Füßen liegt die Küste vom Cap des Falco ganz im Osten über Porroig bis zum Cap Llentrisca im Westen.

Rückzugsort für Karmeliterinnen

Das Gotteshaus selbst mit den schmucken Stützstreben aus Naturstein an den Seiten ist eine bemerkenswerte Leistung. Der Karmelitermönch Francisco Palau (siehe Kap. 29) setzte sich seinerzeit dafür ein, dass das Dorf eine Kirche bekam. Man dankt es ihm mit einer Skulptur im daneben liegenden kleinen Park und auch der Vorplatz ist nach dem Geistlichen benannt. Palau weihte zudem das Kloster »Comunidad Santa Teresa«, in dem noch heute Karmeliterinnen ihren Glauben praktizieren.

Es Cubells ist eine Streusiedlung, rund um den Weiler verteilen sich also noch so einige Häuser im Umland, sodass am Ende doch rund 900 Einwohner dabei herauskommen. Darunter manche Prominente und Millionäre, deren Sommerresidenzen die Hänge der steilen Küste wie Juwelen bestücken. Mit den türkisblauen Pools der privaten Anwesen ist dieser Landstrich regelrecht gesprenkelt. So enden die meisten schmalen Straßen der Ortschaft im Nirgendwo beziehungsweise an einem der besagten Domizile, mit Ausnahme der steilen Straße, die an der Kirche vorbei hinab zum Strand von Es Cubells führt.

Verschwiegene Buchten

Die Platja des Cubells ist mit einer etwas umständlichen Anfahrt verbunden und eher kein Strand für Familien mit ihren großen Steinen und einer rasch zunehmenden Meerestiefe. Für alle aber, die Ruhe suchen und idyllische Flecken lieben, sollte sie auf der »Places to see«-Liste stehen. In steiler Hanglage über endlosen Weiten und strahlendem Türkis haben sich die »Reichen und Schönen« einen Logenplatz gesichert. Eine Entdeckungsreise vorbei an luxuriösen Villen liefert jede Menge Stoff für Geschichten à la James Bond. Der schmale Strand ist, unterbrochen von einigen Felsen, insgesamt rund 300 Meter lang und ein Platz zum Träumen, während das Meer auf den rundgeschliffenen Steinen der Brandungszone ein Lied spielt. Und doch braucht man auf den Komfort eines Café con leche oder warmen Lunchs nicht zu verzichten: Im Chiringuito »Ses Boques« sitzt man herrlich auf Holzmöbeln unter Pinien nahe am Wasser. Vor Ort heißt diese Teilbucht auch Ses Boques. Unterhalb der Klippen von Es Cubells verteilen sich außerdem noch weitere kleine Fischerbuchten wie die Cala Llentrisca und die Cala Ovella am Cap Negret.

Infos und Adressen

SEHENSWÜRDIGKEITEN

Església Mare de Déu del Carmen. Plaça Francisco Palau.

Kloster »Comunidad Santa Teresa. www.carmiseuropa.org

ESSEN UND TRINKEN

Es Llumbí. Viele Touristen übersehen das Bar-Restaurant, dabei hat man von der Terrasse einen fantastischen Blick bei bodenständiger ibizenkischer Küche. 07839 Es Cubells (neben der Kirche), Tel. 971/80 21 28.

Mo Ibiza. Schickes Restaurant an der Kreuzung zur Straße Cala d'Hort – Sant Josep, das modernes Ambiente und Tradition vereint. Sonntagsbrunch (12–17 Uhr), Fr–So auch im Winter geöffnet. Carretera Es Cubells, km 5,5, Tel. 971/80 21 50, www.restaurantemo.com

Ses Boques. Das Strandrestaurant bereichert die Cala Es Cubells bzw. Cala Ses Bosques. Carrer Es Vedrà i es Vedranell. Tel. 606/08 15 70, www.sesboques.com

Eine Perle in den sonst fast verlassenen Buchten ist das Strandlokal Ses Bosques.

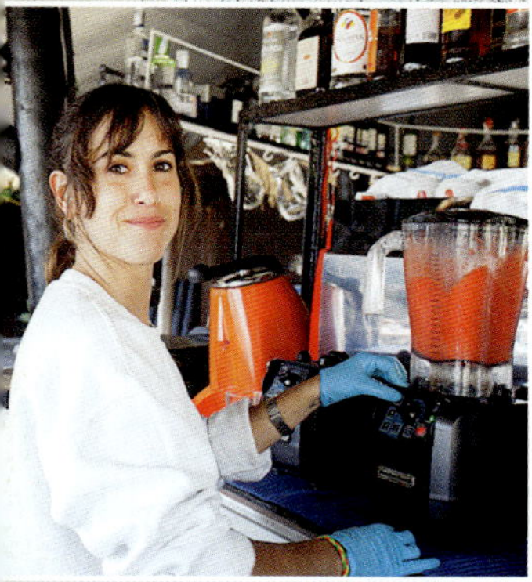

Mitte: Trotz Jetset-Faktor: Die Cala Jondal bietet viel Platz für ein höchst gemischtes Publikum.
Unten: Ein frisch zubereiteter Fruchtsaft tut bei der Hitze gut.

31 Cala Jondal

Feinstes Relaxen und legendäre Partys

Für viele ist die Bucht im Süden Ibizas ein Synonym für den bekannten Jetset-Beachclub »Blue Marlin«, der sich einen Logenplatz mit schönstem Ausblick auf die Landspitze ausgesucht hat. Doch die weite Bucht bietet noch mehr Lokalitäten verschiedener Preiskategorien und zieht ein gemischtes Publikum an. Ruhiger geht es der kleinen Nebenbucht Cala Es Xarcu zu.

Wer etwas auf sich hält, kommt mit dem eigenen Boot. Ein Anruf im »Blue Marlin«, und das Wassertaxi ist schon unterwegs, um den Gast zum Lounge-Bereich zu bringen. Ein vornehmlich reiches und schönes Publikum räkelt sich auf runden Strandbetten und Kingsize-Sonnenliegen. Doch es mischen sich auch Partypeople und andere Gäste darunter. Den Vorzeige-Beachclub kann man also getrost auch als »Normalsterblicher« über die Zufahrtsstraße ansteuern, sofern man bereit ist, etwas mehr Geld auszugeben.

Genießen und Feiern

Das »Blue Marlin« trägt den inoffiziellen Titel »Ibizas schönstes Strandlokal« und ist für viele der Grund schlechthin, die Cala Jondal zwischen den Kaps Porroig und der Punta Jondal zu besuchen – beziehungsweise den Anker hier auszuwerfen und den »Dinghi-Service« (Order per Beiboot) zu nutzen. In der Küche komponieren Chefkoch Christian Dinti und Sushi-Meister Tom Blackshaw passende Gaumenfeuerwerke. Legendär sind die Open Air-Partys im »Blue Marlin«, bei denen DJs von Weltrang an den Turntables stehen.

Vielseitiges Strandleben

Außerdem gibt es am Strand einen Massagebereich und eine Strandboutique. Auch im »Tropicana Beach Club« kann man es sich gut gehen und das Bestellte nach Gusto direkt am Boot servieren lassen. Die 250 Meter breite Cala Jondal bietet noch weitere Möglichkeiten und ist genauso bei Familien beliebt, wenn auch der Strand stellenweise steinig ist. Mit dem »Yemanja« ist noch ein weiteres und viel gelobtes Restaurant vertreten. Das Restaurant »Es Savina« wiederum gibt sich bescheidener und bodenständig.

Cala Es Xarcu

Eine fast »jungfräuliche« kleine Nebenbucht schließt sich östlich der Cala Jondal an der Flanke des Kaps von Porroig an: Vor einem dichten Gürtel aus Piniengrün und einem Bachbett eröffnet sich ein etwa 100 Meter langer Strand aus hauptsächlich grobkörnigem Sand und mit seichtem Wasser. Ein Chiringuito mit edel eingedeckten Tischen und Terrasse direkt am Ufer offeriert Fischgerichte vom Feinsten sowie Spezialitäten wie Jamón Ibérico. Auch einige Sonnenliegen stehen auf dem sehr schmalen Strand zum Verleih bereit. Die Anfahrt führt über eine abenteuerlich-steile Schotterpiste, die sich serpentinenartig nach unten schlängelt, inklusive Fahrrinnen und Schlaglöchern. Schattige Parkmöglichkeiten gibt es auch weiter oben im Wohnviertel. Von dort ist es noch ein etwa bis zwei Kilometer langer Fußmarsch.

Porroig und Cala Es Torrent

Das Kap Es Porroig trennt die Cala Jondal von der Küste vor Es Cubells. Auf dem Kap sitzt das Vier-Sterne-Hotel »Es Brisas«. In der ein Stück weiter westlich gelegenen kleinen Bucht von Es Torrent gibt es ein Strandlokal.

Infos und Adressen

ESSEN UND TRINKEN

Blue Marlin. Jetset-Treffpunkt inklusive begehrter Beach Events. Cala Jondal s/n, Tel. 971/41 01 17, www.bluemarlinibiza.com

Es Savina. Bodenständiges Strandlokal mit großzügiger, schattiger Terrasse. Bei rustikalen Snacks lässt es sich hier gut leben. Cala Jondal s/n, Tel. 674/40 4 645.

Es Xarcu. Feines Restaurant in der Nachbarbucht, Fisch, Jamón Ibérico und anderen Spezialitäten. Cala Es Xarco/Porroig, Tel. 971/18 7 867, www.esxarcu.com

Tropicana Ibiza Beach Club. Beliebte Bar mit Massage-Nische und schattiger Lounge-Nische. Cala Jondal s/n, Tel. 971/80 26 40 (Restaurant) sowie Bootsservice und Reservierung von Sonnenliegen Tel. 629/34 80 12; www.tropicanaibiza.com

Yemanja. Ganzjährig geöffnet und direkt am Meer, Ibiza pur! Cala Jondal s/n, Tel. 971/18 74 81, www.yemanjaibiza.com

ÜBERNACHTEN

Es Brisas. Vier-Sterne-Boutique-Hotel auf dem Kap von Porroig, mit Pool und Blick auf die Bucht von Es Cubells. Es Porroig s/n, Tel. 971/80 21 93, www.lasbrisasibiza.com

Es Torrent. Nach der Bucht benanntes Strandlokal mit Spitzenküche inklusive Hummereintopf für zwei, Mitte-April–Okt. tgl. 13–22 Uhr, Tel. 971/80 21 60. www.estorrrent.net

32 Sa Caleta

Weltkulturerbe neben Fischerbucht

Dieser Ausflug lohnt sich gleich doppelt: Nach einem Spaziergang zu einer der bedeutendsten Ausgrabungsstätten Ibizas locken die Bucht von Sa Caleta und der Strand Es Bol Nou mit seinen rötlichen Klippen. Es ist schon ein besonderer Anblick, der sich auf der Mola de Sa Caleta bietet, einer flachen Halbinsel zwischen dem Flughafenstrand Platja des Codolar und der Punta Jondal.

Reste von Grundsteinmauern vermitteln ein Bild davon, wie die wohl älteste phönizische Siedlung (spätes 8. Jahrhundert v. Chr.) auf Ibiza einst ausgesehen haben muss. Deutlich erkennbar ist der Verlauf der Gassen, Plätze und Gemeinschaftsanlagen. Wenn auch manche Betrachter finden, für Laien sei die umzäunte Fundstätte eher weniger spannend – die Vorstellung, dass hier vor fast dreitausend Jahren Menschen lebten, ist eindrucksvoll, und auch die Umgebung lohnt den Besuch.

Mitte: Kleine Bucht mit großem Farbenspiel: Sa Caleta
Unten: Zu besichtigen sind die Reste der prähistorischen Siedlung Poblat Fenici de Sa Caleta.

Prähistorische Metallgewinnung

Die Siedlung Asentamiento Fenicio de Sa Caleta, auch Poblat Fenici, entdeckt in den 1980er-Jahren, trug dazu bei, dass Ibizas »Biologische Vielfalt und Kultur« 1999 von der UNESCO zum Welterbe erklärt wurde. Sie besitzt städtischen Charakter und wird aufgrund ihrer Ausdehnung (vier Hektar) mit Siedlungen verglichen, wie man sie im Süden der Iberischen Halbinsel fand. Die Mauerreste zeigen, dass das System der Siedlung auf nebeneinander liegenden Räumen basierte, die mit kleinen Gassen verbunden waren. Einige der Räume oder Plätze wurden wohl gemeinschaftlich genutzt, dort entdeckte man auch zwei runde Öfen mit einer Grundfläche von jeweils zwei Metern. In den meisten Räumen und noch an einigen anderen Stellen befanden sich zudem Feuerstellen, an denen die Bewohner silberhaltiges Galenit einschmolzen. Die Gewinnung von Erz sowie Eisen und Bronze und der damit einhergehende Handel waren ihre Lebensgrundlage. Weitere Wirtschaftszweige in Sa Caleta waren Landwirtschaft und Fischfang sowie das Sammeln von Meeresfrüchten und Krustentieren und ganz besonders auch die Salzgewinnung in den benachbarten Salinen.

Naturhafen mit Geschichte

Die Siedlung wurde nur wenige Jahrzehnte später (600 v. Chr.) endgültig verlassen, wohl plangemäß und auf friedliche Weise, wie die archäologischen Untersuchungen ergaben. Aus diesem Grund und auch wegen der zeitlichen Übereinstimmung vermuten die Forscher, dass die Bewohner nur »umzogen«, um weiter östlich die Siedlung Ibosim zu begründen, aus der sich die Stadt Eivissa entwickelte.

Womöglich war der begrenzte Platz auf der flachen Halbinsel von Sa Caleta durch den Zuwachs des Volkes zu knapp geworden, hatten ihn die Phönizier doch aus gutem Grund gewählt: Durch die Mündung eines Sturzbaches war östlich davon eine natürliches kleines Hafenbecken entstanden, das vor nordwestlichen Winden schützte. Dieser Naturhafen wird heute noch rege von Fischern genutzt. Er ist förmlich ausgekleidet mit den charakteristischen Bootshäusern (Varaderos). Neben kleinen Motorbooten schaukeln auch traditionelle »Llaüts«, ibizenkische Fischerboote aus Holz, im Wasser, Netze und Bojen tragen zur fotogenen Szenerie bei. Besonders an Sonntagen sieht man die Eigentümer und auch andere Einheimische

AUTORENTIPP!

COVA SANTA NEU ERÖFFNET

Nach einigen Jahren Pause hat 2013 eine der beliebtesten Eventlocations der Insel wieder eröffnet, die sich an der Straße von Sant Josep Richtung Sa Caleta befindet: die Cova Santa, so benannt nach einer Tropfsteinhöhle, die in den Veranstaltungsort integriert wurde. Sie war im 15. Jahrhundert entdeckt worden und noch bis zu Beginn der 1990er-Jahre zu besichtigen gewesen. Dann verwandelte sie sich in ein Restaurant mit Events wie Flamenco-Shows und Partys. Nachdem das Lokal einige Jahre lang geschlossen war, steigen dort nun unter anderem die beliebten Music On Afterpartys des legendären »Amnesia«. Die Diskothek ist der neue Betreiber, und man darf gespannt sein, was sich daraus noch ergibt.

Cova Santa. Ctra. San José, km 7 (Abzweigung Richtung Sa Caleta) Tel. 971/198807, www.covasanta.com

Sa Caleta heißt seine Besucher willkommen.

Oben: Auch bei Einheimischen ist der Strand Es Bol Nou bei Sa Caleta beliebt.
Unten: Auf der Suche nach einem schönen Plätzchen in den Klippen.

und ihre Familien, die hier gern den freien Nachmittag am Strand verbringen.

Es Bol Nou

Westlich der Fischerbucht und der Halbinsel mit der Ausgrabungsstätte erstreckt sich Es Bol Nou, die 180 Meter breite Badebucht von Sa Caleta. Sie ist etwas Besonderes mit ihren bis zu 20 Meter hohen Steilklippen, die in Rot- und Ockertönen leuchtet. Unverbaut liegt sie landschaftlich reizvoll neben dem Puig des Jondal (169 Meter), der mit Pinien und Kiefern bewaldeten Hügelkuppe, die sich schließlich als felsige Landspitze im Meer verliert. Hinter dem Strand lädt das für seine ausgezeichnete Fischküche bekannte Restaurant »Sa Caleta« zur Einkehr ein, in dem auch die Paella schmeckt. Vor der herrlichen Felskulisse macht auch ein Picknick viel Spaß, und so bleibt noch Spielraum im Budget für einen heiße Disconacht im »Amnesia«, in der »Cova Santa« oder im »Privilege«. Im Sommer ist es aufgrund der Parkplatzsituation auf jeden Fall besser, die Busverbindungen zu nutzen (Linie 26).

Infos und Adressen

SEHENSWÜRDIGKEITEN

Asentamiento Fenicio de Sa Caleta. Die phönizische Siedlung ist frei zugänglich (von einem Zaun geschützt) und jederzeit zu besichtigen.

Auch der Gaumen kann sich freuen in Sa Caleta.

ESSEN UND TRINKEN

Restaurant Sa Caleta. Eine lohnende Adresse zum Fischessen: Spezialitäten wie Langusten, Hummereintopf oder der traditionelle Fischeintopf Bullit de Peix, außerdem Fleischgerichte wie gegrillte Lammkoteletts und ibizenkische Nachspeisen wie die puddingähnliche Graixonera mit Zimtaroma. Ganzjährig geöffnet. Platja es Bol Nou, Tel. 971/187095.

AUSGEHEN

In der näheren Umgebung gibt es keine Hotels und Ausgehmöglichkeiten, doch erreichbar sind in Richtung Sant Rafel zwei der berühmtesten Diskotheken der Insel, in denen die Nacht zum Tage wird.

Amnesia. Dreimal schon wurde die weltbekannte Disco als Best Global Club ausgezeichnet. Sie liegt gut erreichbar auf halber Strecke an der Hauptstraße zwischen Ibiza-Stadt und Sant Antoni, Ctra. Ibiza a San Antonio, km 5, Tel. 971/198041, www.amnesia.es

Privilege. Ein Swimmingpool bildet das Zentrum des Nightclubs, der als der größte Welt gilt. Der Discobus fährt die ganze Nacht von und nach Sant Antoni, Playa d'en Bossa und Ibiza-Stadt. Für Ticketinhaber gibt es auch gratis Sonderbusse, die vom Club oder dem Partypromoter eingesetzt werden, ab Playa d'en Bossa, dem Hafen in Ibiza-Stadt und Sant Antoni. Ein Taxi aus San Antonio, Playa d'en Bossa oder Ibiza-Stadt kostet 10–15 €. Tel. 971/198160, www.privilegeibiza.com

ANFAHRT

Buslinie 26 Eivissa-Cala Vadella. Von April bis September verkehrt 6-mal pro Tag die Buslinie Nr. 26 via Sant Josep ab Ibiza-Stadt oder Sant Josep. Von der Bushaltestelle sind es nur 10 Gehminuten bis zum Strand. Im Sommer kann der Parkplatz nahe dem Strand sehr schnell überfüllt sein, vor allem im August.

Die geschützte Bucht bietet meist ideale Badebedingungen.

33 Ses Salines

Artenreicher Naturpark

An der südlichsten Spitze Ibizas erstreckt sich der zweite Naturpark, der zusammen mit dem Naturpark um Es Vedrà den großen ökologischen Wert der Insel ausmacht: Zum Parque Natural de Ses Salines d'Eivissa i Formentera gehören mehrere Ökosysteme, eine wundervolle Unterwasserwelt und der von Jachten frequentierte Traumstrand von Ses Salines – ein Miteinander, das Herausforderungen birgt.

Mitte: Von höheren Standorten aus betrachtet, erweisen sich die Salinen als kunstvolle Geometrie.
Unten: Die Salzberge zeigen, wie aktiv die Produktion noch heute ist.

Schon beim Anflug auf Ibiza zeigt sich die Schönheit der Salzfelder, befindet sich doch der Flughafen direkt neben dem westlichen Teil der Salinenlandschaft. Überaus eindrucksvoll ist eine Fahrt über die Landstraße Richtung Sa Canal, besonders bei Sonnenuntergang, wenn die Felder in den unterschiedlichsten Rottönen leuchten. Die verschiedenen Färbungen der Salinenbecken indes haben einen anderen Hintergrund: Abhängig von der Salzkonzentration dominieren unterschiedliche Mikroorganismen. Eine grünliche Färbung wird

MAL EHRLICH

DIE SCHATTENSEITE DES SCHIFFSVERKEHRS

Durch den Massentourismus und die Zunahme des Schiffsverkehrs, insbesondere großer Jachten und Kreuzfahrtschiffe, leiden die Posidoniawiesen. Besonders beim Herausziehen der Anker werden große Mengen Seegras mit herausgerissen. Daher wurden vor Ses Salines Ankerbojen angebracht, an denen Sportboote festmachen können – eine lokale Lösung, die leider nur einen Teil des Problems beheben kann.

Naturpark Ses Salines

AUTORENTIPP!

PANORAMABLICK VOM CAP DES FALCÓ

Ein Wanderpfad führt vom Weiler von Sa Canal zu einem Platz mit großartiger Aussicht und zu versteckten Badeplätzen. Der Weg ist teils mit blauen Markierungen versehen, aber auch so gut zu erkennen. Startpunkt ist die Salzverladestation (hier gibt es auch einige Parkmöglichkeiten). Dann hält man sich immer nah am Wasser, ein zunächst breiterer Weg führt vorbei an einigen Bootshäusern und geht am Hügel bald in einen Trampelpfad über. Schon nach wenigen hundert Metern sind einige schöne Badestellen in den Felsen zu finden. Die Tour verläuft bald rechts recht steil den Berg hinauf. Oben angekommen, entfaltet sich ein überwältigendes Panorama: Zu sehen sind der gesamte Salinas-Strand bis zur Punta des ses Portes, Formentera und die kleinen Inseln dazwischen. Auf der anderen Seite des Berges geht der Pfad noch weiter bis zur Platja des Canal – einer kleinen Bucht, die man meist für sich alleine hat.

von einzelligen Algen verursacht. Sie sind ein gefundenes Fressen für die winzigen Salinenkrebse (Artemia salina), die sich den lebensfeindlichen Bedingungen angepasst haben. Für eine intensive rötliche Färbung ist die Grünalge Dunaliella salina verantwortlich, die einen hohen Gehalt an Carotinoiden hat, insbesondere Beta-Carotin. Eine bräunlich-orange Färbung wiederum rührt von einer Gipskruste her, die sich bildet, bevor das Kochsalz ausfällt. Sie wiederum enthält verschiedenfarbige Schichten mit Cyano- und Purpurbakterien.

Weltnaturerbe Posidonia-Wiesen

Die Salinen machen nur einen kleinen Teil des Naturparks aus, der eine Gesamtfläche von rund 15 400 Hektar umfasst. Sein Gebiet reicht von den noch bewirtschafteten Salzfeldern im Süden Ibizas bis zu den teils brachliegenden Salinen im Norden Formenteras mitsamt den zugehörigen Küstenzonen und der Felseninselgruppe des Freus, zu der wiederum die Eilande Espalmador, Espardell und des Penjats gehören. Letztere sind eine Verbindung zwischen den beiden großen Schwesterinseln, die teils unter dem Meeresspiegel liegt.

Rund 85 Prozent der Naturparkfläche sind Meeresgebiet und besonders durch die Posidonia-Seegraswiesen (Posidonia oceanica) geprägt. Die im Mittelmeer endemische submarine Pflanze, auch Neptungras genannt, bildet den Lebensraum für zahlreiche Fischarten und marine Organismen.
Sie liefert Sauerstoff und sorgt damit auch für eine hohe Qualität und Klarheit des Wassers. Der Posidonia-Bestand schützt außerdem die Küstenzone vor durch Brandung verursachte Erosion und trägt dazu bei, die Dünenlandschaft zu erhalten. Deshalb werden Säume aus brauner, abgestorbener Posidonia in der Brandungszone, die für Unwissende nach »Verschmutzung«, aussehen mögen, an diesen

Stränden nicht entfernt, sondern die Natur darf daraus ungestört ihre natürlichen Barrieren bauen. Die grünen, wogenden Posidoniawiesen sind beim Tauchen und Schnorcheln ein wunderschöner Anblick und Heimat unter anderem des Seepferdchens. Der Bestand im Naturpark Ses Salines ist der am besten erhaltene im gesamten Mittelmeerraum. Er wurde zum Weltnaturerbe der UNESCO erklärt.

Vielfältige Flora und Fauna

Das Landgebiet des Naturparks beherbergt mit insgesamt 178 Arten einen Großteil aller auf den Pityusen vorkommenden Pflanzen, darunter der Mittelmeerpinienwald, Wacholder, die halophile (»salzliebende«) Vegetation rund um die Seen und ganze Haine aus mehr als hundert Jahre alten Zedern. Die Flora wird von dem Salzgehalt der Erde beeinflusst. Rund um die Salinen überwiegen das einheimische Immergrün, Spanisches Rohr und zahlreiche Salzpflanzen. Auf den angrenzenden Hügeln mit geringerem Salzgehalt gedeihen Sadebäume, Pinienwälder, Rosmarin- und Zistrosensträucher.

Zu den rund 210 Vogelarten im Naturpark gehören Wasservögel wie Stelzenläufer, Rotschenkel und Löffelenten und ganze Kolonien des Rosa Flamingos (Phoenicopterus roseus), die in den Salzfeldern staken und nach kleinen Krebsen fischen. Die felsigen Küstenzonen bilden einen Lebensraum für Wanderfalken und Fischadler. Zu beobachten sind außerdem Seevögel wie die Korallenmöwe (Larus audouinii) und der Balearen-Sturmtaucher (Puffinus mauretanicus).

Die lange Tradition der Salzgewinnung

Die alten Becken zur Salzgewinnung von Ibiza und Formentera sind ein Paradebeispiel für die

Oben: Das Arbeiterdenkmal erinnert an die früheren Zeiten der Salzgewinnung.
Unten: Zahlreiche Vogelarten sind im Naturpark zu beobachten.

AUTORENTIPP!

HOSTAL PEPITA
Sympathisch und preisgünstig direkt beim Salinas-Strand übernachten, das geht im Gästehaus (Casa de Huéspedes) Escandell, auch bekannt als Hostal Pepita – nach der Besitzerin, einer guten Seele, die das Haus in alter Familientradition führt. Zwischen 35 und 52 Euro kostet eine Übernachtung. Die Zimmer sind einfach, aber gepflegt und liebevoll eingerichtet, teils mit gemeinschaftlicher Badnutzung, und einige Zimmer haben einen kleinen Balkon. Die lauschige Gartenterrasse dürfen Gäste nutzen und auch die kleine Küchenzeile, die dort zur Verfügung steht. Nur einige Dünen liegen zwischen dem Hostal und dem Strand.

Hostal Escandell. Ctra. PM-802 a Sa Canal, s/n. Platja de ses Salines. April–Okt., Tel. 971/39 54 87, www.hostalpepita.com

reiche Biodiversität des Mittelmeeres. Über Jahrtausende bildeten die Salinen die Haupteinnahmequelle der Insulaner. Bereits die ersten phönizischen Siedler im 7. Jahrhundert nutzen dieses Salzgebiet. Im Jahre 1229, als die Christen Ibiza im Zuge der Reconquista zurückeroberten, wurde Ses Salines zum wichtigsten Salzgewinnungsgebiet des Mittelmeerraumes.

Noch heute wird in den Salinen von Ibiza Salz gewonnen, rund 40 000 Tonnen sind es jährlich. Ungefähr die Hälfte davon wird zum Salzen von Fisch auf die Färöer-Inseln exportiert. Nur ein kleiner Bruchteil (0,1 Prozent) macht das Flor de Sal Ibiza aus, die abgeschöpfte »Salzblume«, für die feine Küche wird von Hand geerntet, und man bekommt sie auch in verschiedensten Mischungen – ein schönes Mitbringsel.

Am Strand von Ses Salines

Wie Schneeberge sieht das geerntete Rohsalz aus, das neben den Salzfeldern an der Straße Richtung Sa Canal lagert. Nicht weit davon beim Weiler von Sa Canal befindet sich die Salzverladestation und bildet einen visuellen Kontrast zum Strandleben von Las Salinas. Als einer der schönsten Strände der Insel, gesäumt von einem natürlich gewachsenen Dünengürtel und mit einem Wasser in allen karibischen Blautönen, ist Ses Salines (kastilisch: Las Salinas) im Sommer gefüllt mit unterschiedlichsten Badegästen. Davor ankern Jachten oft in mehreren Reihen, mit dem Dinghi geht es zu Szene-Strandbars wie dem »Jockey-Club«. Die Promotion-Häschen der »Disco Pacha« (siehe Kapitel 2), fliegende Händler, die Sonnenbrillen und CDs verkaufen, langbeinige Models und Urlauberpapis mit mitgebrachten Sonnenschirmen, Einheimische mit Kühltaschen beim Familienpicknick bilden eine bunte Strandgemeinschaft.

Punta des ses Portes

Besonders in den Morgen- und Abendstunden oder zu weniger gut besuchten Jahreszeiten ist Las Salinas ein Traum. Der lange Strand ist wie geschaffen für ausgedehnte Spaziergänge, fast zwei Kilometer kann man ihm folgen bis zur südlichsten Spitze Punta des ses Portes, die ein Wehrturm (Torre de ses Portes) und einige urige Varaderos, schmücken. Dort, wo der Sandbereich endet – bei der Party-Strandbar »Sa Trinxa« –, folgt eine wunderschöne Felsenlandschaft mit einigen Sandbuchten, die auch FKK-Freunde bevorzugen. Am Piratenturm angekommen, kann man auf die nordöstliche Seite der Landspitze wechseln und den Spaziergang am Strand von Es Cavallet fortsetzen, der es in Sachen Schönheit locker mit Las Salinas aufnehmen kann. Von dem Strand führen einige Wege durch das mit Pinien bewaldete Hinterland und vorbei an den Salzfeldern.

Cap des Falco und Playa des Codolar

Westlich von Sa Canal mit der Salzverladestation, bildet das Cap des Falco (144 Meter) eine Hügellandschaft mit Wanderpfaden und fantastischen Aussichtspunkten. Hinter dem Kap liegt der Strand von Es Codolar neben den Salzfeldern, die an den Flughafen angrenzen. Durch die Nähe zur Landebahn ist der Strand auf den ersten Blick weniger attraktiv, doch am Wasser angekommen, erweist er sich als idyllisches Plätzchen, wenn auch weniger zum Baden geeignet wegen des steinigen Grundes. Dafür kann man von dieser westlichen Seite aus wunderbare Sonnenuntergänge genießen (siehe auch Autorentipp, S. 186). Besonders beliebt ist der Chiringuito »Soul Beach«, der sich etwas abseits der mondänen Strandrestaurants gleich hinter dem Flughafenareal neu etabliert hat. Auch Kinder sind herzlich willkommen.

AUTORENTIPP!

EXPERIMENTAL BEACH

Am »Flughafenstrand« Es Codolar versteckt sich eine wunderschöne Lounge-Bar. Mit Sonnenbetten in Weiß und Himmelblau hervorragender Küche und Cocktails ist sie ein Platz, um den Sonnenuntergang zu genießen. Die Lage erlaubt einen weiten Westblick über das Meer mit den Landzungen von Porroig und der Punta Jondal, über die die Spitze von Es Vedrà lugt. Von den startenden und landenden Fliegern in der Nachbarschaft bekommt man kaum etwas mit – beziehungsweise auch der Anblick kann besonders für Kinder spannend sein.

Experimental Beach Ibiza.
Playa des Codolar Salinas s/n,
Tel. 664/33 12 69,
www.eccbeach.com

Infos und Adressen

ESSEN UND TRINKEN

Can Masia. Ibizenkisches Restaurant mit schönen Außenplätzen an der Zufahrtsstraße zum Strand (schräg gegenüber dem Hostal Pepita kurz vor dem Weiler Sa Canal) – eine schöne und preisgünstige Alternative zu den Beach-Clubs.

Die Salzproduktion ist in vollem Gange.

Guarana. Beachrestaurant im vorderen, also nördlichen Bereich des Strandes. Die Spitzenküche hat ihren Preis, die Snacks kosten etwas weniger. Die erhöhte Terrasse bietet die schönsten Logenplätze zum Sonnenuntergang. Playa Ses Salines, s/n, Tel. 971/39 54 44, www.guarana-salinas.com

Jockey Club. Der wohl bekannteste Beach Club am Salinas-Strand. Wenn auch Küche und Preise gehobener sind, geht es hier doch ziemlich locker zu. Playa Salinas, s/n, Tel. 971/39 57 88, www.jockeyclubibiza.com

Malibu Beach Club. Auch in diesem Strandrestaurant speist man vorzüglich und kann sich seinen Drink von der Sonnenliege aus bestellen. Playa Ses Salines s/n, 971/39 65 80, www.ibizamalibu.es

Sa Trinxa. Der ganz am südlichen Strandende gelegene Chiringuito ist vor allem beim Partyvolk beliebt, lässiger als die anderen und bietet auch preisgünstigere Snacks.Tel: 637/82 6 183, www.satrinxa.com

Soul Beach. Auf Ibiza landen und gleich ab in eine der reizvollsten neuen Sunset-Locations! Ibizenkische Küche, mit Liebe gemacht, inklusive Fisch-Carpaccio und minimalistischer Anklänge. Noch ein Geheimtipp, aber nicht mehr lang! April–Okt. 10-23 Uhr. Playa es Codolar, Crta. Cala Jondal hinter dem Flughafen.Tel. 674/69 04 01.

Ferienhaus nahe den Salinen

Am Strand von Es Cavallet kann man auch aktiv werden.

ÜBERNACHTEN

Hostal Mar y Sal. Fast direkt am Strand, Zimmer für rund € 80 mit TV und Aircondition. Zum Hostal gehört ein Bar-Restaurant, in dem man auch immer gut einen Café trinken oder etwas essen gehen kann. Auch gut für einen kleine Tortilla mit Bier für zwischendurch. Calle la Canal, s/n, Playa de las Salinas, Tel. 971/39 65 84, www.hostalmarysal.com

Hostal Salinas. Für ein Hostal hat es kräftige Preise, allerdings bekommt man dafür auch sehr schöne und modern ausgestattete Zimmer. Erst vor wenigen Jahren wurde es komplett renoviert, und bis zum Strand sind es nur 100 Meter. Calle la Canal, s/n, Playa de las Salinas, Tel. 971/30 88 99, www.hostalsalinas.com

AKTIVITÄTEN

Salinas Marine Center. Wer die Meeresflora und -fauna von Salinas erkunden will, wie etwa die berühmten Posidonia-Wiesen und die rot leuchtenden Fächergorgonien auf dem Meeresgrund, kann hier von Schnuppertauchen bis Divemaster- und Instructorkurs alles bekommen. Zur Auswahl stehen Ausflüge zu insgesamt 30 Tauchplätzen bis hin zu Es Vedrà. Carreterra a Sa Canal, s/n, Playa Salinas, Tel. 971/93 20 64, http://www.uemis.org/it/diveworld/centri_di_diving/salinas_marine_center_ibiza_s_l

EINKAUFEN

Beim Hostal Mar y Sal (siehe weiter oben) gibt es eine Strandboutique und beim Restaurant Can Masia (siehe Essen & Trinken) ein kleines Lebensmittelgeschäft.

INFORMATION

Oficina Informació Turística de Sant Josep. Mai–Okt. Mo–Sa 9.30–13.30 Uhr. Plaça Església S/N, Sant Josep de sa Talaia, Tel. 971/80 16 27.

Die Produkte aus Ibiza-Salz sind schöne Souvenirs.

Mitte: In der kleinen Dorfkirche beteten einst die Salzarbeiter.
Unten: Auch einige größere Anwesen und Ferienunterkünfte gehören zum heutigen Sant Francesc.

34 Sant Francesc de s'Estany

Das Dorf der Salzarbeiter

Sant Francesc liegt inmitten der Salzfelder, wie sein Beiname »de s'Estany« unterstreicht, und entstand auch erst derentwegen: Das Dörfchen wurde im 18. Jahrhundert für die Arbeiter der Salinen errichtet, mitsamt einer kleinen Kapelle. Einige Häuser der ursprünglichen Siedlung sind noch erhalten. Das Gebiet ist auch vom nahen Flughafen geprägt. Richtung Sa Canal liegt der traumhafte FKK-Strand Es Cavallet.

Nach dem Spanischen Erbfolgekrieg (1701–1714) waren auch die Salinen von Ibiza in den Besitz Philipps V. übergegangen. Fortan war also die spanische Krone für das religiöse Leben der Arbeiter verantwortlich, und es wurde diese Kirche an einer Stelle gebaut, an der vermutlich zuvor eine Kapelle aus dem 15. Jahrhundert gestanden hatte. Sie ist dem Heiligen Sant Francesc de Paula geweiht und wurde im Jahre 1785 durch den ersten Bischof von Ibiza, Manuel Abad y Lasierra, zur eigenen Pfarrgemeinde erhoben. Auf einen Friedhof wurde lieber verzichtet; wie es heißt, befürchtete man, der hohe Salzgehalt der Erde würde die Toten konservieren. Stattdessen fanden die Angehörigen der Gemeinde in der Kirche des Nachbardorfes Sant Jordi de Ses Salines (siehe Kapitel 35) ihre letzte Ruhe.

Bis ins frühe 20. Jahrhundert war das Gebiet um Sant Francesc zudem noch stark von Landwirtschaft geprägt, so wie viele Regionen auf Ibiza. Dies änderte sich mit dem Bau des 1958 eröffneten Flughafens von Es Codolar. Er fand Platz in diesem flachen Inselteil, was zur Folge hatte, dass viele Familien ihrer Ländereien aufgeben mussten und die Gemeinde verließen. Pläne, den Flughafen in Richtung Süden zu erweitern, konnten aufgrund des Status der Salinen als UNESCO-Weltkulturerbe nicht realisiert werden. Die bereits erbauten Häuser unterliegen dem Bestandschutz.

Zum Strand von Es Cavallet

Heute ist Sant Francesc ein reiner Durchfahrtsort, den alle passieren, die den Strand von Ses Salines ansteuern oder auch die nahe gelegene Diskothek »DC-10« – so benannt nach dem dreistrahligen US-Großraumflugzeug, denn der Club liegt fast direkt an der Landebahn. Kurz hinter dem Dorf in Richtung Sa Canal zweigt links eine Straße zum zweiten Traumstrand dieser Region ab: Entlang der südöstlichen Salzfelder geht es nach Es Cavallet, einem offizieller FKK-Strand mit hohem Gay-Anteil, besonders zum südlichen Ende hin, während sich im vorderen Bereich eher ein gemischtes Publikum aufhält. Die Zufahrtsstraße endet an einem großen Parkplatz, und direkt links davon befindet sich das stilvolle Restaurant »La Escollera«, das man allein schon wegen des sagenhaften Blicks einmal besucht haben sollte: Zu sehen ist der komplette Strand vor einem Meer, das in allen Türkistönen schillert – ruhiges Wasser vorausgesetzt, denn anders als am Strand von Salinas ist die Brandung auf dieser Seite der Landzunge oft etwas stärker. Bei Ostwind ist es damit auch ein Spot für erfahrene Surfer. Die herrliche Dünenlandschaft hat auch zahlreiche windgeschützte Nischen geschaffen, in denen man Sonnenplätze findet; natürlich sind dabei die geschützten Dünenbereiche nicht zu betreten. Der Strand ist einen guten Kilometer lang und geht am südlichen Zipfel in die Felsenlandschaft der Punta des Ses Portes mit dem Piratenturm über, wo man also auch von dieser Seite aus zum Salinas-Strand spazieren kann (siehe dort).

Infos und Adressen

ESSEN UND TRINKEN

Chiringay. Wie der Name schon sagt, vor allem (aber nicht nur) ein Platz für Männer. Strandbar mit Restaurant. Tel. 971/59 95 08, www.chiringay.com

El Chiringuito. Strandbar mit Musik und gemischtem Publikum. Playa Es Cavallet, Tel. 971/39 54 85, www.elchiringuitoibiza.com

Restaurante La Escollera. Edles Ambiente, Terrasse und Lounge-Bereich mit 1A-Panoramablick über die ganze Küste von Es Cavallet. Playa Es Cavallet, Tel. 971/39 65 72, www.laescolleraibiza.com

ÜBERNACHTEN

Residencia Casa Munich. Die über 400 Jahre alte familiengeführte Finca hat sich zum luxuriösen Boutique-Hotel gemausert. Eine gute Adresse für alle, die jenseits des Trubels an der Playa d'en Bossa vornehm logieren und in der großzügigen Chillout-Area entspannen wollen, einem tropischen Garten mit drei Pools. Auch kleine Gäste fühlen sich hier wohl. Calle Migjorn Gran, 13, Ses Salines, 07818, Tel. 971/39 65 35.

AUSGEHEN

DC 10. Berühmt-berüchtigter Underground-Club, in dem der Tag zur Nacht wird. Afterhour-Partys und andere Events. Carreterra a Sa Canal s/n, www.circolocoibiza.com

INFORMATION

Oficina Informació Turística de Sant Josep. Mai–Okt. Mo–Sa 9.30–13.30 Uhr. Plaça Església S/N, Sant Josep de sa Talaia, Tel. 971/80 16 27.

35 Sant Jordi de ses Salines

Die schönste Wehrkirche Ibizas

Die wohl meisten Urlauber nehmen das mit der Playa d'en Bossa zusammengewachsene Dorf kaum wahr beim Vorbeifahren. An Sehenswürdigkeiten hat Sant Jordi tatsächlich nichts weiter zu bieten außer einer besonders schmucken Wehrkirche mit Zinnen, deren Innenhof Palmen und Blumenranken zieren. Doch es gibt hier auch noch einige nette Bars und Cafés zum Eintauchen in das ibizenkische Inselleben.

Gäste, die auf dem Flughafen von Ibiza landen und sich auf den Weg machen zu ihrer Unterkunft im Süden oder Osten der Insel, passieren Sant Jordi. Seit die Autobahn den Verkehr per Unterführung um das Dorf leitet, bekommen Vorbeifahrende davon allerdings kaum noch etwas mit. Vor einigen Jahren sah es hier noch ganz anders aus, und neben den werbenden Plakate der großen Diskotheken zogen Transparente mit Protestparolen wie »no volem autopista« die Blicke auf sich. Das ist Ibizenkisch und bedeutet so viel wie: Wir wollen die Autobahn nicht.

Mitte: Eine Kirche, die besonders eindrucksvoll von Piratenzeiten erzählt.
Unten: Hier sollte man auch einen Blick in den Altarraum werfen.

Ein Dorf verändert sich

Bevor im Jahr 2006 die Autobahn kam, war also ganz Sant Jordi in Bewegung. Unter anderem mussten Fincas, die seit Generationen in Familienbesitz waren, abgerissen werden, was zu heftigen Protesten führte. Wie so oft hat auch diese Veränderung zwei Seiten, zumindest ist das Dorf nun weniger stark von dem Verkehr betroffen, der vom und zum Flughafen rauscht und im Sommer ziemliche Ausmaße annimmt. So konnten sich inzwi-

Sant Jordi und Umgebung

Sant Jordi ist eher ein reines Wohngebiet und touristisch weniger von Bedeutung. Doch rund um die schönste Wehrkirche Ibizas gibt es schon auch einiges zu entdecken, besonders wenn man sich gern einmal abseits der Massenströme bewegt. An Samstagen allerdings ist auch hier mitunter Geduld bei der Parkplatzsuche erforderlich – wenn aus allen Inselteilen vor allem Einheimische zum Flohmarkt kommen.

Ⓐ **Die Flughafen-Autobahn** – Seit sie den Durchgangsverkehr um das Dorf leitet, fahren viele an Sant Jordi vorbei, ohne von dem Dorf etwas gesehen zu haben.

Ⓑ **Kreisverkehr** – hier biegt man ab, um direkt in das Ortszentrum zu gelangen.

Ⓒ **Zentrum** – Dieser neu gewachsene Teil der Ortschaft bietet gute Einkaufsmöglichkeiten.

Ⓓ **Wehrkirche** – Sehenswert mit ihren charakteristischen Zinnen, die von Zeiten als Piratenschutz zeugen. Die ist der historische Kern von Sant Jordi.

Ⓔ **Carrer Vicente Serrra S Jor** – In diesem Ortsteil verstecken sich einige gute Restaurants, eine Eisdiele und Geschäfte, in denen man besonders frische Lebensmittel bekommt.

Ⓕ **Plaça Major** – Das Areal rund um den Dorfplatz mit Spielplatz ist ein beliebter Treffpunkt, in der nahen Carrer Cementeri gibt es Parkplätze.

Ⓖ **Hippodrom** – In der ältesten Pferderennbahn Ibizas ist sonntags Flohmarkt.

Ⓗ **Salinenstraße** – Hier geht es zu den Salzfeldern und Richtung Sa Canal. Besonders in der Morgen- und Abenddämmerung lohnt es sich anzuhalten und das magische Licht zu genießen, das die Salinenlandschaft verzaubert.

Ⓘ **Bucht von La Xanga** – Kurz vor Sant Francesc abbiegen, dann kommt man zu dieser versteckten Bucht beim Wehrturm Torre des Carregador.

Mediterrane Botanik im schönen Städtchen Sant Jordi

AUTORENTIPP!

S'HORTET VERD

In der Carrer Pirineus nahe der Ortsdurchfahrtsstraße befindet sich der erste zertifizierte Bio-Supermarkt von Ibiza, zu Deutsch »Grüner Garten«. Gesundheitsbewusste Konsumenten können zwischen mehr als 50 Sorten Obst und Gemüse wählen, vieles aus regionaler Produktion. Im zugehörigen Lokal mit Terrasse wird täglich ein Bio-Menü (auch vegetarisch) serviert, und für die Kinder gibt es einen kleinen Spielplatz. Die Besucher können auch das freie WLAN nutzen und Kursen zum Thema gesund Kochen und Essen teilnehmen. Die Betreiberin Alicia Colomar hat sich mit ihrem Team das Ziel gesetzt, das Wohlbefinden durch gesunde Ernährung zu unterstützen, und dies bevorzugt mit regionalen Erzeugnissen. Seit 2009 kann man sich dort auch mit Massagen verwöhnen lassen.

S'Hortet Verd. Carrer Pirineus, Tel. 971/30 80 30, www.shortetverd.info/de/

Die typische Ibiza-Architektur in Sant Jordi

schen manche Anwohner mit der neuen Situation versöhnen. Das Gesicht Ibizas hat sich durch die Betonmeile indes weiter verändert. Um eine Idee von der Tradition und dem ursprünglichen Dorf zu bekommen, folgt man nicht der Autobahn, sondern biegt zuvor am Kreisverkehr nach Sant Jordi ab, um über die alte Durchfahrtsstraße ins Ortszentrum zu gelangen. Dieser neu gewachsene Teil der Ortschaft bietet gute Einkaufsmöglichkeiten, neben Supermärkten auch Geschäfte wie das Casa y Campo, in dem man auch schöne Kleinigkeiten für das Haus bekommt, außerdem Banken, Apotheken und eine Post, Zeitschriftenläden mit internationaler Presse und Cafés mit freiem WLAN-Zugang.

So ist Sant Jordi eine Alternative, um abseits der touristisch überfüllten Orte einzukaufen oder einige nötige Dinge zu erledigen. In den vorwiegend ibizenkischen Tapas-Bars und anderen Lokalen isst man gut und preisgünstig, und bei einem Café con leche kann man in das dörfliche Leben eintauchen. Besonders schöne Möglichkeiten sind nahe der Kirche zu finden und in der an ihr vorbeiführenden Carrer Vicente Serra-S Jor. Dort gibt es gute Restaurants wie das »Rasca Lobos«. und das »Can Sala«, außerdem die Eisdiele »Cafeteria Heladeria Sa Font« sowie ein Fischgeschäft und einen Obst- und Gemüseladen. Weitere Lokale. einige auch mit internationaler Küche, sind an der Durchfahrtstraße nahe dem Supermarkt zu finden. Mit insgesamt fast 10 000 Einwohnern hat Sant Jordi eine gewisse Größe und eine entsprechende Vielfalt erreicht. So brachte es mit S'Hortet Vert (siehe Autorentipp links) auch den ersten zertifizierten Bio-Supermarkt Ibizas hervor.

Zinnen über den Kapellen

Unbedingt sollte man einen Stopp bei der hübschen Wehrkirche einlegen, dem historischen Kern von

Sant Jordi. Wie kaum eine andere Kirche auf Ibiza repräsentiert sie die Tatsache, dass viele Gotteshäuser der Insel zugleich als Piratenschutz dienten: Die schrägen Hauptmauern tragen einen Rand aus Zinnen wie eine kleine Burg. Den historischen Quellen nach wurde die Kirche im Jahr 1577 erbaut, es ist aber wohl davon auszugehen, dass es schon ab dem 13. oder 14. Jahrhundert eine Kapelle an diesem Platz gab. Die seitlichen Kapellen kamen im 18. Jahrhundert hinzu, als die Kirche nicht mehr als Festung diente. Hübsch anzusehen ist auch ihr mit Blumen und Palmen bepflanzter Innenhof. Hinter der Kirche, in der danach auch benannten Carrer Cementeri, befindet sich der Friedhof von Sant Jordi. Es ist kein Gräberfriedhof mit Erdbestattung, wie man ihn aus anderen westlichen Ländern kennt, sondern die Grabstätten sind in vertikale Gemäuer eingelassen.

Rund um die Kirche wurden Plätze zum Verweilen neu angelegt, autofreie Bereiche, in denen sich auch die Kinder austoben können, mit einem Spielplatz. Auf der großen Plaça Major finden die Dorffeste statt, groß feiert man besonders das alljährliche Patronatsfest zu Ehren des Schutzheiligen

Oben: Auf einen Café solo in der Siesta …
Unten: Sant Jordi hat so einige verborgene schöne Blickwinkel.

AUTORENTIPP!

FLOHMARKT IM HIPPODROM

Jeden Samstag, und dies im Sommer wie im Winter, füllt sich der große Innenplatz der Pferderennbahn mit Flohmarktständen. Einheimische verkaufen Trödel, Secondhand-Kleidung und manche Schätze, darunter mengen sich Händler mit inseltypischer Adlib-Mode und anderen Dingen, wie man sie auch auf den ausgewiesenen Hippiemärkten findet – und doch ist dieser Markt anders, man könnte ihn auch als den »wahren Hippiemarkt« Ibizas bezeichnen, da er authentischer ist als einige der touristischen Märkte. Im Eingangsbereich des Hippodroms trifft man sich zum Kaffeetrinken oder auf einen Imbiss, und es ist das wöchentliche Ereignis, zu denen Bewohner aus vielen Inselteilen kommen – zu erkennen auch an zahlreichen parkenden Autos. Einen Stand einrichten kann jeder, man fährt frühmorgens auf den Platz und zahlt die Gebühr dann beim patrouillierenden Personal.

Hipódromo de Sant Jordi. Beim Kreisverkehr am Ortseingang Richtung Ses Salines. Ganzjährig Sa ab 9 Uhr.

am 23. April. Rund um dieses Areal gibt es viele kostenfreie Parkplätze. Wer im Zentrum einkaufen möchte, kann auch auf diese nahe gelegene Alternative ausweichen und über die Carrer de Montblanc dorthin spazieren.

Hippodrom und Bucht La Xanga

Vor den Toren von Sant Jordi, in Richtung Flughafen, befindet sich die älteste Pferderennbahn Ibizas. Das Hipódromo ist vor allem wegen seines sonntägliches Flohmarktes interessant (siehe AT links). Ab der Salinenstraße Richtung Sa Canal geht es kurz vor Sant Francesc links in ein unscheinbares Brachland, hier der Calle Sant Francisco 2 folgen. Dort verbirgt sich an der Küste eine Überraschung: Beim Wehrturm Torre des Carregador (auch: Torre de Sal Rossa) führt ein Pfad zur kleinen Bucht von La Xanga, naturbelassen bis auf die traditionellen Bootshäuser, mit Blick auf das Felseiland Illa de Sal Rossa. Es ist ein schöner Platz für eine Erfrischung abseits des Trubels der nahen Playa d'en Bossa, die sich ab dem Wehrturm in Richtung Norden erstreckt. Ein Tipp für alle, die hier ihren Urlaub verbringen möchten: Gleich in der Nähe befinden sich ruhig gelegene Ferienwohnungen mit herrlichem Ausblick auf die Bucht. Von hier aus sind die Party-Hochburgen der Insel genauso schnell erreicht wie die herrlichen Strände.

Infos und Adressen

SEHENSWÜRDIGKEITEN

Església de Sant Jordi. Die Wehrkirche mit Zinnen ist das Schmuckstück von Sant Jordi. Carrer Pirineus/Carrer Vicente Serrra S Jor.

ESSEN UND TRINKEN

Méson Rasca Lobos. Gemütliches Restaurant mit Tapas-Bar und schönem Garten nahe der Kirche. Spanisch-mediterrane Küche, Di–Fr Mittagstisch. Carrer Vicente Serrra S Jor, 25, Tel. 971/39 58 60, www.restauranterascalobos.com

Can Sala. Bar mit preisgünstiger und guter ibizenkische Küche. Carrer Vicente Serra-S Jor. Tel. 971/39 63 53.

Cafeteria Heladeria Sa Font. Die Eisdiele versteckt sich nahe der Kirche und ist auch für einen Kaffee mit oder ohne Snack ein netter Platz. Carrer Vicente Serrra S Jor. Tel. 971/39 20 80.

ÜBERNACHTEN

Apartamentos Sal Rossa. Am Strand von Playa d'en Bossa und schnell von Sant Jordi aus zu erreichen. Auch der Weg zum Wehrturm mit der ruhigen Nachbarbucht La Xanga ist nicht weit. Carrer de les Begònies, 4/Playa d'en Bossa, Tel. 971/30 64 49, www.salrossa.com

Bei Festen bietet Sant Jordi auch eine kleine Kirmes.

FESTE UND EVENTS

Patronatsfest. Jährlich am 23. April.

EINKAUFEN

casa y campo. Möbel und Dekoration sowie Geschenkideen. Im Ortszentrum bei dem großen Parkplatz. Ctra. Aeropuerto, 58, Tel. 971/39 52 47, www.casaycamposantjordi.com

INFORMATION

Oficina Informació Turística de Sant Josep. Mai–Okt. Mo–Sa 9.30–13.30 Uhr. Plaça Església S/N, Sant Josep de sa Talaia, Tel. 971/80 16 27.

Wer den Lotterieverkäufer trifft, kann auf sein Glück hoffen.

Das Dorf gehört zur Gemeinde Sant Josep.

36 Platja d'en Bossa
Partystrand im Inselsüden

Mitte: Blick aus der Ferne auf die Platja d'en Bossa
Unten: Hier kann man es sich richtig gutgehen lassen.

Der längste Strand der Insel, Nähe zum Flughafen und zu Ibiza-Stadt, auch das Nachtleben hat einiges zu bieten. Für viele Sommerurlauber gibt es kaum etwas Schöneres. Anderen wird der Rummel zu viel. Immerhin: Durch einige neue schicke Lounges und Hotels hat das Angebot in den vergangenen Jahren stilvoll hinzugewonnen, sodass sich für (fast) jeden Geschmack und Geldbeutel etwas findet.

Die Platja d'en Bossa, meist kastilisch Playa d'en Bossa genannt, knüpft nahtlos an Figueretes an, den südlichen Stadtstrand von Eivissa, und zieht sich über fast drei Kilometer bis zur Punta sa Mata mit dem Torre de Sal rossa. Der Wehrturm markiert den Beginn des Naturschutzgebiets von Ses Salines am Fuß des markanten Puig Corb Marí (160 Meter) – ein Berg mit schönem Küstenpfad. Der zentrale Bereich des Strandes ist ab Sant Jordi über die Carrer Polls/Carrer de les Begonies zu erreichen. Möchte man sich einen Überblick verschaffen, ist es am besten von hier aus zu starten.

Amüsiermeile für Jedermann

Die parallel zum Strand verlaufenden Straßen sind gefüllt mit der für Ferienorte am Meer typischen Infrastruktur, es reihen sich Bars, Restaurants und Souvenirläden in der von einer Palmenreihe unterteilten Carrer de la Mutra und den Nebenstraßen auch die obligatorischen Filialen internationaler Fastfoodketten sind zu finden sowie eine Bowlingbahn und andere Möglichkeiten, sich zu amüsieren – auch für Familien mit kleineren Kindern. Noch ein Stück weiter Richtung Süden gibt es einen Minigolfplatz und einen Wasserpark mit verschiedenen Rutschen. Auch das »Space«, eine der größten und bekanntesten Diskotheken Ibizas, ist hier angesiedelt.

Von dieser Ausnahme abgesehen, konzentriert sich das Club- und Partyleben eher auf den nördlichen Bereich des Strandes, also Richtung Ibiza-Stadt, während es gen Süden ruhiger wird mit einem größeren Angebot für Familien, Freunde des Wassersports und Genießer. Das »Coco Beach«. etwa bietet gehobene Küche mit entsprechendem Ambiente.

Lounge Bars und ein Party-Hotel de luxe

Strandrestaurants und Beach-Bars sind reichlich vertreten, jeweils mit klassischen Liegen und Sonnenschirmen oder – in den Lounge Bars – mit exotischen Strandbetten und Kingsize-Liegen. So bunt wie das Angebot ist auch das Publikum. Man trifft hier nicht nur zahlreiche Nationalitäten an, sondern auch alle Altersgruppen und Konstellationen, Singles, Paare und Familien, Partypeople und Sportler, Besserverdienende genauso wie Reisende, die jeden Cent umdrehen müssen.

Mit der wohl größten Dichte an Hotels und Ferienapartments auf ganz Ibiza hält die Playa d'en Bossa Unterkünfte aller Art bereit, viele in liebloser 1960er-Jahre-Optik. Doch es zeichnet sich auch der Trend zur Veränderung ab: Mit dem Fünf-Sterne-Tempel Ushuaia hat der Strand im Jahr 2011 einen Zuwachs der Extraklasse bekommen. Das Partyhotel liegt direkt gegenüber dem »Space« und bietet mit weltberühmten DJs Luxus-Sound auf einer Open-Air-Bühne direkt am Pool, der mit dem Rhythmus die Farben wechselt. Die Party steigt im Sommer jeden Abend von

AUTORENTIPP!

STRANDPARTYS IM BORA BORA

Unbekannter als die großen Discos sind die Partys im »Beachclub Bora Bora«, der zu den Jet Apartments gehört, genauso aber auch anderen Gästen offensteht. Unter freiem Himmel wird ausgelassen getanzt und gefeiert, viele finden sogar, dass es hier netter ist als auf manchen anderen Partys. In der Chillout-Area direkt am Strand kann man auch bequem sitzen und essen oder auf großen Bildschirmen Sportevents verfolgen. Der Eintritt ist frei, jedoch gilt für Getränke das übliche Ibiza-Niveau: ein Bier für 7 €, Long Drinks für 8 bis 12 €. Das Publikum ist gemischt, einen Dresscode gibt es nicht. Und man feiert mit Blick auf das Meer. Wer direkt dort wohnen will, erkundigt sich über die Website nach den Preiskategorien und kommuniziert online (keine Telefonnummer).

www.jetibiza.com/

Oben: Wanderpfad zum Wehrturm Torre de sa Sal Rossa
Mitte: An den Durchfahrtstraßen reihen sich zahlreiche Bars aneinander.
Unten: Der kilometerlange, flach abfallende Sandstrand gefällt (fast) allen.

20 bis 24 Uhr – mit bis zu 5000 Besuchern. Passend zu dem selbst auf Ibiza noch einmaligen Konzept lautet das hauseigene Motto »The hotel, that pumps up the volume«.

Huhu Flugzeug!

Anders als in manchen ähnlich von Massentourismus geprägten Orten hält sich die Bebauung insofern in Grenzen, als dass sie eher in die Länge und Breite gewachsen ist als in die Höhe. So wirkt die Playa d'en Bossa zumindest vom Strand aus betrachtet noch vergleichsweise naturnah. Leben muss man mit dem Flugverkehr, denn der Strand liegt genau in der Einflugschneise – was bei einigen Partys eher ein fröhliches Hallo hervorruft, indem jede einschwebende Maschine mit hochgerissenen Armen bejubelt wird.

Wassersport und Wandern

An der Playa d'en Bossa geht aber auch mehr als nur Feiern. Sportlich orientierte Badegäste können aktiv werden beim Windsurfen, Kiten oder Tauchen, eine Fahrt mit dem Katamaran oder Tretboot unternehmen. Auch die lärmenden Jetski gehören hier natürlich zum Aktionsprogramm.

Auch eine schöne Wanderung lässt sich unternehmen: Am südlichen Ende des Strandes beim Wehrturm führt der Küstenpfad über die Hügel bis zum herrlichen Strand von Es Cavallet mit seinen Dünen und FKK-Zonen (siehe Kapitel 33 und 34). Dabei kommt man an der Bucht La Xanga vorbei (siehe Autotour, Seite 195). Ohnehin ist diese äußerste Zone der Playa d'en Bossa ein Bereich, in dem sich auch Individualisten und Ruheliebende wohl fühlen können. Zu erreichen ist er direkt über die Carrer de la Gamba roja ab dem südlich von Sant Jordi gelegenen Kreisverkehr.

Infos und Adressen

ESSEN UND TRINKEN

Coco Beach. Edles Strandlokal im südlichen und ruhigeren Bereich der Playa d'en Bossa. Montags Ruhetag. Calle de la ciudad de Palma s/n, Tel. Restaurant 971 395 862, für Reservierungen am Strand 610 907 621 oder 664 865 071, www.cocobeachibiza.com

Moorea Grill Restaurant. Spezialitäten vom Grill bei den Jet Apartments. Tel 971/30 45 64.

ÜBERNACHTEN

Fiesta Club Palm Beach. Drei-Sterne-Hotel mit Pool und Animation. Platja d'en Bossa s/n, Tel. 97/39 67 17, www.fiestaclubpalmbeach.com

Tres Carabelas. Das zur Sirenis-Kette gehörende Vier-Sterne-Hotel liegt direkt am Strand. Mit Animationsprogramm und großem Spa-Bereich. Avda. Pedro Matutes Noguera s/n, Tel. 971/30 24 50, www.sirenishotels.com

Ushuaia Ibiza Beach Hotel. Das noble Beachhotel mit seinem von weitem sichtbaren Hotelturm ist seit 2011 die Partylocation der Superlative. Während der Feierstunden kann es laut werden, aber ans Schlafen denkt hier sowieso kaum jemand. Auch ansonsten ist das Hotel auf Erwachsene ausgerichtet. Superschicke Lounge-Bar und Restaurant direkt am Strand, exquisite Mittelmeerküche. Platja d'en Bossa, Tel. 971/39 67 10, www.ushuaiabeachhotel.com

AKTIVITÄTEN

Aguamar. Der Wasserrutschenpark gehört zur Fiesta-Hotelkette. Auch für externe Gäste, nur im Sommer geöffnet. Platja d'en Bossa s/n (beim Space).

AUSGEHEN

Space. Eine der größten und bekanntesten Discos Ibizas, bereits seit 1989 am Platz. Fünf Areale, darunter eine Terrasse für Open-Air-Partys bei Tageslicht. Platja d'en Bossa s/n, 971/39 67 93, www.spaceibiza.com

INFORMATION

Oficina Informació Turística de Sant Josep. Mai–Okt. Mo–Sa 9.30–13.30 Uhr. Plaça Església S/N, Sant Josep de sa Talaia, Tel. 971/80 16 27.

Der Ushuaïa Tower steht für das neue Party-Luxus-Hotel.

MORILES
7ª-18-1-56-91

FORMENTERA

Am Estany de Peix in La Savina laden so manche Plätze zum glückseligen Entspannen ein.

S. 204/205: Bootshütte in Es Pujols, Formentera
Mitte: Radtour am Estany Pudent – der Weg führt auch zu den Traumstränden von Es Trucadors.
Unten: Der Hafen von La Savina ist zwar kein typisches Postkartenmotiv, hat aber durchaus seine Reize.

37 La Savina

Ankunft auf einer filigranen Insel

Was für ein Licht, und dieser Duft nach Meersalz, Pinien, Wildkräutern… Formentera berührt die Sinne. Das fragile Fleckchen Land, 19 Kilometer lang und teilweise kaum zwei Kilometer breit, hat eine einmalige Natur zu bieten. Tor zur Insel ist der Hafenort La Savina. Regelmäßig legen hier die von Ibiza übersetzenden Fähren an. Bereits ganz in der Nähe liegen bezaubernde Strände und zu umwandernde Lagunenseen.

Seinen Namen erhielt La Savina (kastilisch: La Sabina) von dem Sabina-Baum, einem zur Gattung der Wacholder gehörendem Nadelgehölz, das die Insellandschaft stark prägt und auch auf Ibiza zu finden ist. Auch wenn sie klein ist, überrascht die beschaulich anmutende Insel mit vielfältigen Eindrücken. Man rät den Touristen vor Ort: »Leihe dir

MAL EHRLICH

FORMENTERA IM WINTER

Außerhalb des Sommerhalbjahres ist auf Formentera »tote Hose«, auch haben kaum Hotels und andere touristische Einrichtungen geöffnet. Das Klima ist ganzjährig recht mild, auch im Winter sinkt das Thermometer selten unter 10 °C. Von Oktober bis April muss man allerdings mit kühleren Winden und Regen rechnen, auch wenn die Wassertemperatur in der Nachsaison noch zum Baden einlädt. Langzeiturlauber fühlen sich auch in der kühleren Jahreszeit hier wohl, und für Naturliebhaber und Freunde absoluter Ruhe ist Formentera gerade außerhalb der Saison ein echtes Paradies.

In und rund um La Savina

Der Hafenort selbst ist für viele eher eine Durchgangsstation. Doch besonders das nahe Umland lohnt die Erkundung: Zwei Lagunenseen flankieren den Ort zu beiden Seiten.

Ⓐ **Hafen** – hier beginnt die Reise für alle Formentera-Gäste (die nicht mit dem Hubschrauber oder einer eigenen Jacht kommen).

Ⓑ **Fährterminal** – Regelmäßig legen die großen Fähren aus Ibiza an und ab.

Ⓒ **Promenade** – Hier sind auch einige nette Bars und kleine Läden zu finden.

Ⓓ **Marina** – Der Sportboothafen von Formentera.

Ⓔ **Platja Es Cavall d'en Borras** – Dieser Strand beginnt schon fast am Ortsrand.

Ⓕ **Platja de des Illetes** – Der westliche Strand auf der Landzunge Es Trucadors erinnert an die Traumstrände der Karibik mit weißpudrigem Sand und glasklarem Wasser, das in allen erdenklichen Türkistönen schimmert.

Ⓖ **Estany Pudent** – Der »stinkende See« riecht gar nicht so schlimm.

Ⓗ **Spazierweg zu den Stränden** – Auch einige Lokale sind hier zu finden (siehe AT. S. 210)

Ⓘ **Salinen** – Die großen Salzfelder »Salines Marroig« gehören zum Naturpark Ses Salines d'Eivissa i Formentera.

Ⓙ **Estany des Peix** – Der westliche Salzsee ist ganz anders als sein großer Bruder.

Ⓚ **Salinas Ferrer** – Alte Salinen am Estany des Peix mit einigen brachliegenden Becken.

Ⓛ **Sandstrand mit Hotels und Ferienapartments** – auch ein schöner Platz für einen Drink.

Ⓜ **Felsküste mit Wanderpfaden** – Hier geht es Richtung Punta Gavina.

AUTORENTIPP!

KÜSTENSPAZIERGANG NACH ILLETES

Zu Fuß oder mit dem Fahrrad gelangt man über einen Weg zur Platja de ses Illetes, der hinter dem Jachthafen (am Ende der Straße Polígon de la Marina) beginnt. Bis zu den beliebtesten Plätzen sind es rund zwei Kilometer. Wer nicht so weit laufen möchte, findet schon weit davor Alternativen. Es bieten sich fast genauso reizvolle Bademöglichkeiten auch schon entlang der südlich angrenzende Platja Es Cavall d'en Borras, auch mitunter schlicht »Platja La Savina« genannt. Erste Badestellen zwischen Felsen und Naturpools sind sogar schon kurz hinter der Marina zu finden. Nach ungefähr 800 Metern beginnt der Sandstrand. Schöne Variante: Am Ende des Estany Pudent dem Wanderweg Richtung Salinen folgen. Dieser alte Weg des Salzzuges führt schließlich durch die Dünen bis zur Landzunge Es Trucadors. Bis 300 Meter vor dem Platja des Ses Illetes verkehren auch regelmäßig Touristenbusse (ab der Fähranlegestelle im Hafen La Savina).

ein Fahrrad und fahre einfach los. Wenn du dich verirrst, wirst du Formentera entdecken. Es ist also das Beste, was dir passieren kann«. Wirklich verfahren kann man sich ohnehin kaum, denn bis zur nächsten Küste oder Ortschaft ist es hier nie weit.

Start zur Tour über die Insel

Wer die Reise über die Insel gleich fortsetzen möchte, braucht nur durch eine der nächsten Türen zu gehen: Im Hafen sind zahlreiche Verleihstationen für Autos, Mopeds und Fahrräder zu finden. Fortbewegungsmittel erster Wahl ist häufig das Moped, was zur Hochsaison kaum zu überhören ist, wenn das Geknatter ganzer Urlauberhorden über Teilen der Insel liegt. Wie alle Ferienregionen ist selbst Formentera dann nicht unbedingt der ruhigste Platz auf Erden. Um die Insel in ihrer ganzen Schönheit zu erleben, sollte man sie im Frühjahr oder Frühherbst besuchen. Von der geräuschvollen Begleiterscheinung einmal abgesehen – ein Moped ist hier durchaus besonders praktisch, die Strecken sind kurz, und man findet immer eine Parkmöglichkeit. Auch für die Erkundung mit dem Fahrrad ist Formentera wie geschaffen. Besucher, die bereits auf Ibiza ein Auto gemietet haben, können es mit der Fähre auch mitnehmen, wobei abzuwägen ist, was mehr kostet: Die Pkw-Gebühr für die Überfahrt schlägt meist stärker zu Buche, als sich vor Ort ein zusätzliches Gefährt auszuleihen. Im Fährterminal ist auch die Touristikinformation (Oficina de Turismo) untergebracht.

Im Hafen von La Savina

Er wird oft als nüchtern und pragmatisch beschrieben, der Hafen von La Savina, besonders seit das neue Fährterminal hinzukam. Eher modern gestaltet und mit einer breiten Promenade neben der Straße, zählt er nicht unbedingt zu den ver-

träumten historischen Häfen typischer Mittelmeerpostkarten. Und doch lohnt es sich zumindest auf einen Kaffee oder ein Bier die ihn umgebenden kleinen Bars und Restaurants zu besuchen. Auch Einheimische kehren hier gerne ein, um sich auf einen Plausch zu treffen. Am östlichen Hafenrand verströmt eine kleine Marina eine Idee von Luxus, hier befinden sich auch ein paar mehr der Szene entsprechende Lokale, darunter zwei exklusivere Restaurants, die zu den schicken Hafenhotels »Bahía« und »Bellavista« gehören. Dahinter geht es zu den Stränden Platja Es Cavall d'en Borras und der traumhaften Platja de Ses Illetes (siehe AT und Kap. 38 S. 214). Die kleine Fähre »La Bahía« verkehrt während der Saison als Strandshuttle zwischen Hafen und Illetes.

S'Estany Pudent

Den Spazierweg zu den Stränden – genauso die parallel dazu verlaufende Straße – flankiert auf der östlichen Seite der S'Estany Pudent, einer der beiden Lagunenseen Formenteras. Die wörtliche Übersetzung aus dem Katalanischen, »stinkender See«, indes braucht niemanden davon abzuhalten, diese schöne Landschaft zu erkunden, in der unter anderem eine der größten Schwarzhalstaucherkolonien Europas (Podiceps nigricollis) beheimatet ist. Zwar verbreitet der Brackwassersee besonders an sehr heißen Tagen einen deutlich wahrnehmbaren Geruch, doch von einem Gestank ist er weit

Oben: Rund um den Lagunensee gibt es viel zu entdecken.
Unten: Auch im Hafen von La Savina gibt es einen kleinen Hippie-Markt (während der Saison).

AUTORENTIPP!

HOSTAL LA SAVINA

Von der Straße aus wirkt es unscheinbar, doch nach hinten raus bietet das Hostal einen wundervollen Blick über den Lagunensee Estany des Peix – und ein Café-Restaurant direkt am Seestrand. Auch für Nichthotelgäste ein schöner Platz zum Frühstücken, Kaffeetrinken oder Essengehen. Samstags gibt es »Sunset Emotions«: Musik und Drinks bei Sonnenuntergang. Die geschmackvoll dekorierten Zimmer sind modern ausgestattet und verströmen authentisches Flair. Besonders reizvoll sind die Zimmer mit Balkon und Seeblick. Von der Restaurantterrasse aus geht es direkt zum Strand, an dem man in einer Cabaña oder im Liegestuhl genussvoll einen Cocktail zu sich nehmen kann. Geöffnet hat beides ausschließlich während der Saison von ca. Ende April bis Ende September.

Hostal La Savina. Avenida Mediterránea, Restaurant tgl. 19.30–23.30 Uhr, 20–40, Tel. 971/32 22 79, www.hostal-lasavina.com

entfernt. Die einzige Verbindung des Sees mit dem Meer ist der Kanal Sa Sequí kurz hinter dem Jachthafen. Wanderungen und Radtouren führen am S'Estany Pudent durch eine vielfältige Sumpflandschaft und vorbei an den Salinen, die abends in allen Rottönen leuchten.

Die Salinen von Formentera

Die Salzfelder gehören zum Naturpark Ses Salines d'Eivissa i Formentera, tragen entsprechend zur Biodiversität bei und sind ein bedeutender Rastplatz für Zugvögel. Dokumentiert ist ihr Betrieb seit dem 8. Jahrhundert. Im Jahr 1873 erwarb der Mallorquiner Antoni Marroig die Salinen, die später von der Salinera Española S.A. übernommen und noch bis 1984 betrieben wurden. Lange lagen sie brach, inzwischen wird wieder Salz in kleinem Rahmen gewonnen und zu feinen Produkten wie dem Fleur de Sel und Sprühsalz verarbeitet. Nach ihrem damaligen Besitzer heißen die Salinen nördlich des Estany Pudent »Salines Marroig«, während die weiter östlich gelegenen »Salines Ferrer« genannt werden – nach dem ibizenkischen Patron Marc Ferrer, dem im 18. Jahrhundert große Teile der Insel gehörten.

Lagunensee Estany des Peix

Diese schon länger brachliegenden und teils verlandete Salinen befinden sich am Nordwestufer des zweiten Lagunensees: Der kleinere Estany des Peix (»See der Fische«) liegt westlich von La Savina. Mit einer natürlichen und breiteren Öffnung zum Meer, einem kleinen Sandstrand und als Ankerplatz für Boote bietet er ein ganz anderes Bild als der Estany Pudent. Auch Hotels und Ferienapartments haben sich hier angesiedelt. Richtung Felsküste gibt es schöne Wandermöglichkeiten.

Infos und Adressen

SEHENSWÜRDIGKEITEN

Salinen. Die alten Salzfelder haben auch eine historische Bedeutung. Flamingos wie auf Ibiza waren dort lange nicht mehr in natura zu sehen. 2013 will man sie wieder gesichtet haben.

ESSEN UND TRINKEN

Sa Sequi. Wunderschöne Lage am Wasser, perfekt, um den Sonnenuntergang zu genießen, und trotzdem ab dem Hafen schnell zu erreichen. Auch die Küche stimmt: fangfrischer Fisch von der Insel und Fleischspezialitäten wie Steaks mit Pfeffersauce. Calle Sabina s/n (am Küstenweg hinter dem Jachthafen), Tel. 971/18 77 49, www.restaurantesasequi.com

Bäckerei in La Savina

ÜBERNACHTEN

Apartamentos Sabina Playa. Direkt am kleinen Strand des Lagunensees Estany des Peix. Einige der Studios und Apartments haben Meerblick. Pool mit Terrasse und Seeblick. Avda. Mediterránea, 2, Tel. 914/41 30 91, www.sabinaplaya.com

Bahia. Nach seiner Renovierung verströmt das Drei-Sterne-Hotel luxuriöses Flair und hat zudem ein schickes Restaurant unter schattigen Arkaden mit Blick auf den Hafen. Mitte Dez.–Mitte Feb. geschl., Tel. 971/32 31 22, www.hotelbahiaformentera.com

Ankunft auf Formentera

Bellavista. Das gepflegte Drei-Sterne-Hotel ist das ganze Jahr über geöffnet und bietet Zimmer mit Blick auf den Hafen. Port de la Savina, Tel. 971/32 33 34, www.hostal-bellavista.com

ANREISE

Fähren von/nach Ibiza. Täglich und nahezu im Stundentakt – konkrete Zeiten siehe Fahrpläne der Fährgesellschaften.

Mediterranea – Pitiusa S.L. www.mediterraneapitiusa.com

Balearia. www.balearia.com

AKTIVITÄTEN

Vellmari. Alteingesessene PADI-Tauchschule unter der Leitung des Meeresbiologen und Unterwasserfotografen Manu San Felix. Bootstauchgänge vom Feinsten. Port de la Savina, Tel. 971/32 21 05, www.vellmari.com

INFORMATION

Touristinformation. Edifici Estació Marítima (im Hafen von La Savina) Tel. 971/32 20 57, www.formentera.es

Büro des Naturschutzgebietes Ses Salines. Mo–Fr. 8–15 Uhr, Tel. 971/32 3 283, C/Múrcia, 6

Mitte: Ein Traum in Weiß und Türkis: an der Platja de ses Illetes
Unten: Etwas rauer gibt sich die benachbarte Platja Levante.

38 Es Trucadors

Liaison zweier Traumstrände

Farben wie in der Karibik, kristallklares Wasser, meist kaum Wellengang: Vor dem Strand von Illetes ankern die Jachten im Sommer in mehreren Reihen. Die östliche Platja Llevant ist ein Paradies für Anhänger der Freikörperkultur. Am Nordzipfel vereinen sich beide zu einer langen, flachen Sichel aus leuchtendem Sand – der Landzunge Es Trucadors.

Formentera lohnt sich auch schon für einen Tagesausflug von Ibiza aus: Man braucht ab La Savina noch nicht einmal in ein Auto zu steigen, um zu einem der karibischen Traumstrände zu gelangen, für die diese Insel bekannt ist – Illetes, für die wohl meisten Urlauber der Lieblingsstrand schlechthin. Mit dem Shuttleboot ab La Savina ist er leicht zu erreichen. Auch einige kleine Ausflugsboote aus Ibiza steuern ihn und/oder das davor liegende Eiland S'Espalmador (siehe S. 218) direkt an.

MAL EHRLICH

VORSICHT BEI ROTER FLAGGE

Wenn sie weht, bedeutet es: Baden lebensgefährlich! Doch immer wieder missachten Urlauber die rote Flagge. So verloren auch an den Stränden Formenteras schon Menschen ihr Leben. An einigen Stränden können zudem tückische Unterströmungen auftreten. Dies gilt besonders für Es Arenals an der Südküste. Gelegentlich wird die rote Flagge auch gehisst, wenn an der Platja de ses Illetes Quallenalarm herrscht. Das kann bei hohen Wassertemperaturen und ungünstigen Strömungen leider vorkommen. Netze werden zum Schutz anderer Fische nicht aufgespannt.

Treffen der Luxusboote

Was Ses Salines auf Ibiza ist, ist Ses Illetes auf Formentera, viele finden es hier sogar noch etwas schöner. Der traumhafte Strand liegt nahe den Salzfeldern fernab jeglicher Bebauung, abgesehen von vereinzelten Strandlokalen, die sich in die Landschaft integrieren wie das Es Molí del Sal bei der alten Salzmühle. Auf der westlichen Seite der Landzunge Es Trucadors liegend, bietet er einen fantastischen Blick auf die große Schwesterinsel, und dies natürlich besonders bei Sonnenuntergang. Zahlreiche Jachten und kleinere Sportboote ankern in den Sommermonaten, und auch am Strand wird es dann sehr voll. Die ruhigsten Plätze finden Gäste, die einen kleinen Fußmarsch nicht scheuen, denn nahe den Parkplätzen überwiegt der Trubel, während es zur nördlichen Ende des Strandes hin überschaubarer wird. Gegenüber dem äußersten Zipfel ist das Eiland Es Palmador zu sehen. Früher gab es eine Landbrücke zwischen den beiden Inseln, von der noch einige aus dem Wasser ragende Felsen zeugen. Im Hauptbereich der Platja de ses Illetes gibt es auch das übliche Angebot zum Strandvergnügen von der Sonnenliege bis zu Wassersport.

Es Cavall d'en Borras

Doch man braucht nicht unbedingt ganz bis nach Illetes zu laufen oder zu fahren. Die gesamte Küstenlinie punktet mit hellem, fast weiß leuchtendem Sand und einem Sahneblick über das türkisfarbene Meer bis nach Ibiza und Es Vedrà, der bei Sonnenuntergang noch sich selbst übertrifft. Dazu gehört auch die südlich angrenzende Platja Es Cavall d'en Borras, die also von La Savina aus schneller zu erreichen ist. Sie bietet auch etwas mehr Ruhe und bei stärkerem Wind aus östlicher Richtung mehr Schutz, denn der Strand liegt vor dichten Pinienhainen. Der Strand wird manchmal auch Playa Tiburón genannt nach der angesagten

AUTORENTIPP!

ZU FUSS NACH S'ESPALMADOR

Die Landzunge Es Trucadors war früher mit dem gegenüberliegenden Traum-Eiland Es Palmador verbunden, heute liegen 200 Meter türkis schimmerndes Meer dazwischen. Das Wasser dort, kristallklar und seicht, lädt ein hinüberzuwaten, um die fast einsame Insel zu entdecken. Bei ruhigen Wetterbedingungen ist es möglich. Vorsichtig sollte man dennoch sein und auch eine ausreichende Körpergröße haben, denn es können auch Strömungen auftreten. Das Wasser ist ca. 30 bis 70 Zentimeter tief, für die 200 Meter braucht man je nach Wellengang ca. 10 bis 15 Minuten. Vorsorglich wurde eine Notrufsäule auf der Spitze von Es Trucadors aufgestellt. Einer kleinen Badebucht im Nordwesten ist die Illa de Sa Torreta vorgelagert, weswegen dort auch oft einige Boote schaukeln. Die südlich gelegene Platja de s'Alga ist ebenfalls ein hervorragender Ankerplatz; als sichelförmige Bucht lädt sie zum Baden ein. Die gerade mal drei Quadratkilometer kleine Insel gehört zum Naturschutzgebiet von Ses Salines d'Eivissa und Formentera.

Oben: Fahrrad oder Moped: die beiden Fortbewegungsmittel der Wahl auf Formentera
Mitte: Die Wanderwege zu den Stränden sind gut ausgeschildert.
Unten: Sich in die Landschaft fügend, bieten die alten Salzfelder reizvolle Eindrücke.

»Haifischbar«, die schon seit mehr als 20 Jahren am Platz ist und beinahe Kultstatus genießt.

Platja Llevant: FKK-Paradies

Auf der östlichen Seite von Es Trucadors befindet sich der Llevant-Strand, gute drei Kilometer lang und teils von felsigen kleinen Kaps und Dünen unterbrochen, durch die Holzbohlenwege führen. Wundervoll ist ein Strandspaziergang an dieser Küste, der sich auf die gesamte Strecke ausdehnen lässt und durch alle Teilstrände führt. An der Nordspitze trifft der Strand mit Illetes zusammen, unterhalb davon trennen zunächst nur wenige Meter die beiden Strände, und am südlichen Ende bei Sa Roqueta kurz vor Es Pujols liegen die Salinen und der Lagunensee Estany Pudent dazwischen. Die Platja Llevant ist von ähnlicher Schönheit wie Illetes, nur noch etwas wilder und rauer – besonders bei Ostwind kann es auch eine stärkere Brandung geben. Auch frönt man hier mehr der Freikörperkultur, es ist auch der einzige Strand Formenteras, an dem FKK offiziell gestattet ist.

Geschützte Dünenlandschaft

Im Jahr 1998 wurde auf Formentera ein Dünenschutzprogramm eingeführt, das die Platjas Illetes, Llevant und Mitjorn sowie Es Palmador umfasst. Daher führen viele Strandzugänge über Holzbohlenwege, und für Fahrzeuge ist der Zugang gesperrt. Strandgäste dürfen die mit Seilen abgesperrten Bereiche keinesfalls betreten. Hier gedeiht auch eine neu angepflanzte Vegetation, die zur Regeneration der filigranen Landschaft beiträgt. Zu den typischen Dünengewächsen gehören Phönizischer Wacholder, Strandhafer, Strandschneckenklee (Medicago marina) und Orchideen, also Küstengebüsch und Pflanzen, die sich optimal dem trockenen Klima angepasst haben.

Infos und Adressen

ESSEN UND TRINKEN

Beso Beach. Von Sabina-Bäumen umgebene Holzterrasse mit Palmendach, die erlesene Mittelmeerküche mit baskischem Einfluss hat sich schon herumgesprochen. Das Ambiente ist lässig, und bei Sonnenuntergang kommt echtes Karibik-Feeling auf. Playa de Cavall d en Borràs (nahe Illetes), s/n, Parque Natural de Ses Salines. Tel. 971/32 45 72, www.besobeach.com

El Tiburón. Die »Haifischbar« ist schon lange am Strand vertreten. Der schönste Blick auf Es Vedrà. Es Cavall d'en Borras, Tel. 659/63 89 45, www.tiburon-formentera.com

Der Andrang beweist: Die Strandbar Juan y Andrea ist äußerst beliebt.

Ein kühles Getränk mit den Füßen im Sand

Juan y Andrea. Die ländlichere kleine Schwester Ibizas bezirzt mit kleinen Strandlokalen anstelle großer Beach Clubs. Dazu gehört dieses sympathische Restaurant am Strand von Illetes. Tel. 971/18 7 130, www.juanyandrea.com

Es Molí de Sal. Das Restaurant bei der alten Salzmühle zählt zu den Top-Spots. Calle Afores, s/n, Tel. 971/18 74 91, www.esmolidesal.es

Restaurante El Ministre. In der Strandbar von Illetes fließt auch der Champagner gern mal in Strömen, doch das Publikum ist gemischt wie am Strand selbst. Tel. 609/60 05 38, www.restauranteesministre.com

Restaurante Tanga. Am Llevant-Strand versammelt der Ciringuito schon seit 1978 anspruchsvolle Badegäste auf einer schattigen Strandterrasse und verwöhnt mit feinen Salaten, Fisch- und Fleischgerichten aus der Gourmetküche. Tel. 971/18 79 05, www.restaurantetanga.com

INFORMATION

Touristinformation. Edifici Estació Marítima (im Hafen von La Savina) Tel. 971/32 20 57, turismo@formentera.es, www.formentera.es

39 Illa de S'Espalmador
Eiland zwischen den Inseln

Die Meerenge Es Pas trennt heute eine Verbindung, die über Jahrtausende bestand. So wurde ein Naturjuwel geboren mit teils unberührt wirkenden Stränden und einer artenreichen Lagunenlandschaft. Lange Zeit suhlten sich Urlauber dort in den Schlammlöchern. Diese natürliche »Fango-Packung« wurde zum Schutz der Brutvögel inzwischen verboten. Auf einem dafür eingerichteten Weg darf man die wunderbare Umgebung genießen.

Mit einer Länge von 2,7 Kilometern und einer Breite von 1,3 Kilometern hat die fast unbewohnte Insel eine recht staatliche Größe und lädt zu Erkundungen ein. Auch zeigt sich die Landschaft der Illa de S'Espalmador (kastilisch: Espalmador) abwechslungsreich: In einigen Teilen dominiert eine rötliche Felsenlandschaft, die sich im Westen zu einer Steilküste erhebt. Dies ist mit bescheidenen

Mitte: Tief durchatmen und die Weite genießen: Unvergleichlich ist ein Spaziergang auf Espalmador. **Unten:** Kinder haben ihren Spaß in dem seichten Wasser.

MAL EHRLICH

UNWISSENDE STÖRENFRIEDE

Trotz aller Bemühungen der Balearenregierung und der Naturparkverwaltung, den Bereich der Lagune mit der Brutvogelzone zu schützen, tummeln sich in jeder Saison weiterhin unbedachte Wellnessfreunde in dem geschützten Gefilde, um ein natürliches »Schlammbad« zu nehmen. Während das Verbot anfangs nicht jedem bekannt war, ist es inzwischen kaum mehr zu übersehen. So setzen sich leider auch manche bewusst darüber hinweg. Inselgäste sollten die Natur respektieren und auf das »Peeling« verzichten.

22 Metern der höchste Punkt der Insel, gekrönt noch von dem Wehrturm Torre de sa Guardiola (1749).

An der Platja de s'Alga

Im Nordwesten befindet sich eine kleinere Badebucht und im Süden der weitläufige, sichelförmige Strand Platja de s'Alga mit feinstem Sand und einer eindrucksvollen Dünenlandschaft. Das Innere der Insel wiederum ist ein rund um einen Salzsee gebildetes Biotop, in das sich Brutvögel zurückziehen. Weitere kleine Felseneilande mit beliebten Ankerplätzen umgeben Espalmador, bilden mit der Insel ein fotogenes Gesamtkunstwerk. Anders, als der Name vermuten lässt, gibt es auf Espalmador nicht etwa reichlich Palmen – doch eine einzige thront nahe der Lagune auf der Inselmitte und ist schon von weitem zu sehen.

Sport- und Ausflugsboote steuern vor allem die große südliche Bucht an: Zwischen aus dem Wasser ragenden Felsen und der Platja de s'Alga liegt ein ideales Areal zum Ankern. Direkt gegenüber ist Es Trucadors zu sehen, der nördlichste Zipfel von Formentera. Gerade einmal 150 Meter sind es bis zur Nachbarinsel, und bei passenden Bedingungen kann man sogar hinüberwaten (siehe AT S. 215). Sicherer und bequemer ist die Anfahrt mit den Ausflugsbooten ab La Savina oder von Ibiza aus.

Sant Bernat mit Oratorium

So gänzlich unbesiedelt, wie es auf den ersten Blick scheint, ist Espalmador nicht. Vielmehr steht ein einziges bewohntes Haus auf einer Anhöhe am nördlichen Rand der Strandbucht s'Algar. Es ist die Sommerresidenz Sant Bernat, so benannt nach der Besitzerfamilie. Zu dem Anwesen gehört sogar eine eigene Kapelle. Errichten ließ es der Geschäfts-

AUTORENTIPP!

INDIVIDUELLE BOOTSAUSFLÜGE
Es gibt viele Möglichkeiten, nach Espalmador zu kommen. Besitzer eines Sportbootführerscheins können sich natürlich ein Boot mieten und die Insel selbst ansteuern. Es ist aber besser, mit dem Gewässer und seinen Untiefen vertraut zu sein, gerade nahe den Ankerplätzen liegen einige Tücken verborgen. Neben den regelmäßig verkehrenden Ausflugsbooten bieten mitunter auch zum Beispiel Vercharterer und Tauchschulen besondere begleitete Ausflüge an – oder unternehmen sie auf Wunsch. Einfach mal bei Anbietern nachfragen und auf Ankündigungen vor Ort achten. Die individuellen Touren sind oft noch schöner und können auch zu anderen Plätzen rund um die Insel führen.

Oben: Espalmador, im Hintergrund die Silhouette von Ibiza
Mitte: Ein Platz, um auch einfach mal den Rest der Welt zu vergessen
Unten: Die ganze Insel ist ein Naturparadies.

mann Bernard Richard James Cinnamond (1889–1975) aus Barcelona, der die Insel im Jahr 1927 erwarb. Hotels oder Strandlokale indes gibt es nicht, denn heute steht ganz Espalmador unter strengem Naturschutz. Das Betreten der Insel ist erlaubt, es sind dabei jedoch diverse Regeln einzuhalten, über die Hinweisschilder informieren.

Wirbel um die Schlammlagune

Viele Jahre traf man sie auf Espalmador: Menschen wie Aliens, die nackten Körper mit einer grüngräulichen Schicht überzogen, wandelten über den Strand. Sie kamen von der Lagune, die mit schwefelhaltigem Schlamm gefüllt ist, der ähnlich wie eine Fango-Packung als gesundheitsförderlich galt. Für manche war es auch einfach das Vergnügen, sich einmal unbeschwert zu suhlen und sich anschließend fotografieren zu lassen.

Weil das Spektakel ausartete und dafür Brutvögel der Lagune zunehmend fernblieben, unterband es die Regierung der Balearen bereits im Jahr 2005. Über das Verbot setzten sich während der Hochsaison täglich Hunderte von Urlaubern hinweg, trotz jährlicher Rundschreiben, die über die Naturparkverwaltung Espai de Natura an alle öffentlichen Tourismusakteure verschickt wurden. Diese sollten auch mit einem Irrglauben aufräumen. »Es gibt keinerlei Studien über die positiven Effekte dieses Schlammbads«, berichtete das Magazin *Ibiza Heute* gemäß einer Verlautbarung der Balearenregierung. Ganz im Gegenteil, sei es wenig hygienisch, »sich mit bis zu zweihundert Personen im gleichen Schlamm zu suhlen«. Seit dem Frühjahr 2008 ist der Bereich deshalb mit Absperrtauen eingefriedet, um das fragile Ökosystem zu schützen. Ein einziger Zugangsweg führt nun noch von der Bucht S'Alga zur Lagune.

Infos und Adressen

INFORMATION

Touristinformation. Edifici Estació Marítima (im Hafen von La Savina) Tel. 971/32 20 57, turismo@formentera.es, www.formentera.es

Um die fragilen Ökosysteme zu schützen, wurden Teile von Espalmador für Besucher gesperrt. Dennoch blieb genügend für vielfältige Eindrücke.

Auch hier oft anzutreffen, besonders in felsigen Regionen: die Eidechse

40 Die felsige Westküste
Naturpools und Schnorchelplätze

Ganz anders als an den Sandstränden zeigt sich Formentera an der Westküste, die schroff ist und doch so lieblich. Eine rötliche Felsenlandschaft aus Kunstwerken der Natur beginnt beim Estany des Peix mit natürlichen Sonnenterrassen und Pools. Zu beiden Seiten der Landspitze Punta de sa Pedrera erstreckt sich das Gefilde mit schönen Schnorchelrevieren – bis hinunter zur Cala Saona.

Auf warmen Felsen liegen, die sich in der Abendsonne röten, und dem Gurgeln der Brandung lauschen. Im Dunst der Ferne verschwimmt Ibiza zu einer Urzeitlandschaft mit Vulkanen, die magisch anmutende Felseninsel Es Vedrà ragt still in den Himmel. Weit und breit kaum ein Mensch zu sehen bis auf vereinzelte Sonnenanbeter, die auch die Ruhe suchen, ein Picknick auf einem Felsplateau genießen oder in das klare Wasser springen, dessen Türkis mit dem rotleuchtenden Gestein besonders eindrucksvoll kontrastiert... Zum Träumen schön ist dieser wilde Küstenstreifen.

Mitte: Formenteras Westküste hat einen ganz eigenen Charakter. **Unten:** Stellenweise bedecken auch Pinienwälder diesen Teil der Insel.

Steinterrassen an der Punta Pedrera

Auch Liebespaare, Maler, Meditierende und Romantiker suchen die Westküste auf, jeder findet sein Plätzchen in den Steinterrassen und Felsformationen von kargem Charme. Einige der Formationen entstanden, weil man hier Steine herausbrach und nach Ibiza verschiffte, um die Mauern von Dalt Vila zu errichten. Vor der Küste liegt Neptuns Reich in seiner ganzen Pracht, mit vielfarbigen Schwämmen, Anemonen und anderer

Flora bewachsene Felsen und ein Wasser, in dem die Fische zu tanzen scheinen.

Das Gebiet beginnt bei der Punta Pedrera, einer markanten Landspitze, die bei der Lagune s'Estany des Peix Richtung Norden weist, und setzt sich weit bis in den Inselsüden fort über die Punta de la Gavina und die Traumbucht Cala Saona bis hoch zum Cap de Barbaria. Stellenweise gleicht die Insel hier einer Mondlandschaft, mal bricht das Ufer als Steilküste ab und ist allenfalls mit Kletterausrüstung zu passieren, mal führen Naturtreppen bequem zu herrlichen Plätzen. Grundsätzlich gilt: Vorsichtig sein, jeden Tritt beim Abstieg über Geröll prüfen und nie zu nah an einer Abbruchkante gehen, denn es könnten sich weitere Stücke des Gesteins lösen. Vom Meereswasser überspülte Felsen können mit Algen bewachsen und rutschig sein.

Camí dels Brolls

Beim Estany des Peix beginnt auch eine ganz leicht zu bewältigende Wanderroute. Ab La Savina folgt man dem Camí dels Brolls, einem ausgeschilderten Weg, der nahe den brachliegenden Salinen von Ferrer vorbeiführt. So lässt sich der Lagunensee umrunden bis zu einem Trampelpfad, der als Rundweg über das Felsplateau und schließlich wieder zurück zum Ausgangspunkt führt.

Landgut Can Marroig

Bei der Punta Pedrera weist auch ein Schild zum Can Marroig. Es handelt sich um ein altes Landgut, seinen Namen erhielt es von Antoni Marroig, dem mallorquinischen Käufer der am Estany Pudent gelegenen Salinen. Seine Familie lebte in dem Haus, bis es an nachfolgende Besitzer aus Ibiza überging – auch von einem gewissen Status, wie auch die Beschaffenheit und Lage des Hauses verdeut-

AUTORENTIPP!

GRILLPLÄTZE UND PINIENWALD

Beim Can Marroig befindet sich ein Erholungsgelände mit Grillplätzen zwischen den Pinien, das Einheimische gern aufsuchen. Es gibt dort auch Tische mit Sitzbänken und Spielgelegenheiten für Kinder. Der kleine Wald schützt im Winter und bietet im Sommer Schatten. Im Sommer ist es verboten, Feuer zu machen. Hinter dem Picknickplatz sind nach rund 100 Metern die Überreste eines Wasserrades, einer Zisterne und mehrerer hydraulischer Einrichtungen zu sehen. Sie zeugen von den Anstrengungen, im späten 19. Jahrhundert eine landwirtschaftliche Nutzung auf Formentera zu etablieren.
Das Landgut Can Marroig ist Teil des Naturschutzgebietes Ses Salines von Ibiza und Formentera, d.h., es herrschen strenge Vorschriften zum Schutz der dort nistenden Vögel wie etwa des Balearensturmtauchers. Abfälle dürfen selbstverständlich nicht liegen bleiben, auch ist das Fangen von Tiere und Pflücken von Pflanzen untersagt.

Oben: Die Punta de la Gavina mit Wehrturm (Torre de la Gavina)
Unten: Plätze für Romantiker und kleine Abenteurer

licht. Es steht auf einer Anhöhe, hat zwei Stockwerke und eine eigenen Bodega. In der oberen Etage wohnten die jeweiligen Hausherren, in der unteren die höherrangigen Bediensteten. Für die damals auf der Insel vorherrschende Architektur, einfache einstöckige Bauernhäuser, war dies schon etwas sehr Besonderes. Die Bodega steht in enger Verbindung mit dem Weinanbau, den Antoni Marroig auf der Insel vorantrieb.

Der Erzherzog Ludwig Salvator, der Formentera im Jahre 1885 besuchte, beschrieb Can Marroig in seinem Werk Las antiguas Pitiüses (Die Alten Pityusen) als ein Anwesen, das »den Weinanbau auf Formentera sehr stark gefördert hatte«. Als das Gebäude vorübergehend leer stand, nutzten Hippies und Künstler es als Unterschlupf. Heute ist dort das Centre d'Interpretació del Virot untergebracht, eine kleine Ausstellung über ein Projekt zum Schutz und zur Rettung des Balearensturmtauchers (Puffinus mauretanicus).

Im fruchtbaren Umland, den ehemaligen Feldern des 149 Hektar umfassenden Landguts, gedeihen heute Sadebäume, Mastixsträucher, Heidekraut und Rosmarin besonders prachtvoll. So verwandelt sich das Gelände allmählich in eine Strauchheidelandschaft (Garriga). Bei dem Gebäude beginnt ein weiterer schöner Wanderweg, der bis zum Torre von Gavina führt, dem Wehrturm auf der gleichnamigen Landspitze (einfache Strecke ca. 1,8 Kilometer).

Infos und Adressen

INFORMATION

Touristinformation. Edifici Estació Marítima (im Hafen von La Savina) Tel. 971/32 20 57, turismo@formentera.es, www.formentera.es

Auch zum Angeln ist dieser Küstenbereich wie geschaffen.

Touren ins scheinbare Nirgendwo führen oft an besonders schöne Winkel.

Nur vereinzelte Häuser und Anwesen bestücken die Landschaft, darunter auch Ferienunterkünfte.

Ein Strand zum Träumen und Entspannen, eine felsige Küste für Entdeckungstouren über und unter Wasser – hier kommt die ganze Familie voll auf ihre Kosten.

41 Cala Saona
Buchtenjuwel im Inselwesten

Als einzige größere Badebucht unterbricht die Cala Saona die weitläufige Felslandschaft von Formenteras Westküste. Auch wenn Türkistöne und heller Sand nichts Ungewöhnliches sind auf den Pityusen – hier wirkt beides noch einmal anders mit den intensiven Rottönen der den Strand umgebenden Felsen. Auch der Blick auf Ibiza und ihre harmonische Form machen die Bucht zu einem besonderen Platz.

Bei der südwestlich gelegene Landspitze Punta Rasa bildete eine Kerbe in der Küstenlinie den Raum für den rund 150 Meter breiten Strand aus feinstem Sand. Zu beiden Seiten ragt die rötliche Felsküste auf mit einladenden Sonnenplateaus und Schnorchelplätzen. Die obligatorischen Varaderos (Fischerbootsgaragen) fügen sich wie natürlich gewachsen in das Bild und stehen hier sogar unter Denkmalschutz.

Entspanntes Strandvergnügen

Vielleicht liegt es an der etwas abschüssigen Lage fernab der belebten Küstenorte: Trotz ihrer Attraktivität herrscht an der Bucht kein Rummel, wie man ihn von Illetes oder Las Salinas auf Ibiza gewöhnt ist. Zwar kann es hier im Sommer auch ganz schön voll werden, aber alles geht einen ruhigeren Gang, und laute Beach Bars sind weit entfernt. Stattdessen sitzt man beim Café solo oder einer Cerveza vor der kleinen Strandbar in den Felsen oder watet versonnen durch das Wasser.

Die Bucht zeichnet sich auch dadurch aus, dass sie sich trotz ihrer touristischen Bedeutung nahezu naturbelassen und unbebaut gibt. Nur ein einziges Vier-Sterne-Hotel ist hier zu finden. Der 1950er-Jahre-Bau ist zwar von außen betrachtet keine ästhetische Glanzleistung, doch er liegt rückwärtig bei der Zufahrtsstraße, sodass man ihn am Strand kaum wahrnimmt. Die Zimmer sind angenehm hell und modern gestaltet und strahlen den neuen Zeitgeist aus, der auf der Insel weht: Die Hippie-Zeiten sind vorbei, machten Platz für »Schöner Wohnen« und minimalistische Eleganz.

Abenteuerpfade und Felsgrotten

Von westlichen Winden gut geschützt, sind die Badebedingungen in der Bucht meist angenehm, und Skipper schätzen den ruhigen wie malerischen Ankerplatz. Das Wasser gewinnt vom Strand aus nur allmählich an Tiefe und ist somit auch für Familien perfekt. Größere Kinder, die genügend auf sich aufpassen, können in der steinigen Umgebung kleine »Abenteuer« erleben, Treppen führen auf die Felsen und um die Bootsgaragen in das Piniengrün, und entlang der nordöstlichen Buchtseite sind kleine Höhlen zu finden. Mit dem Boot erreicht man südlich der Punta Rasa noch größere Grotten.

Zur Punta Rasa

Die Cala Saona liegt ungefähr fünf Kilometer südwestlich von Sant Francesc. Zu erreichen ist sie über die Straße, die zum Cap de Barbaria führt. Von ihr zweigt nach etwa zwei Kilometern bei einem kleinen Weiler mit Supermarkt (hier kann man noch einmal für den Strand einkaufen) rechts die Zufahrtsstraße ab. Sie verläuft schließlich durch einen großen Pinienwald mit Möglichkeiten, links zur Punta Rasa abzubiegen – eine schöne Variante, wenn man das Kap mit der Steilküste direkt besuchen möchte, etwa für eine Wanderung.

AUTORENTIPP!

TAUCHEN UND SCHNORCHELN MIT VELLMARÍ

Besonders eindrucksvoll ist Formenteras Westküste vom Boot aus und unter Wasser betrachtet. Eine Möglichkeit, dies zu erleben, bietet sich mit der empfehlenswerten Tauchschule Vellmarí, zu finden im Hafen von La Savina. Neben Tauchkursen werden dort Bootsexkursionen für Taucher und auch zum Schnorcheln angeboten. Zu den regelmäßig angesteuerten Plätzen gehören die Punta de la Gavina sowie die leicht zu betauchenden Höhlen an der Punta Rasa. Im Preis für eine Schnorcheltour (derzeit 35 €) ist auch die komplette Leihausrüstung inklusive Neoprenshorty enthalten.

Vellmarí. Port de la Savina (im Hafen nahe dem Fähranleger), Tel. 971/32 21 05, www.vellmari.com. Infos zum Schnorcheln und Fotos unter www.vellmari.com/snorkeling

Oben: Schon der Weg in die Cala Saona ist verheißungsvoll.
Unten: Farbenspiele wie diese machen die Bucht zu einem besonderen Ort.

Torre de la Gavina

Ein gutes Stück weiter nördlich ragt die Punta Gavina in das Meer, jene Landspitze, die auch auf Wanderpfaden ab dem Can Marroig zu erreichen ist (siehe Kapitel 40). Genauso bietet sie sich als Ziel für einen längeren Spaziergang oder eine Mountainbiketour ab der Cala Saona an. Dem Küstenverlauf folgend sind es ungefähr zweieinhalb Kilometer.

Auf der Landspitze steht der nach ihr benannte Wehrturm Torre de la Gavina (1763). Er ist neun Meter hoch, charakteristisch ist sein Eingang in einer Höhe, die mit hochgezogener Strickleiter nicht für Eindringlinge zu erreichen war: Der Turm gehört zu dem Verteidigungssystem, das man auf den Pityusen in der zweiten Hälfte des 18. Jahrhunderts errichtete. Formentera besaß insgesamt fünf dieser Türme. Vom Torre de la Gavina aus ließ sich die Schifffahrt an der Einfahrt durch die Meerenge Es Freus aus Richtung Westen kontrollieren. Aus östlicher Richtung hatte man diese strategisch bedeutsame Zone von der Torre Sa Guardiola auf S'Espalmador überwacht. Richtung Süden steht der nächste Turm auf dem Cap de Barbaria. Der Turm auf der Punta Gavina wurde 2008 von Marià Castelló restauriert. Der Architekt aus Formentera gestaltete die Arbeiten bewusst so, dass sich die wiederaufgebauten Bereiche etwas vom ursprünglichen Mauerwerk unterscheiden.

Infos und Adressen

SEHENSWÜRDIGKEITEN

Torre de la Gavina. Der Wehrturm auf der Landspitze Punta de la Gavina ist aus archetektonischer Sicht etwas Besonderes. Keine direkte Anfahrtsmöglichkeit, am besten zu erreichen über die Küstenwege ab dem Can Marroig oder der Cala Saona.

ESSEN UND TRINKEN

Strandbar Cala Saona. Der ibizenkische Chiringuito am westlichen Rand der Cala Saona macht keine Werbung, hat kein Telefon und ist auch nicht im Internet zu finden – also einfach einmal vorbeischauen. Es lohnt sich allein schon wegen der Lage, erhöht in den Felsen und mit tollem Blick über die Bucht.

ÜBERNACHTEN

Hotel Cala Saona. Vier-Sterne-Hotel direkt in der Bucht mit Pool und feinem Spa-Bereich, in dem eine große Auswahl von Beautybehandlungen und Massagen angeboten werden. Seit Renovierung der Zimmer hat sich das Hotel auf Vier-Sterne-Niveau aufgeschwungen, das Interieur verströmt den Geist der Moderne mit Feng-Shui-Ambiente. Die äußere Hülle indes klingt noch an den Stil der 1950er-Jahre an. Carrer Cala Saona, Tel. 971/32 20 30, www.hotelcalasaona.com

INFORMATION

Touristinformation. Edifici Estació Marítima (im Hafen von La Savina) Tel. 971/32 20 57, turismo@formentera.es, www.formentera.es

Schlicht und sympathisch: die Strandbar in der Cala Saona

Mit dem frisch renovierten Hotel hat die Bucht noch an Attraktivität gewonnen.

Mitte: Direkt gegenüber liegt Afrika: Das Kap de Barbaria ist der südlichste Punkt Formenteras.
Unten: Eine Klippenwanderung rund 70 Meter über dem Meer

42 Cap de Barbaria
Wo die wilden Wellen tosen

Der Name erzählt von »barbarischen« Zeiten, aus denen auch der Wehrturm Torre des Garroveret an der südlichsten Spitze geblieben ist – neben dem Leuchtturm das einzige Bauwerk weit und breit. Das bei rauer See brandungsumtoste Kap ist ein besonders eindrucksvolles Naturerlebnis, auf dem Weg liegen römische Ausgrabungsstätten. Einen lieblichen Kontrast bildet das von Agrarwirtschaft und Weinanbau geprägte Hinterland.

In Sant Francesc verzweigt sich die Hauptstraße in die beiden Möglichkeiten, über Formentera zu fahren: Geradeaus geht es weiter bis zur Hochebene von la Mola und damit dem östlichen Ende der Insel – und rechts geht es einmal quer durch das Land bis zum südlichsten Zipfel, dem Cap de Barbaria. Ungefähr neun Kilometer sind es ab Sant Francesc insgesamt.

Fruchtbares Hinterland

Die Straße führt durch die Kulturlandschaft des Hinterlandes, vorbei an den typischen Natursteinmauern, in jahrhundertealter Tradition geschickt ohne Zement zusammengefügt, die Weizenfelder umrahmend. Noch immer trifft man hier auch Bauern und Bäuerinnen in Tracht, die Ziegen und Schafe hüten und unter uralten Feigenbäumen Schatten suchen. Zu den wild vorkommenden Tieren gehören die Pityusen-Eidechse (Podarcis pityusensis), eine endemische Art mit verschiedenen Untergruppen, der Gartenschläfer (Elyomis quercinus ophiusae) und diverse weitere endemische Schnecken und Käferarten.

Weinkellerei am Cap de Barbaria

Sogar Wein wird in diesem Teil der Insel angebaut, wovon noch nicht so oft berichtet wurde, weil die beiden Kellereien, die den Formentera-Wein nun auch in Gourmetkreisen bekannter machen, noch recht jung sind. Die Weinkellerei »Cap de Barbaria« liegt auf etwa halber Strecke Richtung Kap und produziert den gleichnamigen Rotwein und den Rotwein Ophiusa, die aus den Mittelmeer-Reben Monastrell und Fogoneu sowie Merlot und Cabernet Sauvignon gewonnen werden. Man bekommt die Weine in ausgesuchten Läden auf Formentera, außerdem auf den anderen Baleareninseln, dem spanischen Festland und in weiteren Ländern – in Deutschland derzeit nur in Rastatt in Baden (www.dreyer-weine.de). Die zweite große Kellerei Formenteras, Terramoll, befindet sich auf der Hochebene von La Mola. In beiden Fällen bieten die höhere Lage und das Klima zusammen mit sandig-tonerdigem Boden optimale Bedingungen.

Ausgrabung einer römischen Siedlung

Die Hauptstraße führt auch vorbei an archäologischen Ausgrabungsstätten namens Barbaria. Es handelt sich dabei um eine Megalith-Siedlung aus dem Zeitraum 1900 bis1600 vor Christus. Im Frühjahr 2012 begannen weitere Forschungen am größten Grabungsfeld Barbaria II. Wissenschaftler der Universität Pompeu Fabra in Barcelona führten damit die Ausgrabungen an der Siedlung fort, die in den 1980er-Jahren begonnen hatten und eröffneten neue Ausgrabungsbereiche. Wie die lokale Tagespresse berichtete, wurde Pflanzenbewuchs in der Grabungszone entfernt, sodass erste Funde von Keramikscherben und Muscheln sichergestellt werden konnten. Sie erlauben Rückschlüsse auf die Bewirtschaftung des ehemaligen Dorfes. Ziel

AUTORENTIPP!

COVA FORRADADA

Den fantastischen Ausblick vom Kap kann man auch von einem besonderen Platz aus genießen: der Höhle Cova Forradada in der Steilküste mit einem Ausguck auf das Meer durch das breite Höhlenfenster. Sie ist über ein kleines Loch auf dem Plateau zu erreichen. Zu finden ist der Einstieg westlich des Leuchtturms, also rechts davon in Richtung Wasser schauend.

Das Loch in der Felsspalte war bis zuletzt (Redaktionsschluss) mit einer alten Holzleiter »ausgerüstet«, deren Zustand allerdings dazu führen könnte, dass sie zeitnah entfernt oder ersetzt wird. Durch das Loch gelangt man auf die Plattform der Höhle hoch über dem Meer.

Anfahrt: Der Hauptstraße PM 820 ab Sant Francesc bis zum Ende (Cap de Barbaria) folgen, dann ab dem Leuchtturm zu Fuß rund 50 Meter nach rechts.

der Ausgrabungen ist demnach auch zu beweisen, dass die Pityusen schon lange vor den Phöniziern besiedelt waren.

Es Pla del Rei

Je mehr man sich dem Kap nähert, desto unwirtlicher und steiniger wird die Landschaft, die bald in die Hochebene Es Pla del Rei übergeht und von einem ausgetrockneten Flussbett (Torrent) unterbrochen wird. Der Name bedeutet übersetzt »Ebene des Königs« und erinnert an Zeiten, als der gesamte Landstrich noch bewaldet war. Höchste Erhebung ist der Puig d'en Guillem (108 Meter).

Leuchtturm Cap de Barbaria

Die Zufahrtsstraße endet beim Leuchtturm am Cap de Barbaria. Nun ist man am südlichsten Punkt Formenteras angelangt. Direkt gegenüber liegt die Nordküste Afrikas die man bei guter Sicht auch erkennen kann. Den von dort stammenden, seinerzeit auch seeräubernden Berbern verdankt das Kap seinen Namen. So war es keine Frage, auch hier einen Wehrturm zu platzieren, zu finden ein Stück weiter (ca. zehn Minuten über den Trampelpfad) östlich des Leuchtturms. Der Torre des Garroveret wurde 1763 fertig gestellt, um die aus Afrika kommenden Schiffe im Blick zu haben. Wie der weiter nördlich gelegene Turm Es Pi des Català verfügt er sogar über eine Vorrichtung für Geschütze.

Oben: Auf dem Weg zum Kap: Zum Radfahren ist die flache Hochebene ideal.
Unten: Solche von Besuchern geschaffenen Steintürmchen sieht man oft in der Felsenlandschaft, teils markieren sie auch Wanderpfade.

Infos und Adressen

SEHENSWÜRDIGKEITEN

Ausgrabungsstätte Barbaria. Für Laien ist nicht viel zu erkennen, einen Blick aber ist das umzäunte Grabungsfeld allemal wert.

Leuchtturm Cap de Barbaria. Er ist der Afrika am nächsten gelegene Punkt der Balearen und steht mitten in einem Gebiet von besonderem Interesse (gemäß dem spanischen Naturraumgesetz A.N.E.I.).

Das Megalithgrab I der Ausgrabungsstätte Barbaria

ESSEN UND TRINKEN

Es Cap. Bar-Restaurant an der Kreuzung zur Cala Saona. Ibizenkische Küche nach jahrhundertalten Rezepten, darunter besonders typische Lamm-, Huhn- und Schweinefleischgerichte, oft auch Gegrilltes. Tel. 971/32 22 04.

ÜBERNACHTEN

Hostal Illes Pitiüses Hotel. Familiäres Hotel bei Porto Saller/Sant Francesc, ganzjährig (!) geöffnet. Auf den ersten Blick wirkt es pragmatisch, doch die Zimmer und der Hinterhof mit Terrasse (hier wird im Sommer auch gegrillt) haben Charme. Juan Castelló Guasch 48, Tel. 971/32 81 89 und 971 32 87 40, www.illespitiuses.com

EINKAUFEN

Die am Cap de Barbaria stammenden Weine sind auf Formentera in zwei Geschäften zu bekommen (siehe www.capbabaria.com)

Carbonicas Tur. Carretera La Mola, km 2, Tel. 971/32 22 50.

Enotecum. Carretera de Sant Ferran a La Mola (gegenüber der Tankstelle) Tel. 609/73 58 76; für alle, die es nicht bis hierhin schaffen, bietet sich eine weitere Filiale in Ibiza-Stadt an. Avda Isidor Macabich, 43, 07800 Eivissa, Tel. 971/19 39'00.

INFORMATION

Touristinformation. Edifici Estació Marítima (im Hafen von La Savina) Tel. 971/32 20 57, turismo@formentera.es, www.formentera.es

Punto de Información Turistica. Mo–Sa (Mai–Okt) 8–14 und 17–19 Uhr. Plaza de la Constitución s/n (beim Rathaus) in Sant Francesc, Tel. 971/32 36 20.

... und dieses Schild markiert das Megalithgrab II.

43 Sant Francesc Xavier

Die »Hauptstadt« Formenteras

Lass uns nach »San Francisco« fahren, kann man auf Formentera spontan sagen, denn so heißt die Ortschaft auf Kastilisch. Zu Hippie-Zeiten trug man auch hier Blumen im Haar. Heute hat sie als zentraler Verwaltungssitz Formenteras fast 1500 Einwohner. Mit einer kleinen Fußgängerzone, zahlreichen authentischen Cafés und Restaurants sowie einigen Sehenswürdigkeiten ist sie auch für Urlauber attraktiv.

Mitte: In der kleinen Fußgängerzone macht das Shoppen und Flanieren richtig Laune.
Unten: Im Altarraum der Wehrkirche befindet sich ein Taufbecken aus dem frühen Mittelalter.

Einerseits regiert in Sant Francesc – wörtlich – der Inselalltag: Neben dem Verwaltungszentrum des Gemeindebezirks (Municipio) Formentera sind hier auch das Rathaus, die Hauptpost und die Polizeistation untergebracht, Ärzte und Apotheken, zahlreiche kleinere Geschäfte und der größte Supermarkt der Insel (Eroski) decken den täglichen Bedarf und sind auch für Reisende eine kostengünstigere Alternative (wobei Formentera generell etwas höhere „»Inselpreise« hat). Pragmatisch aber wirkt der Ort ganz und gar nicht, hat vielmehr Charme mit seinen leuchtend weißen Häusern und der kleinen Fußgängerzone, in der gusseiserne Laternen bei Dunkelheit ein heimeliges Licht verströmen. Bei einem Bummel sind unter anderem Läden mit schöner Inselmode, im Sommer auch Marktstände zu entdecken, und einige Restaurants mit angenehm schattigen Terrassen bieten solide Küche.

Església de Sant Francesc

Herzstück von Sant Francesc ist die Wehrkirche, eine der drei Inselkirchen – weitere sind nur in Sant Ferran und El Pilar zu finden. Sie gilt als das bedeutendste Gotteshaus auf Formentera und

Bummel durch Sant Francesc

Auf kleinem Raum gibt es viel zu entdecken: Der Hauptort der Insel bietet Kulturelles genauso wie schöne Shopping-Möglichkeiten.

Ⓐ **Plaza de la Constitución** – Auf dem Kirchplatz ist einiges los, besonders wenn im Sommer das Programm des Open-Air-Kino für großen Zulauf aus allen Inselteilen sorgt. Das ganze Jahr ist hier jeden Samstag auf einer großen Freiluftbühne auch Live-Jazz geboten (siehe AT, S. 237). Hier befindet sich auch die Touristeninformation.

Ⓑ **Església de Sant Francesc** – Die überdimensionale Wehrkirche beherbergt ein besonderes Taufbecken, und auch das strahlende weiße Gemäuer vermittelt authentisches Inselflair.Das Gotteshaus ist dem großen Jesuitenmissionar Franz Xaver geweiht, der 1622 heiliggesprochen wurde.

Ⓒ **Rathaus (Ayuntamiento)** – Sitz der Inselverwaltung.

Ⓓ **Capella de San Tanca Vella** – Die romanische Kapelle ist das älteste Gotteshaus der Insel. Carrer Diputat Mariano Serra. 35 (Seitenstraße der Carrer de Cap de Barbaria, neben dem großen Parkplatz).

Ⓔ **Fußgängerzone** – Im Sommer mit vielen Marktständen, das ganze Jahr über locken kleine Läden und auch international bekannte Geschäfte wie das Majoral mit originellem Schmuckdesign (www.majoral.com mit Online-Shop und Museum) oder zum Frühstücken das Café Matinal.

Ⓕ **Ethnologisches Museum** – eine Reise in vergangene Inseltraditionen noch vor der Hippiezeit, mit schönen Einblicken in Sittenund Gebräuche inklusive Salzgewinnung, Handwerk und Trachten. Eintritt frei, Mai–Sept. Di–Sa 10–14 und 19–21 Uhr, Mo nur 19–21 Uhr, So und feiertags 10–13 Uhr. C/Jaume I, 17, Tel. 971/32 26 70.

Ⓖ **Molí d'en Mateu** – Die dreistöckigen Windmühlen mit ihrem weißen Gemäuer und den hölzernen Windmühlenflügeln fallen schon von weitem auf…

Ⓗ **Molí d'en Jeroni** – …einst waren sie unerlässlich zur Mehl- und Salzgewinnung in Gegenden mit wenig natürlichen Wasserläufen.

Das Rathaus von Sant Francecs ist auch der Sitz der Inselverwaltung.

Oben: Die wuchtige Bauweise der Kirche zeugt von den Zeiten, als sie auch als Zuflucht vor Angreifern Schutz bot.
Unten: Da und dort gibt sich Sant Francesc noch immer bunt – und auch die eine oder andere Hippie-Party steigt noch.

wurde im Zeitraum 1726 bis 1738 errichtet, zu einer Zeit, als die Pityusen noch von Piratenangriffen gebeutelt wurden. Dies erklärt ihr wuchtiges Erscheinungsbild mit dicken Mauern und eisenbewehrtem Portal, als Festung bot sie der Bevölkerung auch Schutz. Bis 1749 und 1962 die ersten Wehrtürme errichtet wurde - angefangen mit dem Torre Sa Guardiola auf S'Espalmador -, war sie der einzige Zufluchtsort Formenteras und trug sogar Kanonen auf ihrem Dach, die später in zwei der Verteidigungstürme verlagert wurden.

Mysteriöses Taufbecken

Nachdem Batista Garcia mit dem Bau der Kirche begonnen hatte, nahm Pere Ferro, ein auf Ibiza lebender Baumeister aus Dènia, im Auftrag des Generalvikars eine Reihe von Veränderungen vor. So wurde das Kirchenschiff verlängert, es kamen Emporen, Kapellen und der Chor hinzu sowie das Haus für den Rektor. Im Altarraum ist besonders das Taufbecken aus importiertem Alabaster beachtenswert, das im byzantinischen Stil gestaltet wurde. Es stammt aus dem 10. oder 11. Jahrhundert, also einer Zeit weit vor dem Bau der Kirche, und über seine Herkunft rätseln Experten. Laut der wohl gängigsten Erklärung kommt es aus der Kirche eines ehemaligen Augustiner-Klosters, das sich noch im 13. Jahrhundert auf der Hochebene La Mola befunden haben soll. Gegenüber der Kirche sind das Rathaus (Ayuntamiento) und das Hauptpostamt zu finden. Der Kirchplatz (Plaza de la Constitución) mit seinen Bars und Cafés ist ein beliebter Treffpunkt und lohnt sich auch wegen des Kunsthandwerkermarktes (siehe AT rechts).

Capella de Sa Tanca Vella

Noch bis zum frühen 18. Jahrhundert diente die Kapelle Sa Tanca Vella (1336) der verstreut auf der Insel lebenden Bevölkerung als Gebetsraum. Im Jahr 1235 hatte Guillem de Montgrí die Insel von den Mauren zurückerobert, und die damit einhergehende Ansiedlung der christlichen Katalanen erforderte auch ein erstes Gotteshaus. Lange Zeit genügte die kleine Kapelle den Bedürfnissen der spärlichen Bevölkerung, zumal es während des 15. und 16. Jahrhundert aufgrund der heftigen und anhaltenden Korsarenüberfälle zu einer nahezu kompletten Entvölkerung Formenteras gekommen war. Im späten 17. Jahrhundert, als die spanische Krone Land für die Neubesiedlung vergab – unter anderem an den ibizenkischen Patron Marc Ferrer –, setzte ein Bevölkerungswachstum ein, das auch dazu führte, dass die kleine Kapelle nicht mehr ausreichend Raum bot für die Gläubigen, und man beschloss, die Kirche von Sant Francesc zu errichten.

Die romanische Kapelle Sa Tanca Vella ist heute noch als restauriertes historisches Baudenkmal zu besichtigen. Sie steht in einem hübsch bepflanzten Areal in der Carrer Diputat Mariano, einer Seitenstraße der Carrer de Cap de Barbaria. Hier gibt es auch einen großen Parkplatz.

AUTORENTIPP!

FLOHMARKT UND JAZZ

Während der Hippiemarkt auf der La Mola sehr bekannt ist, hört man seltener von dem Markt bei der Kirche von San Francesc. Ausgeschrieben ist er als »Mercado de segunda Mano«, also Flohmarkt (wörtlich: »Markt für Second Hand-Ware«), doch es werden unter anderem auch Kunsthandwerk, Schmuck und neue Kleidung verkauft. Hier sind oftmals mehr Insulaner als Touristen unterwegs, und es ist ein ganzjähriges Vergnügen. Während der Saison ist außerdem täglich Kunsthandwerkermarkt von 10 bis 14 Uhr. Samstagabends ab 22 Uhr verwandelt sich der Kirchplatz obendrein in eine Jazz-Bühne – auch das ganze Jahr über!

Mercado de segunda Mano. Plaza de la Constitución, Sa ganzjährig 11–14 Uhr.

Música en la Plaza. Jazz Sa. im Sommer ab 22 Uhr

AUTORENTIPP!

FLOWER POWER UND OPEN-AIR-KINO

In Sant Francesc ist während der Sommermonate einiges los – es lohnt sich, auf Ankündigungen vor Ort zu achten. Ein Highlight ist das Flower Power Hippie-Festival (Flower de Sant Jaume), das meist an einem Tag im Juli und übrigens auch an anderen Orten der Insel zelebriert wird, etwa in Es Pujols. Außerdem gibt es wöchentlich (2014 war es der Dienstag) Cinema a la fresca, Open-Air-Kino, und zwar sowohl im Jardi de des eres auf Katalan mit kastilischen Untertiteln und – wohl eher etwas für die meisten Urlauber – auf dem Kirchplatz in Kastilisch (Spanisch), teils auch z. B. mit englischen oder deutschen Untertiteln.

Flower de Sant Jaume und Cinema a la fresca. Plaza de la Constitución, Termine siehe Ankündigungen vor Ort oder z.B. unter www.formenteranatural.com und www.consellinsulardeformentera.cat, jeweils unter Agenda.

Einladend: Geschäft in Sant Francesc

Ethnologisches Museum

Ein Hinterhof der Fußgängerzone führt zum Ethnologischen Museum (Museu Etnològic) von Sant Francesc. Es zeigt unter anderem Geräte aus Landwirtschaft und Fischfang, Gewürzmühlen, Instrumente und eine alte Dampflok, die in den Salinen eingesetzt wurde und Salzloren zog. Auch alte Schwarzweiß-Fotografien, Werkzeuge und Schiffsmodelle und ein traditionell eingerichtetes Schlafzimmer berichten vom Leben der Inselbewohner vor dem Einsetzen des Tourismus.

Windmühlen in Sant Francesc

Auch die Windmühlen erzählen noch von den alten Zeiten Formenteras, neben Getreidemühlen wurden Wasser- und Salzmühlen errichtet wie die Molí del Sal in den Salinen. Solche Bauwerke, die der Mehlgewinnung dienten, stehen auch in der Gemeinde Sant Francesc, und zwar die Moli d'en Jeroni in der »Venta de sa Miranda«. Sie wurde gegen Ende des 18. Jahrhunderts erbaut. Direkt daneben steht eine weitere Mühle: die Moli d'en Mateu (1773).

Im Inneren der Mühlen befinden sich drei Stockwerke. Im obersten waren die Maschinerie und der Mühlstein untergebracht, im mittleren wurde das Mehl aufgefangen und das unterste Stockwerk diente als Lager. In schlichter Schönheit stehen sie da, mit runden Mauern und einem spitz zulaufenden, frei beweglichen Dach. So konnten sich ihre hölzernen Flügel nach dem Seewind ausrichten. Sant Francesc ist auch ein schöner Startpunkt für Touren, denn von hier aus führen die Hauptstraßen in alle Richtungen: Gen Süden zum Cap de Barbaria, Richtung Norden ist La Savina nicht weit, und nach Westen sind Sant Ferran (und nördlich davon Es Pujols) schnell erreicht sowie die Hochebene la Mola.

Infos und Adressen

Diese Lok zog früher die Loren in den Salzfeldern, zu besichtigen im Ethnografischen Museum.

SEHENSWÜRDIGKEITEN

Centro Artesano de Formentera Antoni Tur Gabrielet. Das Kulturzentrum mit wechselnden Ausstellungen ist nach dem 1998 verstorbenen Inselkünstler »Gabrielet« benannt, der auch den Kunsthandwerkermarkt auf la Mola mit ins Leben rief. Avda. de Portossalè s/n (hinter dem städtischen Kino). Tel. 971/32 12 75.

Museu de Etnografia de Formentera. Mo–Fr 10–14 u. 18–20, Sa 10–14 Uhr, Carrer Jaume I, s/n, 07860 Sant Francesc Xavier, Tel. 971/32 26 70, meef@cief.es, Eintritt frei.

ESSEN UND TRINKEN

Café Matinal. Hier gibt es hausgemachte Konfitüren und Joghurts sowie frisches Müsli und Kulinarisches zum Mitnehmen. Feine Gerichte und Menüs am Abend. Mo–Sa 8–15 und 20–24 Uhr, Carrer de l'Arxiduc Lluís Salvador, 18, Tel. 971/32 25 47.

Can Simonet. Am Ortsrand direkt an der Ausfallstraße Richtung Westen und fast schon im Grünen befindet sich seit Sommer 2014 dieses von einem katalanischen Künstler gestalteten Café-Restaurant. Gelegentlich mit Livemusik- Events. Carrer del Pla del Rei, 111, Tel. 971/32 35 62, cansimonet.formentera@gmail.com

El Sueño. Das traumhafte Restaurant versteckt sich in der Urbanización Porto Saller (Richtung Can Marroig). Wunderschöne Terrasse und hochwertige Küche mit vielen Fleischgerichten (besonders Steaks). Calle de Porto Saler, 804, Tel. 971/32 32 13.

ÜBERNACHTEN

Es Mares. Vier-Sterne-Hotel mit Spa-Bereich in schönstem Naturstein-Ambiente. C. Santa Maria, 15, Tel. 971/32 3 216, www.hotelesmares.com

FESTE UND EVENTS

Festa de Sant Francesc. Patronatsfest am 3. Dez., weitere Events siehe AT S. 237.

INFORMATION

Touristinformation. Edifici Estació Marítima (im Hafen von La Savina) Tel. 971/32 20 57, www.formentera.es

Punto de Información Turistica. Mo–Sa (Mai–Okt) 8–14 und 17–19 Uhr. Plaza de la Constitución s/n (beim Rathaus), Tel. 971/32 36 20.

Auch Kunstausstellungen sorgen in Sant Francesc für kulturelle Abwechslung.

44 Sant Ferran des Ses Roques

Hier trafen sich die Blumenkinder

Fast in der Mitte der Insel liegend, entwickelte sich das Dorf, das auf Kastilisch San Fernando heißt, in den 1960er-Jahre zum Treffpunkt der Hippie-Bewegung. Davon ist heute kaum noch etwas zu spüren, doch mit seiner Gitarrenbauschule und der legendären »Fonda Pepe« ist es nach wie vor ein besonderer Platz auf der Insel – wo sonst kann man in einem Kurs im Urlaub seine eigene E-Gitarre zimmern...

Bedingt durch die zentrale Lage am Knotenpunkt der Straßen nach La Savina/Sant Francesc, La Mola und Es Pujols, ist Sant Ferran heute aus touristischer Sicht von Bedeutung – wohl jeder Inselgast passiert die 1000-Einwohner Ortschaft früher oder später. So gibt es vieles, was einen Zwischenstopp lohnt, von nützlichen Einrichtungen wie Geldautomaten bis hin zu einigen sympathischen Tapas-Bars, Cafés und anderen Lokalen.

Die legendäre »Fonda«

Der Name der alteingesessenen Gaststätte gehört zu Formentera wie kein anderer. Das Lokal, unter Eingeweihten schlicht »Fonda« genannt, war zu Hippie-Zeiten der Anlaufpunkt für alle Aussteiger und solche, die es werden wollten. Hier kam man ins Gespräch und konnte seine Post abholen, auch mal an der Bar anschreiben lassen und sich im Winter über schwere Zeiten hinwegtrösten. Die 1953 eröffnete Bar hat sich inzwischen zu einem Touristen-Treff mit Hostal (siehe AT S. 241) entwickelt, doch sie konnte vieles von ihrer Authentizität

Mitte: Die Kirche (19. Jh.) von Sant Ferran zählt zu den jüngsten Gotteshäusern der Pityusen.
Unten: Auf dem Kunsthandwerker-Markt wird Ware von Qualität angeboten.

bewahren. So ist das legendäre Mäuerchen vor dem Lokal noch immer so etwas wie eine erweiterte Terrasse, wer darauf keinen Sitzplatz findet, stellt sich einen Stuhl dazu oder setzt sich einfach auf den Boden. Hunderte von Leuten sind es an manchen Sommertagen, neben Inselgästen nach wie vor viele, die die Insel zu ihrer Heimat gemacht haben.

Die Musik in der »Fonda Pepe« hat sich allerdings von Pink Floyd und anderen 1960er-Größen in modernere Klänge verwandelt, doch im Gastraum und an der Bar erinnern noch viele Fotos und Bilder an die »guten alten Zeiten«. Die Preise im Restaurant haben bei weiterhin eher durchschnittlicher Küche etwas angezogen, doch um das Essen geht es den meisten hier nicht wirklich, und an der Bar bekommt man immer noch verhältnismäßig günstige Getränke. Wer nicht in der Fonda war, hat Formentera nicht gesehen, sagt man auf der Insel.

Events rund um die Kirche

Die Kirche von Sant Ferran de ses Roques gehört zu den jüngeren der wenigen Gotteshäuser auf Formentera. Sie wurde ab 1883 errichtet, nachdem sich die Einwohner nach einem Treffen mit dem Kapitularvikar, dafür eingesetzt hatten, eine eigene Kirche auf dem Gebiet von Ses Roques zu bauen. Nach sechs Jahren Bauzeit (1889) konnte sie geweiht werden. Zuvor musste die Bevölkerung mit einer Kapelle vorlieb nehmen, die dem Heiligen San José (Joseph) geweiht war, ähnlich also wie es sich in Sant Francesc vollzog. Gemeinsam mit der Nachbargemeinde hat Sant Ferran auch die regelmäßigen Veranstaltungen auf dem Kirchplatz, unter anderem auch Livemusik an Freitagabenden und Open-Air-Kino an Dienstagen. Am 30. Mai jeden Jahres wird das Patronatsfest gefeiert. Liebhaber der Inselmärkte können sich während der

AUTORENTIPP!

HOSTAL PEPE

Die »Fonda« ist bekannt, doch nicht jeder weiß, dass man dort nun auch recht preisgünstig übernachten kann. Bei der Kult-Gaststätte entstand eine einfache, aber liebevoll geführte Pension mit 40 Zimmern und Meerwasser-Swimmingpool.

Für Inselbesucher, die nach dem abendlichen Bier auf dem berühmten »Mäuerchen« nur einen kurzen Weg haben möchten, ist es ideal. Wer es lieber ruhig mag, sollte ein Zimmer nach hinten raus wählen, denn vorne ist der Rummel um die Fonda kaum zu überhören. Und: Auch hier machen sich die auf der Insel steigenden Preise bemerkbar.

Bis zu den Stränden in Es Pujols und Migjorn sind es ca. 20 Fahrradminuten. In der Nähe befinden sich einige Bars, Restaurants und ein Supermarkt sowie eine Bushaltestelle.

Hostal Pepe. Ostern–Oktober, Calle Mayor, Tel. 971/32 80 33.

Oben: Die nahe gelegene Tropfsteinhöhle ist ein schönes Ausflugsziel.
Unten: In Sant Ferran gibt es auch nette Straßencafés.

Saison von Donnerstag bis an bunten Ständen erfreuen. Auch eine Windmühle gibt es in der Gemeinde, die Molí d'en Teuet aus dem Jahr 1760.

Gitarrenbau-Kurs bei »Ekki«

So gleichen sich die Dörfer auf Formentera in mancher Hinsicht, und doch hat jedes Besonderes zu bieten. In Sant Ferran ist es außer der Fonda Pepe die Gitarrenbauschule von Ekkehard »Ekki« Hoffmann. Der Bassist und Diplom-Ingenieur der Elektrotechnik siedelte 1989 von Darmstadt nach Formentera um, erlernte das Handwerk und wurde Lehrer bei Formentera-Guitars. Die Gitarrenbauschule hatte dort 1988 eröffnet, und es gibt sie noch heute. In einem rund dreiwöchigen Kurs kann jeder (auch ohne Vorkenntnisse) seine eigene E-Gitarre oder einen Bass zimmern – Instrumente, die sich laut Werkstatt vor allem durch ihren »balearischen Sound« auszeichnen.

Cova d'en Xeroni

Nahe Sant Ferran lohnt sich ein Ausflug zur Cova d'en Xeroni. Die kleine Tropfsteinhöhle wurde 1975 bei einer Brunnenbohrung entdeckt. Auf 700 Quadratmetern sind märchenhafte Stalaktiten und Stalagmiten gewachsen, die sich im farbig untermalten Höhlenlicht in Figuren wie den Nikolaus, einen Stiefel oder Richard Wagner verwandeln.

Infos und Adressen

Mit Lichteffekten entführt die Cova d'en Jeroni in Traumwelten.

SEHENSWÜRDIGKEITEN

Cova d'en Xeroni. Tropfsteinhöhle Nahe Sant Ferran. Mai–Okt. 10–13.30 und 14.30–20 Uhr,-Eintrittskarten sind in der gegenüberliegenden Bar erhältlich. Bei km 6,2 der Hauptstraße Richtung La Mola, direkt gegenüber dem Supermarkt.

Església de Sant Ferran. Die Dorfkirche ist vor allem auch ein attraktiver Schauplatz von Festen.

Schmuckes Detail an einer Fassade

ESSEN UND TRINKEN

Fonda Pepe. Formenteras Kultkneipe ist nach wie vor der Insel-Treffpunkt, besonders nach Einbruch der Dunkelheit.

ÜBERNACHTEN

Apartamentos Mayans. Zentral gelegene Apartments mit guter Ausstattung. Tel. 971/32 35 70, www.apartamentosmayans.com

AKTIVITÄTEN

Formentera Guitars. In einem rund dreiwöchigen Kurs kann jeder (auch ohne Vorkenntnisse) sein eigenes Instrument bauen. Termine und Anmeldung siehe www.formentera-guitars.com

VERANSTALTUNGEN AUF DEM KIRCHPLATZ

Patronatsfest. Jährlich am 30. Mai

Livemusik. In der Hochsaison immer freitags ab 22 Uhr

Open-Air-Kino. Im Sommer jeden Dienstag

INFORMATION

Touristinformation. Edifici Estació Marítima (im Hafen von La Savina) Tel. 971/32 20 57, www.formentera.es

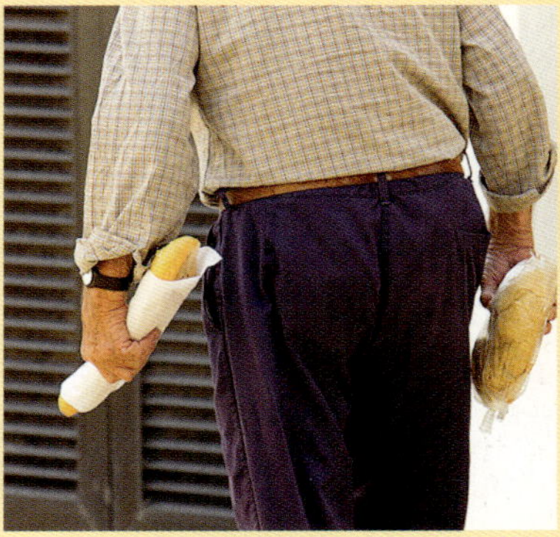

Gut, das der Bäcker noch geöffnet hatte.

Mitte: Katamaransegeln vor der Punta Prima (im Hintergrund der Wehrturm)
Unten: An der Promenade wird auch die eine oder andere »echte« Hippie-Ware verkauft.

45 Es Pujols

Ein (fast) typischer Ferienort

Eine Promenade mit Hippiemarkt und Souvenirshops, an der im Sommer das Leben pulsiert. Strandspaß mit Jet-Ski und Bananaboat, Diskotheken und Bars – wenn es auf Formentera so etwas wie einen Katalogferienort gibt, dann ist es Es Pujols. Überschaubar bleibt es trotzdem, und die Badebucht hat Charakter.

Ab den 1950er-Jahren gewachsen an einer Bucht, in der es bis dato nichts gab als einige Varaderos mit Fischerbooten, ist Es Pujols einerseits das, was viele als »typisch touristisch« bezeichnen würden. Einen historischen Ortskern sucht man andererseits vergebens, stattdessen säumen moderne Gebäude und das gängige Urlaubsspaßangebot das Ufer. Doch auch hier zeigt Formentera, dass diese Insel anders ist: Selbst dieser im Sommer rappelvolle Badeort hat Charakter, unter anderem weil keine vielstöckigen Hotels errichtet wurden, die Strände wie Lloret de Mar an der Küste des spanischen Festlandes zukleistern.

MAL EHRLICH

HIPPIE-MÄRKTE

Es ist inzwischen üblich, jede Ansammlung von Ständen auf Formentera (und auch auf Ibiza) als »Hippie-Markt« zu bezeichnen, doch viele dieser Märkte sind davon weit entfernt. Gerade die Stände an Strandpromenaden sind oft – aber nicht immer – mit Einheitswerten bestückt – also genau hinsehen! Echtes Kunsthandwerk findet man auch auf dem Hippie-Markt von La Mola oder vereinzelt in Dörfern wie Sant Francesc.

Am Strand von Es Pujols

AUTORENTIPP!

SA ROQUETA

Der kleine Strand von Sa Roqueta ist eine schöne Möglichkeit, um sich abseits des Trubels zu erfrischen und anschließend mit Blick auf das Meer essen zu gehen. Er liegt zwischen Es Pujols und dem Strand von Levante. Familien gefällt es hier genauso wie vereinzelten FKK-Anhängern (nicht offiziell erlaubt, aber geduldet). Als einziges Gebäude sitzt das Hostal Sa Roqueta in der Dünenlandschaft. Im zugehörigen Restaurant mit Strandterrasse können auch Tagesgäste einkehren, die Küche (Fleisch, Fisch, Burger etc.) ist in Ordnung und recht preisgünstig. Das Hostal hat 37 einfache Zimmer und ist wegen der Toplage direkt am Meer auch als Unterkunft zu empfehlen (buchbar auch über Reiseportale).

Hostal Sa Roqueta. Zu erreichen über die Straße nach La Savina oder zu Fuß von Es Pujols (ca. 20 Min.), Platja Sa Roqueta, Tel. 971/32 85 06.

Als touristisch stark erschlossener Ort hat sich Es Pujols noch Charakter bewahrt.

Platja Es Pujols

Sicher, es reihen sich entlang der Strandpromenade in der Saison Marktstände aneinander, an denen teils eher Tand als Qualität angeboten wird, und aus ästhetischer Sicht fragwürdige Bauten. Dazu gehört etwa der neu hinzugekommene Rundbau der exklusiven Mietapartments »Formentera Palace«, der sich hinter den nun zerbrechlich wirkenden Bootsgaragen breitmacht, ziemlich deplatziert wirkt und auch in der Inselbevölkerung nicht auf kollektives Wohlwollen stieß. Doch dann wiederum findet man Hotels wie das »Roca Bella« auf der kleinen Landspitze Punta Alta, die die Bucht Richtung Westen begrenzt und das sich recht harmonisch ins Bild fügt. Auch ist die Platja Es Pujols kein gesichtsloser Endlosstrand mit symmetrisch angeordneten Sonnenliegen, sondern ganz hübsch – durch Felsen unterbrochen und mit einigen Inselchen, gestreut in das auch hier allgegenwärtige Formentera-Türkis.

Insgesamt ist die Bucht von Es Pujols ungefähr zwei Kilometer lang, sie reicht von der Punta Alta bis zur weit ins Meer ragenden Landspitze Punta Prima. Dort, wo der Hauptstrand von Felsen unterbrochen wird, befindet die kleine Illa de s'Aigua dolca, die »Süßwasserinsel«. Im westlichen Bereich dominiert die Promenade an der Carrer de La Mar mit einem feinen hellen Sandstrand, Richtung Osten nehmen die felsigen Abschnitte zu, und ein Holbohlenweg lädt zum Spaziergang ein.

Wassersport und Ausgehen

Für Urlauber, die gern an ihrem Ferienort bleiben, hat Es Pujols den Vorteil einer abwechslungsreichen touristischen Infrastruktur. Ob man spontan ein Fahrrad benötigt, ein wenig shoppen gehen möchte oder auf die Schnelle einen Geldautomaten sucht, es ist alles um die Ecke zu finden, genauso wie ein breites Wassersportangebot am Strand mit Verleih von Tretbooten, Jetskis und Katamaranen sowie einer eigenen Surfschule. Natürlich sind auch diverse Cafés und Restaurants vorhanden, einige von mäßiger Qualität, doch auch Lokale, in denen man sehr gut und dabei vergleichsweise preisgünstig speisen kann.

Als einzige Ortschaft der Insel hat Es Pujols zudem ein Nachtleben zu bieten, also etwas mehr als die vielerorts vertretenen Strandbars und Kneipen. Mit dem »Magoo« und dem »Flower Power« sind zwei Discotheken vertreten, die bis in die frühen Morgenstunden geöffnet haben – nicht vergleichbar mit dem Megatempeln auf Ibiza, aber ein immerhin ein Platz zum Tanzen.

Außerdem gibt es mehrere Bars. Das Treiben konzentriert sich besonders auf das Areal rund um die Carrer d'Espardell, vor Ort aus naheliegenden Gründen auch als »Kontakthof« bezeichnet, mit Kneipen, die teils in deutscher Hand sind, und auch einer deutschen Bäckerei. Doch auch hier verändert sich manches, so musste die populäre Tennisbar bereits 2011 schließen. Ähnlich wie auf Ibiza scheint auch auf Formentera die Saison immer kürzer zu werden, sodass sich auch das Partyleben auf die wenigen Sommermonate begrenzt.

Um den Lagunensee joggen

So ist auch Es Pujols zumindest während der Nebensaison ein Ort, an dem man durchaus genauso Ruhe finden kann, bedingt auch durch die günstige Lage zwischen dem großen Lagunensee Estany Pudent und dem Meer. Am Ortsausgang zweigt an der Carrer Espalmador (hinter dem Kreisverkehr Richtung La Savina) links eine Sandpiste ab, die südlich und westlich um den See führt – perfekt für einen Spaziergang oder zum

AUTORENTIPP!

MEGALITHGRAB CA NA COSTA
Nahe Es Pujols befindet sich eine der bedeutendsten archäologischen Fundstätten Formenteras: Am Nordufer des Estany Pudent ist auf einer Halbinsel das ringförmige Großsteingrab Ca Na Costa zu besichtigen. Es handelt sich dabei um einen großen Dolmen, also ein Bauwerk aus der Megalithkultur, mit einer bemerkenswert geometrischen Anordnung der einzelnen Steine. Da es einer Sonnenuhr ähnelt, nennt man es vor Ort auch auf Katalanisch es Rellotge, die »Uhr«. Das Kollektivgrab wurde in der frühen Bronzezeit genutzt, wohl um 2000 bis 1600 vor Christus. Es wurde 1974 entdeckt, bei den Ausgrabungen wurden auch Werkzeuge aus Stein und Tonscherben gefunden, die Rückschlüsse auf eine Besiedelung der Insel noch vor der punischen Epoche erlauben.

Ca Na Costa (Anfahrt). Am Ostufer des Estany Pudent, eine Schotterpiste führt links ab der Straße Richtung La Savina (ca. 0,5 Kilometer hinter von Es Pujols) zum Fundplatz.

Oben: Auch besondere Strandlokale sind am Holzbohlenweg zu finden.
Unten: Als Souvenir könnte man etwa ein echtes Formentera T-Shirt wählen ... nur welches?

Joggen. Man kann ihr bis nach La Savina folgen, um dort nach einem Frühstück in einem Café in den Tag zu starten (einfache Strecke ca. 4,5 Kilometer).

Spaziergang zum Llevant-Strand

Wer einmal etwas anderes sehen möchte als den Hausstrand von Es Pujols oder eine Möglichkeit zum FKK-Baden sucht, hat es nicht allzu weit bis zum herrlichen Llevant-Strand (siehe Kap. 38 S. 216), von dem wiederum sogar der Traumstrand Illetes zu erreichen ist. Entlang der Küste läuft man ungefähr einen Kilometer, bis das südliche Ende der Platja de Llevant erreicht ist. Auf dem Weg dorthin liegen weitere nette Badestrände, zunächst hinter den Felsen von Roca bella die Platja de ses Canyes und schließlich der kleine Strand von Sa Roqueta (siehe AT S. 246). Nun noch dem Bohlenweg über die nächsten Dünen folgen, und schon ist man am Strand von Llevante angekommen. Wer sich den Fußweg sparen möchte, kann die Strandabschnitte an dieser Küste auch bequem mit dem Auto, Moped oder Fahrrad ansteuern – über die Straße nach La Savina. Östlich von Es Pujols geht es entlang einer felsigeren Küste zur Punta Prima, die auch mit einem Wehrturm bestückt ist. Dies ist auch ein schönes Tauchrevier, genauso wie einige Plätze an der felsigen Westküste Formenteras, das die Tauchbasis Vellmari (siehe La Savina) bei optimalem Wind ansteuert.

Infos und Adressen

ESSEN UND TRINKEN

ChezzGerdi. Nach dem Motto »from formal to informal« laden der Lounge-Garten und die schöne Strandlage zum Sunset-Chillen ein, im Sommer oft mit (jazziger) Livemusik. Gehobene Küche. Playa Es Pujols, www.chezzgerdi.com

Luzius. Direkt am Meer kann man hier feine, französisch angehauchte Gerichte sowie knackige Salate, Lamm und Fisch genießen. Passeig Marítim, Mai–Okt. tgl., Fonoll Marí s/n, Tel. 971/32 84 17.

Pinatar. Stilvolles Restaurant mit moderaten Preisen. Av. Miramar 25, Tel. 971/32 81 37, www.restaurantpinatar.com

Risci Café. Sandwiches und einfallsreiche Cocktails. Carrer de King Crimson/Carrer d'Espardell, Tel. 971/32 83 30, www.risci.es

ÜBERNACHTEN

Hotel Club Punta Prima. Die ruhige Drei-Sterne-Anlage liegt auf der östlichen Landspitze Punta Prima, rund 1 km vom Strand und Ortszentrum entfernt. Calle Venda de Sa Punta, s/n, Tel. 971/32 82 44, www.hotel-formentera.com

Roca Bella. Hübsches Hotel auf der kleinen Felszunge am nordwestlichen Rande der Bucht von Es Pujols, ca. 300 m bis ins Zentrum. Playa Es Pujols, s/n, Tel. 971/32 81 30, www.roca-bella.com

Roca Plana. Seit 1966 gibt es das familiengeführte Hostal, 200 m vom Strand entfernt. Tel. 971/32 83 35, www.rocaplana.es

Tahiti. Modernes Vier-Sterne-Hotel direkt an der Strandpromenade. Fonoll Marí 8/28, Tel. 971/32 81 22, www.tahiti.es

AUSGEHEN

Carrer d'Espardell. Jede Menge Kneipen; zum Auftakt trifft man sich meist im Kontakthof mit Biergarten. Ab 24 Uhr darf keine Musik mehr gespielt werden, Sperrstunde ist meist um 4 Uhr.

Diskotheken. Im Magoo und im Flower Power wird es erst ab 3 Uhr morgens voll, und man kann bis 7 Uhr in der Früh feiern.

Pineta Club. Ibiza-Style der modernsten Version: Den trendigen Nightclub gibt es erst seit drei Jahren. Weltklasse-DJs und minimalistisches Design in Bestform. Plaza Europa, 2, Es Pujols, kein Tel., www.pinetaclubformentera.com

AKTIVITÄTEN

Wet 4 Fun. Das Wassersportcenter am Rand der Bucht bietet alles von Banana-Boot und Jetski, Tretbooten, Surfen, Wasserski bis hin zu Katsegeln und Surfschule. Carrer Roca Plana, 51, Tel. 971/32 18 09, www.wet4fun.com

Hoher Flirtfaktor: Straßenbar im »Kontakthof«

46 Platja de Tramuntana

Strände und ein Fischerdorf

In seinem mittleren Teil, also dort, wo Formentera nur zwei Kilometer schmal ist, säumen weitläufige Naturstrände zu beiden Seiten die Insel. Der nördliche Strand heißt Platja de Tramuntana. Zusammen mit seinen Nachbarbuchten begleitet er fast fünf Küstenkilometer, beginnend bei Sant Ferran des Ses Roques bis nach Es Caló vor der Hochebene La Mola – einem der schönsten Plätze zum Fischessen.

Die Platja de Tramuntana (Playa Tramontana) verläuft parallel zur Hauptstraße Richtung La Mola und ist von dieser aus an mehreren Stellen über kurze Wege zu erreichen. Sie liegt jedoch immer noch weit genug davon entfernt, sodass von dem vorbei rauschenden Verkehr am Strand nichts zu hören ist. Kurz hinter Sant Ferran geht es zunächst noch zur Cala en Baster, einer kleinen und ruhigen, für sich abgeschlossenen Bucht. Sie liegt genau zwischen Racó des Cans und dem Tramuntana-Strand und ist auch direkt ab Sant Ferran zu erreichen (ca. zwei Kilometer).

Mitte: Blick über die Platja de Tramuntana, ganz vorn die Häuser von Es Caló
Unten: Viele der Strandplätze sind gut mit dem Fahrrad zu erreichen.

Cala en Baster

Von oben wirkt die karge und mit eher weniger attraktiver Urbanisation bestückte Küste nicht besonders einladend, unten in der Bucht aber ist es durchaus ein Platz, der gefällt mit seiner wilden Note. Der schmale und teils steinige Strand ist von steilen Felswänden umgeben, die Schutz vor nördlichen und südlichen Winden bieten. Eine Strandbude oder Ähnliches gibt es weit und breit nicht, also sollte man an ausreichend Trinkwasser denken und am besten auch einen Snack einpacken.

An der Platja de Tramuntana

Hinter der Cala en Baster folgt Richtung Süden zunächst noch ein felsiger Küstenabschnitt, bis sich der weitläufige Hauptstrand von Tramuntana anschließt. Oberhalb davon ist die Küste teils besiedelt, stellenweise gleicht sie auch einer Mondlandschaft, durch die einige sandige Strichstraßen ab der Hauptstraße zum Wasser führen. Der Strand ist gut zwei Kilometer lang, bis zu 30 Meter breit und auf jeden Fall ein Ort, an dem man es gut aushalten kann. Den karibischen Charakter von Illetes oder der Platja de Llevant indes lässt er etwas vermissen, wohl auch weil er wegen seiner Struktur ohne Felsen, Buchten oder einen grünen Piniensaum etwas eintöniger wirkt. Auch kann die See hier etwas rauer sein.

Ses Platgetes

Landschaftlich reizvoller ist die kleine Buchtenkette, die sich noch weiter südlich kurz vor Es Caló anschließt: Ses Platgetes, wörtlich übersetzt »die kleinen Strändchen«, sind mehrere winzige, von Felsen gebildete Buchten vor einem schönen hellen Stück Sandstrand. Hier finden sich Plätze zum stillen Träumen oder für romantische Stunden zu zweit. Auch der Sonnenuntergang ist in diesem Küstenbereich schön zu sehen. Verbinden ließe es sich mit einem Fischessen in Es Caló.

Es Caló de St. Agustí

Der kleine Fischerort mit Naturhafen liegt zu Füßen der Hochebene von Es Caló. Zahlreiche Varaderos in der kleinen Bucht werden noch heute rege genutzt. Dieser geschützte Hafen im Süden der Insel ist für Fischer traditionell ein bedeutender Platz, den manchen historischen Deutungen nach schon die alten Römer ansteuerten. Vieles von dem, was aus dem Meer kommt, landet auf den Tellern der

AUTORENTIPP!

BUCHTEN VOR DER HOCHEBENE

Östlich von Es Caló verstecken sich weitere schöne Plätze am Wasser. Der felsigen Küste folgend, gelangt man zu den kleinen Buchten Pou dès Verro, ein Naturhafen, und Raco de sa Pujada – Letztere ist nach dem oberhalb vorbeiführenden Römerweg benannt, der vor Ort Camí de sa Pujada heißt. Mit der hoch aufragenden Steilküste von La Mola auf der einen und dem offenen Meer auf der anderen Seite ein überaus malerischer und fast unberührter Küstenstrich, der sich zu erkunden lohnt.

Wie auf so vielen Wanderrouten quer durch die Hochebene und an den Küsten entlang gilt: Ausreichend Proviant und Wasser mitnehmen und auf festes Schuhwerk achten, denn an so manchen Stellen fällt die Küste steil ab. Auch an bewölkten Tagen können sich durch Wolkenformationen wunderbare Bildmotive ergeben.

Restaurants, die sich schönster Lage mit Terrassen über dem Wasser angesiedelt haben und teils auch Unterkünfte anbieten. Auch in dem nur aus wenigen Häusern bestehenden Ort gibt es einige Pensionen, Einkaufsmöglichkeiten und sogar eine Autovermietung.

Aus historischer Sicht spannend sind auch die Hinterlassenschaften im Hinterland von Es Caló, wenngleich deren Herkunft nicht hinreichend belegt ist: Hier beginnt der »Camí Roma« (siehe Kapitel 47), Überbleibsel einer gepflasterten Straße, die allerdings wohl eher nicht von den Römern stammt und bis hinauf nach La Mola führte (siehe Kapitel 48). In der Nähe befindet sich außerdem das Kastell Can Blai, das auch mit den Römern in Zusammenhang gebracht wird.

Castell Can Blai

Kurz vor Es Caló (aus Richtung Sant Ferran kommend) geht es zu dieser archäologischen Fundstätte: Von dem wohl römischen Kastell Can Blai ist noch eine quadratische Form erhalten. Von oben betrachtet, sind Ansätze von fünf rechteckigen Türmen und einem weiteren, trapezförmigen Turm zu erkennen. Das Bauwerk, so nehmen Wissenschaftler an, sollte der Verteidigung dienen, wurde aber möglicherweise nie vollendet und somit vielleicht auch nicht genutzt. Auch über den Ursprung ist man sich nicht ganz einig.

Oben: Kleiner Fischerhafen: Nach wie vor werden die Varaderos von Es Caló rege genutzt.
Unten: In den Felsen findet sich manch ein verschwiegenes Plätzchen

Infos und Adressen

Hier schmeckt auch die klassische Paella.

SEHENSWÜRDIGKEITEN

Castell Romá. Ob es wirklich von den Römern stammt, ist nicht gewiss: Die quadratische Anlage gibt Forschern Rätsel auf.

Camí Roma. Der »Römerweg« führt entlang der Steilküste in Richtung Hochebene von La Mola und beginnt ca. 200 m hinter dem Hostal Entre Pinos – siehe Kapitel 47.

ESSEN UND TRINKEN

La Tortuga. Die »Schildkröte« ist eine feste Größe an der Hauptstraße Richtung la Mola, kurz hinter Sant Ferran. Carretera de la Savina al Faro de la Mola. Zwar liegt es nicht am Strand, jedoch lässt es sich hier umgeben von altem Steingemäuer und unter rustikalem Holzgebälk stilvoll und gemütlich speisen. Tel. 971/32 89 67, www.restaurantlatortuga.com

Es Arenals. Auf einer überdachten Holzterrasse mit Ausblick aufs Meer kommen hier Paella, frischer Fisch, Seafood und verschiedene Fleischgerichte auf den Tisch. Perfekt für kulinarischen Sundowner-Genuss. Lugar Venda de Ses Clotades s/n, Tel. 971/32 81 12, www.arenals.com

ÜBERNACHTEN

Apartamentos Pascual. Auch hier kann man gut Fisch essen. Crta. La Mola, km 11,9, Tel. 971/32 71 09, www.apartamentospascual.com

Hostal Rafalet. Familiäres Hostal zwischen Felsen und Strand mit Pool und Fischrestaurant über dem Meer. Carrer Sant Agustí, 1, Tel. 971/32 70 16, www.hostal-rafalet.com

INFORMATION

Touristinformation. Edifici Estació Marítima (im Hafen von La Savina) Tel. 971/32 20 57, turismo@formentera.es, www.formentera.es

Auch einige Hostals sind in Es Caló vertreten.

Auf geht's in das geheimnisvolle Grün des Römerwegs!

47 Der Römerweg

Historisch inspiriertes Wandern

Die Römer sollen den steinigen Pfad gelegt haben, der sich entlang der Steilküste in Richtung Mola windet, teils noch erhalten ist und eine herrliche Wanderroute bildet: Der »Römerweg« führt vorbei an spektakulären Aussichtsplätzen. Über seine wahre Geschichte sind sich Experten zwar nicht einig, doch es lohnt sich, ihn zu gehen. Es ist der schönste Wanderweg Formenteras mit Blicken über die gesamte Insel.

Alte Pflastersteine glänzen zwischen Felsbrocken und Sand, ein immergrüner Vorhang fällt vor dem Wanderer und öffnet sich für atemberaubende Blicke: Mal blitzt das azurblaue Meer durch die Wacholderbüsche und Pinienzweige, mal erscheint es in strahlender Weite. Wer diesen Weg geht, wird reich belohnt. Natur und Geschichte verschmelzen auf 1,5 Kilometern Formentera zu einem schmalen, verschwiegenen Pfad mit rätselhafter Vergangenheit: »Camí Roma« heißt der Weg, weil Römer seine Steine gelegt haben sollen. Vor Ort indes nennt man ihn auch Camí de sa Pujada, und nach manchen Quellen entstand er erst im 18. Jahrhundert. Manche Experten meinen auch, dass hier Mönche des Augustinerklosters am Werk waren, das sich im Mittelalter auf der Hochebene befunden haben soll. Jedenfalls sieht der Weg, teils mit groben Steinen gepflastert, reichlich römisch aus, und die Geschichte passt zu anderen Funden in der Region, wenn auch stets eine Unsicherheit mit den Auslegungen verbunden ist oder manche Untersuchungen noch andauern. Welche Deutung auch immer der Wahrheit am nächsten kommen mag, die Ungewissheit ist umso inspirierender und spornt den Entdeckergeist an.

Panoramen und Picknickplätze

Der Römerweg führt auf die Hochebene La Mola, kurz hinter Raco d'es Caló: Beim »Hostal Entre Pinos« biegt man links ab, dann sind es noch 200 Meter, bis der Pfad beginnt. Eine kurze, aber eindrucksvolle Tour mit Rastplätzen vor einem Panorama, das über die ganze Insel Formentera und das Meer bis nach Ibiza reicht. Auch die Felsen von Es Vedrà und Es Vedranell sind bei guter Fernsicht zu erkennen. Mit einer Länge von nur anderthalb Kilometern ist der Weg trotz der Steigung gut zu schaffen, bei gemächlichem Tempo benötigt man eine Stunde. Der Pfad wurde restauriert und zum Ort von besonderem kulturellen Interesse (Bien de Interés Cultural (BIC) erklärt. Einig der zu passierenden Stellen erhielten Namen wie Las huellas del diablo (»Spuren des Teufels«).

Weiter wandern

Der Weg mündet schließlich wieder in die Straße, die nach El Pilar führt, rechts geht es hinab zum »Entre Pinos« (Hostal + Gaststätte). Dort kann man die Eindrücke bei einer Einkehr im zugehörigen Restaurant noch einmal nachklingen lassen. Wer mag, kann noch weiter wandern: Links führt die Waldstraße bis zum Leuchtturm auf der Mola.

Sa Talaissa

Der höchste Punkt Formenteras befindet sich auf der La Mola: Sa Talaissa (192 Meter), »Gipfel« heißt die Kuppe schlicht, die sich mit in die Wanderung einbinden lässt. Dazu folgt man, den Römerweg hinter sich lassend und nach rund 120 Metern auf der Hauptstraße Richtung El Pilar, einem rechts abzweigenden Feldweg, der zunächst an alten Bauernhäusern vorbei und schließlich zur höchsten Stelle führt. Von dort wiederum geht es nach Belieben über einen Wanderpfad an der Steilküste

AUTORENTIPP!

RESTAURANT MIRADOR

Wie der Name, der übersetzt Aussichtspunkt bedeutet, sagt: Das Restaurant lohnt sich schon wegen des fantastischen Panoramas. Es befindet sich am Rand der Serpentinenstraße, die hinauf zur La Mola führt, bei Kilometer 14,3. Von der Terrasse des Restaurants aus eröffnet sich der Blick über nahezu die komplette Insel – schöner als auf jeder Postkarte ist es in natura. Da es im Sommer rappelvoll werden kann, sollte man möglichst früh da sein. Auf der sogenanten Ruta Verde (Grünen Route) gelangt man auch mit einem Touristenbus hierher. Wer nicht einkehren will und auch nicht vorhat, zu Fuß bis nach La Mola weiterzuwandern, kann nach 15 Minuten Schaupause wieder zusteigen.

Restaurant Mirador. Carretera de la Mola, km 14,3, direkt an der Bergstraße nach El Pilar de La Mola, Tel. 971/32 70 37.

Oben: Der »Camí Roma« ist gut beschildert.
Unten: Unterwegs ist auch eine vielfältige Flora zu entdecken.

noch weiter bis nach S'Estufador, einem romantischen Badeplatz an der Südküste.

Fahrt auf die Hochebene von La Mola

Der Römerweg ist die direkteste Verbindung nach El Pilar, mit dem Auto geht es in mehreren Serpentinen auf die Hochebene. Wer dennoch lieber fahren möchte, sollte zumindest beim »Restaurant Mirador« einen Stopp einlegen und den Panoramablick über die Insel genießen, der sich von hier aus eröffnet und auch ein beliebtes Fotomotiv ist (siehe AT S. 255). Auf dem Weg nach Pilar de la Mola geht es schnurgerade auf der Landstraße an schattigen Pinienwäldern vorbei, und wer nicht schon im Ort Es Caló de Sant Agustí direkt am Meer den Gourmet- und Gaumenfreuden erlegen ist, kann spätestens in Pilar de la Mola einige nette Lokale entdecken (siehe Kap. 49, S. 265). Die Entfernungen sind überschaubar wie überall auf Formentera. Sogar mit dem Mountainbike ist La Mola schnell erreicht – die steile Anfahrt hat es zwar in sich, dafür kann man sich umso mehr auf die Rückfahrt freuen.

Infos und Adressen

ESSEN UND TRINKEN

Restaurante Es Caló. In der kleinen Traumbucht mit Varaderos (Bootshütten) und kristallklarem Wasser versteckt sich ein Seafood-Restaurant der Extraklasse. Mit Fischgerichten und Meeresfrüchten in allen Varianten, meisterhaft zubereitet und garniert. Calle Vicari Joan Marí, 14, 07872 Es Caló de Sant Agustí, Tel. 971/32 73 11, www.restauranteescalo.com

Can Rafalet. Das unprätentiöse Fischrestaurant direkt am Wasser gehört zum gleichnamigen Hostal, siehe Kap. 46 S. 250, Anfahrt Richtung Venda des Carnatge, 1–11, Es Caló de Sant Agustí, Tel. 971/32 70 77, www.hostal-rafalet.com

ÜBERNACHTEN

Hostal Entre Pinos. Hier beginnt der Römerweg, und das Hostal bietet sich zur Einkehr an. Es hat auch einen schönen Spa-Bereich. Carretera La Mola, km 12, 3, Tel. 971/32 70 19, www.hostalentrepinos.com

INFORMATION

Touristinformation. Edifici Estació Marítima (im Hafen von La Savina) Tel. 971/32 20 57, sturismo@formentera.es, www.formentera.es

Markierung auf dem Wanderweg

Auch wenn der Weg recht kurz ist: Auf festes Schuhwerk sollte man achten.
Diese Wanderer taten es wohl nicht.

48 Hochebene La Mola

Formenteras andere Seite

Mit schroffen Klippen anstelle von Sandstränden hat der östliche Inselteil eigene Reize. Bekannt ist La Mola vor allem für den inselgrößten Kunsthandwerkermarkt und seinen Panorama-Leuchtturm. Dabei hat die rund neun Quadratkilometer große Hochebene noch mehr zu bieten: eine zu großen Teilen bewaldete Landschaft mit schönen Wandermöglichkeiten und unter anderem eine Windmühle, in der Bob Dylan gewohnt haben soll.

Wer der Hauptstraße ab La Savina gefolgt und auf der aus Kalkstein gebildeten Hochebene von La Mola angekommen ist, hat die komplette Insel einmal ihrer Länge nach durchquert. Gerade einmal 17 Kilometer trennen die beiden Orte, doch oben angekommen stellt sich das Gefühl ein, eine längere Reise hinter sich zu haben.

Landwirtschaft auf dem Hochplateau

Es liegt nicht an der kurvenreichen Anfahrt über die Serpentinen, die das Tempo nach der geraden Piste über die Insel drastisch reduziert, vielmehr ist es ein anderes Formentera, das sich hier oben präsentiert. Anstelle der lieblichen Karibikstrände dominieren zu allen Seiten schroffe Küsten, die gnadenlos und bis zu 180 Meter ins Meer abfallen, auch weht hier oben oft ein etwas frischerer Wind. Abseits der Küsten indes ist die Hochebene von Pinien- und Wacholderwäldern und Äckern geprägt, darunter viele Großgrundstücke, die weniger zerteilt sind als im Süden Formenteras. Es macht sich der geringere Einfluss des Tourismus

Mitte: Der Leuchtturm auf La Mola ist ein beliebtes Ausflugsziel. **Unten:** Eine Gedenktafel erinnert an Jules Verne, der La Mola in einen Roman einbezog.

bemerkbar. Noch mehr Menschen als in dem 170-Seelen-Dorf El Pilar leben leben mit rund 600 Einwohnern im Umland.

Weinanbaugebiet La Mola

Dort, wo der Wald sich bei der Ankunft auf dem Hochplateau lichtet, befindet sich die Bodega Terramoll, die zweite Weinkellerei der Insel. Im Jahr 2000 gegründet, genauso wie die Bodega auf dem Cap de Barbaria (siehe Kap. 42 S. 230), also noch recht jung, trägt sie dazu bei, Formenteras Weine in der Genießerwelt bekannter zu machen und damit eine auf der Insel schon seit Jahrhunderten verankerte Tradition. Terramoll baut die Reben Monastrell, Cabernet-Sauvignon und Merlot an – Die weiße Traube gedeiht in der Zone Can Blai und die rote in der Umgebung der Casa La Cubana. Insgesamt umfasst das Anbaugebiet 14 Hektar.

Leuchtturm Faro de la Mola

Die Punta de sa Creu im Norden und die Punta Roja im Süden markieren die größte Ausdehnung von La Mola in Nord-Süd-Richtung. Auf der Mitte dieser Achse und noch ein Stück weiter östlich steht der weiße Leuchtturm von La Mola auf dem Kap Punta de sa Ruda. Bis zu 180 Meter tief fallen die Klippen an dieser Stelle ins Meer, ein Bergpfad führt hinab zur Cala Codolar (siehe AT rechts). Bereits im Zeitraum zwischen 1859 bis 1861 durch den Bauingenieur Emili Pou errichtet, gilt der Turm als konkurrenzloses Beispiel für frühe Ingenieurskunst auf Formentera. Der zweite Leuchtturm der Insel auf dem Cap de Barbaria kam erst1970 hinzu.

Gedenken an Jules Verne

Links neben dem Leuchtturm wurde 1978 eine Gedenktafel zu Ehren des Schriftstellers Jules Verne

AUTORENTIPP!

S'ESTUFADOR UND CALA CODOLAR

Zwei reizvolle Touren bieten die Möglichkeit, zu Badestellen am Fuße der Hochebene zu gelangen. Der Camí de s'Estufador, ein leicht begehbarer Weg, der zu den ausgewiesenen »grünen Wanderrouten« gehört, beginnt in El Pilar und führt bis hinab zur Bucht von S'Estufador im Süden. Bei dieser drei Kilometer langen Tour passiert man auch die beiden Windmühlen der Hochebene. Es geht durch den lauschigen Pinienwald, und schließlich gelangt man an einen malerischen und meist einsamen Platz an der Felsküste mit einigen Varaderos.

Die andere Tour beginnt beim Leuchtturm und führt direkt an der Steilküste hinab zur Playa Codolar (einfache Strecke zwei Kilometer). Diese Bergwanderung erfordert mehr Trittsicherheit und Schwindelfreiheit. Den bevorstehenden Ausstieg mit einkalkulieren und (bei beiden Routen) an Proviant denken.

Oben: Auch Schafe sind auf der Hochebene zuhause.
Unten: Ein Wiedehopf im Weinanbaugebiet

(1828–1905) errichtet – zu dessen 150. Geburtstag also, wie auch die Inschrift auf der Tafel verrät (»Los Jovenes de Es Spiritu A Julio Verne en el CL aniversario de su Nacimiento«). Der französische Schriftsteller, der die Weltliteratur prägte, lässt Formentera eine Rolle in seinem Roman Héctor Servadacs Reise durch die Sonnenwelt (erstmals veröffentlicht 1877) spielen. Bei einer Irrfahrt durch das Mittelmeer erreichen die Reisenden um die Hauptfigur Héctor Servadac unter anderem die Pityusen-Insel, wobei der Leuchtturm auch einen Auftritt hat.

Die Windmühle, in der Bob Dylan wohnte

In Richtung Leuchtturm schauend rechts führt ein Pfad zu einer von ehemals zwei Windmühlen auf La Mola – von einer weiteren aus dem Jahr 1893, der Molí d'en Botigues, ist noch der Turm geblieben. Die noch komplett vorhandene Molí Vell De La Mola stammt aus dem Jahr 1787. Dazu gibt es eine schöne Geschichte des Formenterensers Juan Moliner. Seiner Familie gehörte die Mühle rund 200 Jahre lang, er selbst betrieb sie noch bis 1956. Im Herbst 1968 soll er die alte Mühle an einen Mann vermietet haben, der es als Musiker zu Weltruhm brachte. Sein Name: Bob Dylan. Einheimische berichten von Gitarrenklängen, die das alte Mauerwerk erfüllten. Vielleicht war auch *Blowin' in the Wind* dabei.

Infos und Adressen

SEHENSWÜRDIGKEITEN

Faro de la Mola. Den Leuchtturm erreicht man über die Hauptstraße. Er steht dort, wo sie an der Steilküste endet, rund zwei Kilometer hinter El Pilar.

ESSEN UND TRINKEN

Auf der Hochebene selbst bieten sich entlang der Wanderwege viele schöne Picknickplätze mit Ausblick auf das Meer oder nahe der Windmühle.

Wer nach der Wanderung einkehren will, findet in Pilar de la Mola entlang der Hauptstraße einige authentische Lokale mit Terrasse. Auch am Leuchtturm gibt es eine Bar (siehe Infos & Adressen Kapitel 49 Pilar de la Mola).

ÜBERNACHTEN

Casita Can Ballet. Etwas außerhalb von Pilar de la Mola und mitten auf der Hochebene bietet das Ferienhaus einen herrlichen Meerblick. Die Terrasse ist mit Sonnenliegen ausgestattet. Bis zum Strand von Punta Sa Palmera sind es nur 2,5 km. Casita Can Blaiet. El Pilar de la Mola, Venda des Monestir 4959, www.booking.com

EINKAUFEN

Bodega Terramoll. Die Weinkellerei auf La Mola. An der Landstraße von La Mola, km 15,2. Tel. 971/32 72 93, www.terramoll.es

INFORMATION

Touristinformation. Edifici Estació Marítima (im Hafen von La Savina) Tel. 971/32 20 57, turismo@formentera.es, www.formentera.es

Das Denkmal für Jules Verne steht fast »am Ende der Welt«.

Mitte: Die Dorfkirche von La Mola
Unten: Auf dem Markt gibt es Kunsthandwerk, das seinen Namen verdient.

49 El Pilar de La Mola

Der inselgrößte Hippiemarkt

Die offizielle Bezeichnung »Kunsthandwerkermarkt« (Mercado de Artesanía) trifft es besser: Hier werden noch Produkte verkauft, die den Namen verdienen, und echte Hippies sieht man kaum noch. Doch es erinnern das bunte Treiben und auch einige angebotene Waren an die Flower-Power-Zeit. Mittwochs und sonntags rollen die Reisebusse an, und das 170-Einwohner-Dörfchen »am Ende der Welt« verwandelt sich in den Ort auf der Insel, an dem am meisten los ist.

In der überschaubaren Ortschaft findet man sich leicht zurecht. Das Leben spielt sich weitgehend entlang der Hauptstraße ab, der einzigen Zufahrt nach El Pilar, die zwei Kilometer hinter dem Dorf am Leuchtturm endet. Auf den regelmäßigen Besucherandrang hat man sich eingestellt, es sind eine Handvoll Restaurants, Cafés, Einkaufsmöglichkeiten und ein Gästehaus vorhanden, und die sehenswerten Plätze sind gut ausgeschildert. So weist auch eines der weißen Straßenschilder zum Mercado (auch: Feria) Artesanal de la Mola. Es wäre noch nicht einmal nötig gewesen, denn Ibizas größter Kunsthandwerkermarkt liegt zentral rechts der Straße und ist kaum zu übersehen.

Markttreiben fast wie in den 1960ern

In langen Winterwochen gefertigte Lederwaren, Trachtenpüppchen, origineller Schmuck und gelungene Malereien mit Inselansichten, Korbtaschen, Getöpfertes und vieles andere mehr füllen die Stände. Das Kunsthandwerk hat auf Ibiza Tradition, und von dem Verkauf leben nicht wenige Menschen, zumindest sichert er so manches Zubrot.

Zu finden sind außerdem Teppiche, Plaids, Wanddekorationen und andere inseltypische Wohnaccessoires, inspiriert vom ländlichen Leben. An einigen Ständen weht auch noch der Wind aus den blumigen Zeiten herüber mit Waren wie Batikkleidern, Räucherstäbchen und Muschelgürteln, manch bärtiger Händler verkauft hier seit Jahrzehnten, und einige jüngere Aussteiger zelebrieren ein Neo-Hippie-Leben. Der Markt auf La Mola ist auch für alle ein Erlebnis, die nicht unbedingt etwas kaufen möchten, mit spontanen Darbietungen wie Live-Musik und Jongleuren. Man bummelt in den Sonnenstrahlen, trifft sich auf einen Cortado in der benachbarten Bar oder lässt sich einfach treiben.

Initiator: der Keramikkünstler Gabrielet

Der Stein mit dem prachtvollen Mosaik und der katalanischen Inschrift »Fira d'Art i Artesania de La Mola«, der den Eingang zum Kunsthandwerkermarkt markiert, erinnert an einen großen Inselkünstler: Antoni Tur Costa »Gabrielet« (1917 bis 1998) gehörte zu den Initiatoren des 1984 etablierten Marktes. Gabrielet war so etwas wie eine Kultfigur auf Formentera. Er arbeitete 35 Jahre seines Lebens in einer Werkstatt auf La Mola und lebte dort zusammen mit seinen vielen Katzen. Sein Wirken prägte die Insel so sehr, dass ihm das Consell von Formentera das neue Kunsthandwerkerzentrum in Sant Francesc widmete, das Centro Artesanal »Gabrielet«.

Dorfleben in El Pilar

Um das Dorf El Pilar indes zu erleben, sollte man es an anderen Wochentagen besuchen. Der Tou-

AUTORENTIPP!

COVA D'ES FUM

Die Höhle in der Steilküste nördlich von La Mola nutzten Piraten über Jahrhunderte als Lager für ihre Beute. Ihr Name Räucherhöhle (Cova d'es fum) rührt von einer schauerlichen Geschichte her, die man auf der Insel erzählt: Den Normannen unter Prinz Sigurd soll es anno 1108 gelungen sein, die Höhle der Freibeuter zu entdecken. Sie legten dort daraufhin ein Feuer und räucherten die Feinde aus, die kläglich erstickten. Einen Teil der Beute sollen jedoch die Mauren seinerzeit gut versteckt haben. Und die Überlieferung der Geschichte hat schon einige dazu ermuntert, nach verborgenem Gold und Edelsteinen suchen.

Die Höhle ist in dem Sinne nicht zu besichtigen, doch von der Küste aus erkennbar – am besten vom Boot aus. Manchmal ist die Cova d'es Fum auch Ziel von Klettertouren – Wer in dem Sport fit ist, könnte bei Anbietern nachfragen.

Oben: Auch das Dorf selbst ist schön anzusehen...
Unten: ... ebenso seine ländliche Umgebung.

rismus konzentriert sich nun weitgehend auf den zielstrebigen Besuch des Leuchtturms, während Formentera innerhalb der Ortschaft ganz es selbst ist. Wer hier wohnt, möchte nicht unbedingt täglich über die Serpentinen in den Inselsüden fahren, so bleibt man häufig unter sich in den Bars und Kneipen. Zum Patronatsfest jährlich am 24. Juni wird in El Pilar groß zu Ehren des Heiligen Sant Juan (Johannes der Täufer) gefeiert.

Kirche Nostra Senyora del Pilar

Die 1784 erbaute Kirche Nostra Senyora del Pilar im Zentrum des Dorfes ist die nördlichste der drei Inselkirchen. Das angenehm schlichte, weiß getünchte Gotteshaus steht alljährlich am 12. Oktober im Mittelpunkt der Feierlichkeiten zu Ehren der Schutzpatronin von Pilar de la Mola. Bevor es sie gab, nahm die Dorfbevölkerung den beschwerlichen Weg bis nach Sant Francesc auf, um in der dortigen Kirche den Gottesdienst zu feiern. Im Jahr 1771 setzte man sich daher mit Nachdruck bei dem Erzbischof und Visitator Juan Lario für den Bau einer eigenen Dorfkirche ein. Sie wurde im 20. Jahrhundert umgestaltet.

Infos und Adressen

SEHENSWÜRDIGKEITEN

Mercado Artesanal de la Mola. Legendär ist der Markt auf La Mola. Mai–Okt., Mi und So 16–21.30 Uhr. Im Dorfzentrum neben der Hauptstraße.

ESSEN UND TRINKEN

Can Toni. Leckere Tapas direkt am Platz, und doch jenseits der Touristenscharen. Die Küche öffnet erst um 20 Uhr, man spürt hier die Liebe zum Detail, und die Terrasse ist sehr einladend. Plaza del Pilar, 1, Pilar de la Mola, 07871 Formentera, Tel. 971/32 73 77.

Auf dem Hippiemarkt

Amore Iodio. Das Restaurant am Ortseingang links betreibt auch einen angesagten Chiringuito bei Es Caló (Adresse dort: km 11.6, Tel. 606/86 16 51, www.facebook.com/amoreiodioformentera

Pequeña Isla. Ibizenkisches Restaurant am Ortseingang, klein, aber fein. Av. de la Mola, 105, Tel. 971/32 70 68.

Conchita i Xicu. In der Bar mit gut bestückter Patisseria gegenüber dem Hippiemarkt sind vor allem Einheimische anzutreffen.

Im Dorf sind auch vereinzelte Geschäfte zu finden.

FESTE UND EVENTS

Nuestra Senyora del Pilar. Feierlichkeiten zu Ehren der Schutzpatronin von Pilar de La Mola, alljährlich am 12. Okt.

INFORMATION

Touristinformation. Edifici Estació Marítima (im Hafen von La Savina) Tel. 971/32 20 57, turismo@formentera.es, www.formentera.es

Die Bewohner haben ihre Häuser liebevoll hergerichtet.

Mitte: Die Platja Migjorn fasziniert auf andere Weise als die Strände der nördlichen Küsten.
Unten: Viel Grün säumt das Hinterland.

50 Platja de Migjorn
Sechs Kilometer Naturstrand

Noch ein weiteres Gesicht zeigt Formentera entlang seiner Südseite zwischen dem am Cap de Barbaria und La Mola: wilder und an vielen Plätzen auch einsamer, mit einer Brise Piraten-Romantik und kultigen Strandbars. Mancherorts aber ist es auch voller wegen angrenzender Ferienanlagen. Es sind genauso genommen mehrere Strände, die sich hier aneinanderreihen und einen unterschiedlichen Charakter haben.

Umfassend ist meist von der Platja de Migjorn die Rede, dem »Strand des Südens«, der die Richtung Afrika weisende Seite der schmalen Inselmitte über sechs Kilometer fast nahtlos säumt. Dabei handelt es sich eigentlich um fünf einzelne Strände mit teils jeweils anderem Publikum und noch eine wunderschöne Bucht ganz im Osten.

Den Stränden gemeinsam ist, dass sie weitgehend naturbelassen sind. Zu finden sind auch steinigere Abschnitte und oft auch angespültes Neptungras (Posidonia), das in der Brandungszone belassen wird, damit es natürliche Barrieren bilden kann. Mit seinem seicht abfallenden Grund sind die Badestellen grundsätzlich auch für Familien gut geeignet, es können allerdings in manchen Bereichen auch stärkere Strömungen auftreten (etwa in Es Arenals). Der gesamte Migjorn-Strand ist bekannt für magische Sonnenuntergänge, die man am besten in einer der Strandbars genießt.

Platja d'es Ca Marí

Bei Es Mal Pas, wo sich die Küste Formenteras Richtung Süden wendet und das Cap de Barbaría bildet, steht der Wehrturm Torre des Pi des Catalá. Hier liegt der östlichste Strand von Migjorn, die Platja d'es Ca marí. Traumhaft ist die Lage mit Blick auf das Kap, wovon einige kleinere Hotels profitieren. Auch Strandbars wie der schicke »Gecko Beach Club« mit Boutique-Hotel sind zu finden. Es gibt einen Supermarkt, und mit einem Verleih von Liegen und Sonnenschirmen werden die touristischen Grundbedürfnisse bedient. Durch das urbanisierte Hinterland ist der Strand bequem zu erreichen.

Es Còdol Foradat

Westlich von Es Ca Marí schließt sich die Zone Es Còdol Foradat an. Einige hundert Meter feinster weißer Sand zwischen Felsen bilden diesen Bereich, der zentral liegt und ab Kilometer 8–9 von der Hauptstraße Sant Francesc–La Mola gut zu erreichen ist. Ein Highlight zum Essen und Feiern ist die legendäre »Blue Bar« (siehe Autorentipp rechts). Ähnlich gibt sich die Richtung La Mola direkt angrenzende Platja d'Es Vogamari. Dahinter wandelt sich das Bild: Die nahe der Hochebene liegenden Strände Es Arenals und die Zona d'Es Copinar sind stark von der touristischen Infrastruktur der Region geprägt.

Platja d'Es Arenals

Die Platja d'Es Arenals zählt zu den bekannteren Stränden Formenteras, auch bedingt durch einige große Hotels und Clubanlagen, die sich in diesem Inselteil kurz vor La Mola angesiedelt haben. Entsprechend voll wird es zur Hauptsaison, und es gibt einige Wassersportmöglichkeiten (Banana-Boat, Tretboot, Tauchen). Gewarnt wird immer wieder vor den heftigeren Strömungen, die hier auftreten können und auch schon Urlauber das Leben kosteten. Wer sich jedoch im flachen Wasser aufhält

AUTORENTIPP!

KULTIGES BLAU

Noch eine legendäre Bar befindet sich im mittleren Bereich der Platja Migjorn, hier kann man obendrein gut essen, und es gibt regelmäßig Musik vom DJ: Die Blue Bar steht weniger für die Hippie-Ära, sondern mehr für den neueren Ibiza-Sound à la Café del Mar mit sphärischen Klängen, diezum Träumen verleiten. Dazu noch der Sonnenuntergang – in gewisser Hinsicht also vergleichbar mit der Kult-Bar auf Ibiza, doch ruhiger und unbekannter. Auch das Ambiente, passend zum Namen in leuchtenden Blautönen, ist etwas Besonderes. Allerdings kann man hier in aller Einfachheit entspannen, und wer früh genug da ist, muss auch nicht extra für die erste Reihe reservieren.

Blue Bar. Carretera San Ferran-La Mola, km 7,9 (am Strand Richtung Es Ca Marí), Tel. 666/75 81 90, www.bluebarformentera.com

Oben: An den Stränden ist für vieles gesorgt – hier inklusive eines praktischen Getränkeservice.
Mitte: Für welchen all der schönen Plätze soll man sich nur entscheiden?
Unten: Auch Liegen und Sonnenschirme sind vielerorts zu mieten.

beziehungsweise nicht zu weit rausschwimmt und die Sicherheitshinweise beachtet, hat normalerweise aber nichts zu befürchten.

Der legendäre Pirata Bus

Man könnte die unscheinbare Strandbude übersehen, wehte dort nicht eine Piratenflagge. Sie markiert den »Pirata Bus«, eine Bar mit besonderer Geschichte. In den 1970er-Jahren wanderte Pascual, genannt der Pirat (Pirata) und Besitzer einer Diskothek in der spanischen Region Aragón, mit seinem Freund Pablo nach Formentera aus. Hippies hatten ihnen von der gerade »angesagten« Aussteigerinsel berichtet. Nach einem Jahr seligen Nichtstuns war der Erlös aus dem Verkauf des Tanztempels aufgebraucht. Um sich über Wasser zu halten, ersteigerten die beiden einen ausrangierten Linienbus, bauten ihn ein wenig um, und fertig war eine Strandbar, die sich zum Treff von Hippies, Musikern und Individualisten entwickelte und später Kultstatus erreichte. Sie alle sollen hier gewesen sein und auf den Saiten geklimpert haben: Pink Floyd, Bob Dylan, Chris Rea und viele andere. Im November 1983 konnten die Behörden nicht mehr mit dem schrottreifen Gefährt am Migjorn-Strand leben. Der Bus wurde zu Grabe getragen und durch eine Holzbude ersetzt. Und so steht sie dort noch heute, wenn auch unter neuer Leitung und mit etwas Piraten-Merchandising, ist sie doch noch immer fast ein Original.

Caló d'es Mort

Hinter dem Arenals-Strand schließt sich die Zona d'Es Copinar an, und noch ein Stückchen weiter zwischen den Felsen verbirgt sich eine kleine Traumbucht: Die Caló d'es Mort ist äußerst fotogen mit ihren Klippen und Varaderos und fast noch ein Geheimtipp.

Infos und Adressen

Cafés und Strandbars für jeden Geschmack

ESSEN UND TRINKEN

Gecko Beach Club. Gehobenes Strandrestaurant in der Zone Ca Marí mit Boutique-Hotel (27 elegante Zimmer). Gelegentlich finden hier auch Privatevents statt, die von Grün umgebene Poolanlage liegt wunderbar abgeschirmt, Tel. 971/32 80 24, www.geckobeachclub.com

Pirata Bus. Die legendäre Strandbar sieht heute zwar anders aus als zu Hippie-Zeiten und ist kommerzieller geworden, aber immer noch eine der Top-Adressen. Am Arenals-Strand, Tel. 609/60 14 26, www.piratabus.com

Auch einige »Hippie«-Stände sind zu finden.

ÜBERNACHTEN

Ca Marí. Das familiäre Hotel in wunderschöner Lage direkt am Strand gibt es schon seit den 1950ern. Mit Pool, schlichte Ausstattung und einige Zimmer mit Traumblick. Venda Ca Marí, Platja Migjorn. Tel. 971/32 81 80 und 971/32 81 79, www.hotelcamari.com

Riu La Mola. Das Vier-Sterne-Hotel nahe La Mola gehört zur RiU-Kette. Tel. 971/32 70 00, www.riu.com

Club Formentera Playa. Die zur Insotel-Gruppe gehörende Anlage mit Pool zeichnet sich durch kurze Wege zum Strand aus. Auch der benachbarte Club Maryland (buchbar über TUI) zählt zu den Betreibern. Playa Migjorn, s/n, Tel. 902/11 23 45, www.insotelhotelgroup.com

INFORMATION

Touristinformation. Edifici Estació Marítima (im Hafen von La Savina) Tel. 971/32 20 57, turismo@formentera.es, www.formentera.es

Die Blue Bar zählt zu den schönsten Beach-Lokalen.

Ibiza
PANCITO de ESPELTA
Saborizados con CURRY
SHIITAKE y CILANTRO
2€
integral
PANCITOS de ESPELTA
Saborizados con
Tomate, olivas, orégano...
(más digestivos)
2€
integrales
TRUFAS
SESAMO y CACAO
(Calcio y Bienestar)
1'25€
GLUTEN FREE
SUGAR FREE
RAW FOOD
CARDAMOMO

MUESLI de SARRACENO, DÁTIL
MANZANA, Almendras, coco, lino
canela, S. girasol, calabaza...
2€/100g. (ENERGÍA)
MUFFIN de LIMÓN
JENGIBRE y DÁTILES con
harina de espelta y leche de coco
1'50€ Vegano

REISEINFOS

Vorangehende Doppelseite: Markttag in Sant Joan de Labritja
Oben: Die Landebahn liegt nahe den Salinen.
Unten: Eivissa ist international gut vernetzt, teils allerdings mit Zwischenlandung auf z.B. Mallorca.

Anreise mit dem Flugzeug

Reizvoll ist Ibiza für Reisende aus dem deutschsprachigen Raum auch aufgrund der schnellen Erreichbarkeit: Ähnlich wie nach Mallorca beträgt die Flugzeit von vielen Airports aus nur rund zwei Stunden. Mit einer Einschränkung: Zahlreiche Verbindungen sind – vor allem im Winterhalbjahr – oft nur noch mit einem Zwischenstopp auf Mallorca oder an einem deutschen Flughafen möglich. So können auch deutliche längere Reisezeiten dabei herauskommen. Tipp: Wer etwas flexibel ist, sollte vergleichen, häufig verstecken sich zwischen den ganzen Verbindungen mit Zwischenlandung dann doch vereinzelte Direktflüge. Der Vergleich kann sich auch wegen der teils stark schwankenden Preise lohnen. Zu den Fluggesellschaften, die Ibiza ansteuern, gehören Air Berlin, Germanwings und Easyjet sowie (ab Düsseldorf-Weeze) die Billigfluglinie Ryanair.

Der Flughafen Aena von Eivissa liegt sieben Kilometer südwestlich von Ibiza-Stadt und ist mit dieser über die neue Autobahn verkehrsgünstig verbunden. Airport Tourist Information Tel. 971/80 91 18, Passagierservice Tel. 971/80 92 07, Fundbüro Tel. 971/80 92 07, Tel. Flughafen Tel. 971/80 90 00, www.aena.es – Eine Taxifahrt bis zur Fähre nach Formentera kostet ca. 12 € (ca. 15 Minuten Fahrtzeit. In der Nebensaison verkehren die günstigen Shuttlebusse nur alle 30 Minuten.

Zum Thema Klimaschutz: Mit dem zunehmenden Bewusstsein, dass jede Flugreise einen deutlichen CO_2-Fußabdruck hinterlässt, denken auch immer mehr Reisende über die Folgen für den Klimawandel nach. Eine Möglichkeit, auf der anderen Seite einen förderlichen Beitrag zu leisten (für den Aufbau erneuerbarer Energien), ist über die Homepage der gemeinnützigen Gesellschaft www.atmosfair.de möglich.

Mit dem Auto

Auch mit dem Pkw oder Motorrad ist Ibiza erreichbar, die Anfahrt dauert dann natürlich deutlich länger und erfordert meist auch eine Übernachtung unterwegs. Sie bietet sich also eher an, wenn man eine längere Zeit auf der Insel verbringen möchte. Fährverbindungen gibt es sowohl vom spanischen Festland als auch von der Nachbarinsel Mallorca aus. Zu beachten ist, dass je nach Abfahrtsort die Zeiten für die Überfahrt sehr unterschiedlich sein können (zwischen zwei und neun Stunden). Die kürzeste Verbindung ab dem Festland ist Denia, von Barcelona aus ist es am weitesten. Folgende Fährgesellschaften steuern Ibiza an:

Balearia ab Barcelona und Mallorca
www.balearia.com
Iscomar ab Barcelona, Valencia, Denia
www.iscomar.com
Trasmediterranea ab Barcelona,
Valencia und Mallorca
www.trasmediterranea.es

Anreise nach Formentera

Zudem sind Formentera und Ibiza per Fähre verbunden, sodass alle, die die kleine Schwesterinsel besuchen möchten, sie auch direkt nach der Landung auf Ibiza erreichen können (mit dem Flugzeug direkt ist Formentera nicht erreichbar): Mit dem Taxi oder Mietwagen ab Flughafen zum Hafen von Eivissa und dort auf die fast stündlich startenden Fähren der Balearia oder Trasmediterranea umsteigen. Die Überfahrt nach Formentera dauert mit der Schnellfähre (Rapido) nur etwa eine halbe Stunde.

Diese Fährgesellschaften steuern Formentera ab Ibiza an: Mediterranea-Pitiusa, Iscomar, Trasmapi und Balearia (sowie für Frachtgut Formenteracargo).

Oben: Wer die Insel (von allen Seiten) kennenlernen möchte, sollte sich einen Mietwagen nehmen.
Mitte: Die Wanderwege sind teils gut markiert, eine Karte schadet dennoch nicht.
Unten: Auch Kreuzfahrtschiffe steuern Ibiza an.

Oben: Als Partyinsel ist Ibiza einschlägig bekannt.
Mitte: In den Dörfern wiederum geht es beschaulich zu.
Unten: Kult ist die Trommelsession in der Cala Benirràs.

Mit Baleària ist Formentera auch direkt ab Denia erreichbar – wer komplett mit dem Auto anreist und Ibiza nicht besuchen möchte, kann sich diesen Umweg also sparen. Trasmediterranea bietet zudem die Überfahrt ab Barcelona an (mit Umsteigen).

www.mediterraneapitiusa.com
www.trasmapi.com
www.balearia.com
www.iscomar.com
www.trasmediterranea.es

Eine gute Übersicht über alle aktuellen Verbindungen sämtlicher Fährgesellschaften bietet die Homepage www.balearenfaehre.de

Ärzte und Apotheken

Die ärztliche Versorgung ist im Allgemeinen gut, zu bedenken sind mögliche Sprachbarrieren, wobei Englisch oft gut verstanden wird. Es sind vor allem auf Ibiza zudem einige deutsche Ärztinnen und Ärzte vertreten. Die Leistungen sind in der Regel zunächst privat zu zahlen und können dann je nach Art bei der heimischen Krankenkasse eingereicht werden (an aussagekräftige Quittungen denken!). Teils wird auch die europäische Versichertenkarte akzeptiert, die dem früheren Auslandskrankenschein (E 111) entspricht.

Apotheken sind in vielen, besonders den größeren Ortschaften zu finden und am grünen Malteserkreuz zu erkennen. Über Notdienste informieren die Tageszeitungen und z.B. Aushänge in Hotels.

Events

5. Jan. – Farbenfrohe Umzüge am Vorabend des Dreikönigstags
1. So im Mai – Blumenfest in Santa Eulalia

2. Mai-Woche – Mittelalterfest (Feria Medieval) Dalt Vila. Im Gedenken an die Ernennung der Altstadt Eivissas als wesentlicher Teil des ibizenkischen Unesco-Weltkulturerbes; siehe Kap. 1
Ende Mai – Festival Internacional Mare Nostrum. Internationales Folklorefest beider Inseln mit alternierenden Schauplätzen
23. Juni – Beginn des Sommers, in ganz Spanien ein Event mit Feuerwerk und großen Feuern
Juni – Internationales Jazzfestival. In Eivissa, eine Plattform für Nachwuchskünstler
Juni oder Juli – Semana de la Moda, Modewoche; in verschiedenen Hotels werden der neuesten Highlights der inseltypischen Adlib-Mode präsentiert.
10. Juli – Fiestas de San Cristobal in Es Canar
Juli/Aug. – Live-Konzerte (Pop, Rock)
28. Nov. – Festa del Vi Pagès de Sant Mateu, Weinfest bei Sant Antoni de Portmany

Feiertage

1. Jan. – Neujahr
6. Jan. – Heilige Drei Könige
Mitte Februar (Karneval, Do–Mi) – Unübertroffen ist die große Faschingsparade in Eivissa. auch auf Formentera wird mit bunten Umzügen gefeiert, vor allem am Faschingssonntag- und -dienstag.
1. März – Feiertag auf den Balearen (Autonomiestatus)
März/April – Ostern (Semana Santa) – Bewegende Karfreitagsprozessionen (desfiles de semana santa) in Eivissa in den Gemäuern der Altstadt und mit Konzert auf dem Rathausplatz. Gefeiert wird eine Woche lang, ab Palmsonntag; Ostermontag nur Feiertag im Baskenland.
1. Mai – Tag der Arbeit
Mai/Juni Pfingsten (Pentecostés) – Gefeiert wird 50 Tage nach Ostern, in Spanien gibt es allerdings keinen freien Pfingstmontag.
15. Aug. – Mariä Himmelfahrt

Oben: Kapelle bei der Osterprozession in Ibiza-Stadt
Mitte: Auf dem Jazz-Festival
Unten: Los ist immer irgendwo etwas – nur im Winter wird es ruhiger.

12. Okt. – Tag der Entdeckung Amerikas (durch Kolumbus anno 1492)
1. Nov. – Allerheiligen (Día de los Santos)
6. Dez. – Tag der Verfassung
8. Dez. – Mariä Empfängnis (Immaculada Concepción)
25. Dez. – Weihnachten
26. Dez. – Tag des hl. Stephan (San Esteban)

Patronatsfeste

Auf den Pityusen gibt es das ganze Jahr über Gründe zum Feiern insbesondere im Rahmen der Patronatsfeste der Dörfer und Gemeinden, die begleitet sind von Umzügen, Folkloretänzen und Feuerwerken (in den Städten). Besondere religiöse Feierlichkeiten sind die Prozessionen zu Ostern (Karfreitag), die Fiesta Nuestra Señora del Carmen zu Ehren der Schutzheiligen der Fischer und die Umzüge am Vortag zum Dreikönigstag, teils auch erst am 6. Januar, dem Tag der Bescherung in ganz Spanien.

17. Jan. – Patronatsfest in San Antonio (Sant Antoni); den ganzen Montag lang findet ein Musikfestival statt, mit Festzelt auf dem Passeig de ses Fonts, Theater, Festumzug und Segnung der Haustiere
21. Jan. – Patronatsfest in Santa Inès (Santa Agnès); begleitet von Trachtentänzen
12. Feb. – Patronatsfest in Santa Eulalia mit Tanz und Musik.
19. März – Patronatsfest in Sant Josep de sa Talaia sowie Feiertag in ganz Spanien: Der Josefstag wird in der römisch-katholischen Kirche zu Ehren des hl. Josef begangen. In Spanien ist dies zudem der Vatertag (El Día del Padre).
2. April – Patronatsfest in Sant Francesc de Paula (Ibiza, nicht zu verwechseln mit Sant Francesc auf Formentera)

Oben: Die Karfreitagsprozession ist für die Gläubigen ein ganz besonderes Ereignis.
Mitte: Aussagekräftiges Detail auf dem Hippie-Markt
Unten: Taufbrunnen in der Wehrkirche von Sant Augusti des Vedrà.

5. April – Patronatsfest in Sant Vicent
23. April – Patronatsfest in Sant Jordi de Ses Salines mit inseltypischen Tanzvorführungen
2. So Mai – Patronatsfest in Puig den Valls
21. –24. Juni – Fest des Heiligen Johannes in Ibiza-Stadt
24. Juni – Patronatsfest in Sant Joan (mit traditioneller Figurenverbrennung), am Vorabend in vielen Dörfern Johannisfeuer, auch Feuerwerk und Livemusik
16. Juli – Fiesta Nuestra Señora des Carmen (das Fest für die Schutzheilige der Fischer wird in Ibiza-Stadt (dort mit Prozession auf dem Wasser), Sant Antoni und auf Formentera begangen) und Patronatsfest in Es Cubells
25. Juli – Inselweites Fest des Heiligen Jakob (del Santiago de Compostela), Schutzpatron von ganz Spanien
5. Aug. – Viertägiges Patronatsfest der Nuestra Señora de las Nieves (Mare de Deu de la Neu) der Kathedrale in Ibiza-Stadt. Ein besonderes Erlebnis mit Umzügen, Tänzen, Picknick auf dem Puig des Molins sowie…
8. Aug. –… großes Feuerwerk um 24 Uhr. Am 5. August nämlich wird zugleich das Patronatsfest des Sant Ciriac begangen, zudem ist dies der Tag der katalanischen Conquista Ibizas (Zurückeroberung der Pityusen von den Arabern).
15. Aug. – Patronatsfest in der Cala Llonga
24. Aug. – Fiestas de Sant Bartolomé in Sant Antoni
28. Aug. – Patronatsfest in Sant Agusti
8. Sept. – Patronatsfest in Jesús
21. Sept. – Patronatsfest in Sant Mateu
29. Sept. – Patronatsfest in Sant Miguel
24. Okt. – Patronatsfest in Sant Rafel
4. Nov. – Patronatsfest in Sant Carles
16. Nov. – Patronatsfest in Santa Gertrudis

Oben: Skulptur auf dem Kirchplatz von Santa Gertrudis
Unten: Traditioneller Tanz in inseltypischer Tracht

Oben: Die Gastronomie der Inseln ist vielfältig.
Mitte: Auch der neue Trendsport Stand-up-Paddling wird angeboten.
Unten: Märchenfigur Els Fameliars auf dem Passeig de S'Almara (Santa Eulària).

Fremdenverkehrsämter

Fremdenverkehrsamt (D). Lietzenburger Str. 99, D-10707 Berlin, Tel. 030/882 65 43.
Fremdenverkehrsamt (A). Walfischgasse 8/14, A-1010 Wien, Tel. +43/1/512 95 80-11, viena@tourspain.es
Oficina de Turismo de Ibiza. Antoni Riquer 2, 07800 Ibiza, Tel. +34/971/30 19 00, www.illesbalears.com

Honorarkonsulate auf den Balearen

Honorarkonsulat. Zuständig für Ibiza und Formentera, derzeit unter Leitung von Rechtsanwalt Ekkehardt Boxberger, Carrer d'Antonio Jaume, 2-2-9a (gegenüber dem Hafen), Apartado 437, 07800 Ibiza Tel. 971/31 57 63 (bis 14 Uhr), ibiza@hk-diplo.de, Mo–Fr außer Mi von 9–12 Uhr.
Österreichisches Honorarkonsulat in Palma de Mallorca. Avenida Alexandre Rossello 40, 07002 Palma de Mallorca, Tel.971/27 47 11, okpalma@fiolabogados.com
Schweizer Honorarkonsulat in Palma de Mallorca. Antonia Martinez Fiol, 6, 07010 Palma de Mallorca, Tel. 971/76 88 36, palmamallorca@honorarvertretung.ch

Geld und Währung

Da die Pityusen zu Spanien gehören, gilt auch auf Ibiza und Formentera die Euro-Währung. Die Banken haben in der Regel montags bis freitags (8.30–12/14–16.30 Uhr) geöffnet. Geldautomaten gibt es in allen größeren Ortschaften sowie in vielen Dörfern. Auch Kartenzahlungen (»con tarjeta«) sind häufig möglich. In den größeren Hotels, Supermärkten werden in der Regel die gängigen EC- und Kreditkarten akzeptiert, in der Regel nur gegen zusätzliche Vorlage des Personalausweises (DNI).

Internet

Wie in anderen Reiseregionen haben auch auf Ibiza und Formentera viele Hotels, Ferienanlagen, aber auch Bars und Cafés kostenfreies WLAN, teils auch gegen Extragebühr. Man achte dazu auf die internationale Bezeichnung »free WiFi« (kostenloses WLAN). In der Regel benötigt man dazu ein Passwort (contraseña) und/oder den Zugangscode (código).

Klima und Reisezeit

Die beste Reisezeit hängt auch von den geplanten Aktivitäten ab. Die Monate Mai/Juni und September sind für viele die schönste Reisezeit, vor allem für Wanderer. Das Wetter passt meistens: Es ist warm, aber noch nicht oder nicht mehr zu heiß. Im Frühjahr und Herbst bringen die Inseln eine besondere Blütenpracht hervor und sind noch nicht so sehr überlaufen. Die Jahresdurchschnittstemperatur liegt bei 18,9 Grad Celsius.

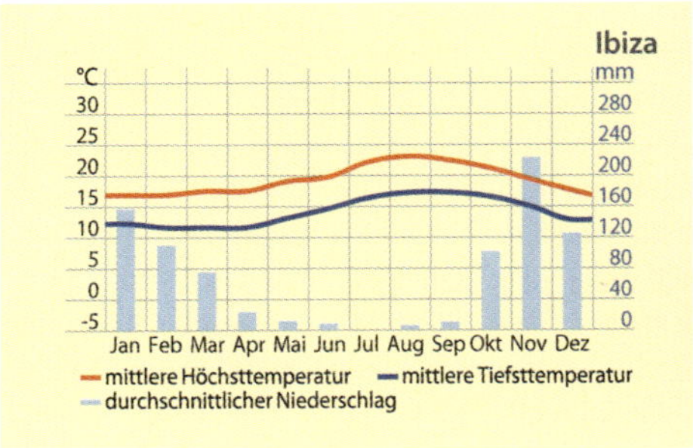

Kliniken

Das staatliche Krankenhaus (Hospital Can Misses) befindet sich nahe Ibiza Stadt und ist als »Can Misses« mit Bettensymbol ausgeschildert. Karte mit Anfahrt siehe auch www.ibsalut.es. Zudem gibt es einige Gesundheitszentren (Areas de Salut/Centros

Oben: Eine schmucke Sonnenuhr
Mitte: Hippie-Märkte gibt es an einigen Orten.
Unten: Zahlreiche Buchten und Strände säumen beide Inseln.

Oben: Ein unkonventioneller Fahrradverleih
Mitte: Das Netz der Linienbusse ist gut ausgebaut.
Unten: Ibiza ist auch eine Insel für Wanderer.

Medicos) und Privatkliniken wie die Poliklinik Rosario in Ibiza-Stadt, das Hospital Cas Serres auf Ibiza und das Centro Médico auf Formentera.

Hospital Can Misses. Corona, 32–36, Tel. 971/39 70 00, www.ibsalut.es
Policlínica del Rosario. Via Romana s/n, Tel. 971/30 19 16, www.grupopoliclinica.es
Hospital Cas Serres. Carrer de Cosme Vidal, Tel. 971/39 29 60

Centro Médico Formentera. Plaça de Ses Illes Pitiúses 13, La Savina, Tel. 971/32 16 80, www.centromedicoformentera.es

Mietwagen und -motorräder

Mietwagen und/oder -motorräder und -mopeds bekommt man am Flughafen von Eivissa sowie auf beiden Inseln in den größeren Städten und Ortschaften. Vertreten sind internationale Anbieter wie Hertz, Europcar, Avis und Sixt, außerdem einige spanische Verleihfirmen. Englisch oder Deutsch sind bei den kleineren und nationalen Firmen nicht unbedingt vorauszusetzen. Wer kein Spanisch spricht, sollte sich nach den Möglichkeiten im Falle einer Panne erkundigen. Auf den oft tückischen Holperpisten, die auf den Pityusen zahlreich zu finden sind, sollte man besonders vorsichtig sein: Bei einer Selbstbeteiligung kann es teuer werden, wenn der Unterboden Schaden nimmt. Kleingedrucktes genau durchlesen!

Notrufnummern

Notruf 112
Policía Nacional (Landespolizei) 091
Guardia Civil (Gendarmerie) 062
Seenotfälle 900 202 202
Creu Roja (Rotes Kreuz) Tel. 913/35 44 54.

Öffentlicher Nahverkehr

Gerade im den Sommermonaten, wo alles hin zu den Badebuchten strömt, ist es ratsam, einen der Touristenbusse zu nehmen, um problemlos an seinen Wunschort zu gelangen und nicht stundenlang einen Parkplatz suchen zu müssen. Außerdem sind Linienbusse bzw. Hop-on-hop-off-Touren sehr preiswert.

Aquabusse – www.aquabusferryboats.com
Formentera – Der Busservice der Fährgesellschaft Baleària bietet ab dem Fährhafen von La Savina günstige Hop-on-hop-off-Touren zu den schönsten Strände auf der Ruta Verde (Grüne Route) nach Ses Illetes und Es Pujols und auf der Ruta Azul (Blaue Route) bis zum Leuchtturm von La Mola (zwischen 6–11 Euro). Die Fahrpläne sind auf den jeweiligen Fährverkehr abgestimmt. Tel. 902/16 01 80, www.ferryexpress.com – Weitere Auskunft gibt der Bus-Service Formentera, turisme@formentera.es, Tel. 971/32 31 81, www.formentera.es

Taxis auf Ibiza und Formentera

Airport Taxi Tel. 971/39 54 81
Radio Taxi Ibiza Tel. 971/39 84 83
Radio Taxi Portinatx Tel. 971/33 33 33
Radio Taxi Sant Josep Tel. 971/39 83 40
Radio Taxi Sant Antoni Tel. 971/34 37 64
Radio Taxi Santa Eulària Tel. 971/33 33 33

Parada de Taxis Sant Francesc. Carrer Santa Maria, San Francisco Javier, Tel. 971/32 20 16
Associació de Taxis de Formentera. Calle Pujols, 0, km 3, Tel. 971/32 22 34
Salao Wassertaxi. Can Barra-Es Castell-Porto Saler, Sant Francesc, Tel. 609/84 71 16

Oben: In der Altstadt lohnt auch ein Blick für das Kleine.
Mitte: Die Freude am Moped mal ganz plakativ.
Unten: Verleihstationen für Roller gibt es an vielen Orten.

Ibiza und Formentera für Kinder und Jugendliche

BADEN

Ibiza. Als besonders familienfreundliche Strände auf Ibiza gelten zum Beispiel die Cala Tarida nahe Sant Antoni im Südwesten sowie die Nordostküste zwischen Cala Pada und Es Canar. Südlich von Santa Eulalia bietet sich auch die Cala Llonga als windgeschützte Badebucht an.

Auch die weitläufigen Ses Salines und die Playa d'en Bossa sind aufgrund des seichten Wassers ideal zum Baden. Es kann allerdings an den Strandbars (besonders in Salinas) teurer werden, und diese Strände sind auch bei Partygängern beliebt. Außerdem sind zahlreiche weitere Buchten schön für Familien, etwa die Cala Benirràs und der Strand von Portinatx im Norden der Insel sowie die Cala Vedella im Südwesten.

Eine tolle Möglichkeit, das Meer zu erleben: Schnorcheln.

Formentera. Auf Formentera bietet die Platja de ses Illetes ideale Bedingungen. Die Schnorchelplätze in den Felsen der Westküste sind für Größere ein spannendes Revier, erfordern aber Umsicht und gute Schwimmkenntnisse. Geführten Touren bei www.vellmari.com, siehe Kapitel 37.

Die Bimmelbahn ist besonders für Kinder ein Spaß.

SPIEL UND SPASS

Aquamar Water Park. Der Megarutschen an der Playa d'en Bossa bieten Badespaß für Groß und Klein. Anfang Mai–Mitte Okt., tgl. 10–18 Uhr, 18/10 € Erw./Kind 2–12. J., C/Platja d'en Bossa, 07817 Playa d'en Bossa, Ibiza, Tel. 971/39 57 82.

Go-Karts Santa Eulalia. »Formel1« -Spaß für Groß und Klein, mit Fahrten von 5 bis 7 Minuten, aktuelle Preise siehe Website, März–Okt. tgl. 10–21.30 Uhr, außer der Saison nur am Wochenende, Ctra. Eivissa-Santa Eulalia km 6, Tel. 971/31 77 44, www.gokartssantaeulalia.com

Marconfort el Greco Hotel. Der Wasserpark gehört zu dem Dreisternehotel und steht gegen Eintritt auch Externen offen. Cala Portinatx, s/n, 07810 Sant Joan de Labritja, Tel. 971/78 33 03, www.marconfort.com

Jardin del Mar. Herrliche Minigolfanlagen mit Blick auf das Meer. Cala Portinatx, tgl. April–Okt. Mo –So 10–24 Uhr, Tel. 971/33 76 59, www.jardindelmar-portinatx.com

NATUR ERLEBEN

Aquabus. Exkursionen per Boot nach Sant Miquel und Sant Antoni. Ab Hafen Portinatx, Di/Do/Sa Abfahrt 11 Uhr, www.aquabusferryboats.com

Ausflugsboote. In allen größeren Häfen, jedoch nur in den Sommermonaten.

Scuba Ibiza. Beste Tauchschule Ibizas, für Groß und Klein, siehe Seite 172 und 227.

Tauchcenter Cala Pada. Die Tauchschule unter deutscher Leitung führt Kinder ab 8 Jahren an den Tauchsport heran, inklusive altersgerechter Ausrüstung. Mitte Mai–Okt. Tel. 971/33 07 55, info@diving-ibiza.com, www.diving-ibiza.com

MUSEEN

Baluard de Sant Jaume. Eivissas historische Oberstadt können Kinder (und Erwachsene) in einigen Museen auch spielerisch erkunden; Kanonen und mittelalterliche Waffen zum Anfassen, Helme und Rüstungen zum Anprobieren. April–Sept. Di–Fr 10–14 und 17–20 Uhr (im Sommer 18–21 Uhr), in der Nebensaison Di –Fr 10 –16.30 Uhr, Sa/So 10 –14 Uhr, Eintritt 2 €, Kinder bis 12 Jh. Eintritt frei, Treffpunkt: Ronda Calvi

Spaß in den Felsen kann man hier in vielen Buchten haben.

Die Tropfsteinhöhle Cova de Jeroni bei Sant Ferran auf Formentera

Dalt Vila – Theatralisierte Besuche. Jeden Samstag erwecken Schauspieler in historischen Kostümen das Mittelalter wieder zum Leben. 21 Uhr im Hochsommer, 19/20 Uhr im Frühling/Herbst, 18 Uhr im Winter, 10/5 €, Kinder unter 7 J. frei, Startpunkt: Mercat Vell, Tel. 971/39 92 32, informacioturistica@eivissa.es

Cova de Can Marça. Die »verwunschene« Tropfsteinhöhle in Port de Sant Miquel entführt in Märchenwelten. Sommer 10.30–20.30 Uhr, Winter 11–18 Uhr, Tel. 971/33 47 76, www.covadecanmarsa.com

TIERE

Aquarium es Cap Blanc. Ein grandioses Ziel für die ganze Familie. Mai/Okt. tgl 10–19 Uhr, Juni–Sept. tgl. 10–22 Uhr, Nov.–April Sa. 10–14 Uhr. Carretera Cala Gració s/n (beim Hotel Tanit), Tel. 663/94 54 75 (Aquarium und Restaurant Sardinadas), Tel. 971/34 22 06 (Büro), www.aquariumcapblanc.com

Escuela de Equitación Can Mayans. Die ganzjährig geöffnete Reitschule bietet ein weitläufiges Übungsgelände rund um die Finca Can Mayans, für Kinder ab acht Jahren, individuell oder in der Gruppe. Ausritte für geübte Reiter, Ctra. Santa Gertrudis de Fruitera-Sant Llorenç de Balàfia, Tel. 971/18 73 88.

Kleiner Sprachführer Spanisch (Kastilisch)/Katalanisch

AUSSPRACHE UND BESONDERHEITEN

Im Ibizenkischen, einem Dialekt des Katalanischen auf den Balearen, kann es Abweichungen (Inseldialekt/e) geben, je nachdem, ob man sich im Norden oder Süden von Ibiza befindet bzw. in Formentara. Die Besonderheit auf den Balearen sind die Artikel Sa, Es, Ses, Els entsprechen dem spanischen La, El, Las, Los..

ALLGEMEIN

Hallo (wie geht's) ¡Hola (que tal)!/Hola
guten Tag (bis ca. 12 Uhr) buenos días/bon dia
guten Nachmittag/Abend (ab 12 Uhr und bis kurz vor Abenddämmerung) buenas tardes/bona tarda
gute Nacht buenas noches/bona nit
Wiedersehen (salopp) ¡Hasta luego! (wörtlich: bis später, gebräuchlicher als adios)/adeú (ibiz.)
ok! ¡vale!/ok
Entschuldigung perdón/perdó
ja sí/si
nein no/no
auf Deutsch en alemán/en alemany
auf Englisch en inglés/en anglés
Wie gehts? ¿Qué tal?/Com estàs?
seit desde hace/des de far
wo dónde/(a) on
hübsch guapo(-a)/maco(-a) (oder) bonic(a)
später luego/més tard/després
bald pronto/aviat
wer quién/qui
weiter, mehr más/més
bitte por favor/si us plau
danke gracias/gràcies
Wie schade! ¡Qué lástima!/Quina pena (oder) quina llastima
großartig estupendo/magnífic
mit mir conmigo/amb mi
halb medio/meitat
aber klar claro que sí/és clar que si!
einverstanden de acuerdo/entesos oder d'acord
müde (sein) (tener sueño)/cansat
Ich möchte quiero/m'agradaria
offen (geöffnet) abierto/obrir
geschlossen cerrado/tancat

UNTERWEGS

Ausflug excursión/viatge
Auto coche/cotxe
Büro oficina/oficina
Bus autobús/autobús
Cafeteria cafetería/cafeteria
Damen señoras/senyores (oder) dones
Fahrrad bicicleta/bicicleta
Haltestelle parada/parada
Herren caballeros/senyors (oder) homes
Hinweg ida/manera (anada)
Rückweg vuelta/viatge de tornada
Karte mapa/mapa
Kirche iglesia/església
Kunde cliente/client
Museum museo/museu
Pool piscina/piscina (pl. piscines)
Ruine ruina/runa
Ticket billete/butlleta
Toiletten baño/serveis (oder) el lavabo.

IM RESTAURANT

außerdem además/tambè (oder) a més
Bier cerveza(s)/cervesa/pl. -es
Brot pan/pa
Butter mantequilla/mantega

Filet solomillo/filet
Fisch pescado/peix

Fischeintopf caldereta de peix
Fleisch carne/carn
frittierte Kartoffel patata frita/patates fregides
gegrillt a la plancha/a la graella
Gemüse verduras/verdures
Getränk(e) bebida(s)/beure
Glas (Bier) caña/canya (200-330 ml) (oder) gerra (330 ml–1 l)
Glas (Wein) copa/copa de vi
halbtrocken medio secco/semi-sec
Kaffee mit Milch café con leche/café amb llet
Keks galleta/galeta
Kellner/in camarero/a/cambrer/a
Espresso cortado/tallat
Lamm cordero/Xai
Nachtisch postre/postres
Olive aceituna/oliva
Portion ración/porció
(Die) **Rechnung** (bitte) ¡La cuenta (por favor)!/el compte (si us plau)
Reis arroz/arròs
Rotwein vino tinto/vi negre
Salat ensalada/amanida
Schlagsahne nata/crema (nata auch)
Schwarzer Kaffee café solo/cafè sol
Speisekarte la carta/carta
Speisen comidas/menjars
Sprudelwasser agua con gas/aigua amb gas
stilles Wasser agua sin gas/aigua sense gas
Suppe sopa/sopa
süß dulce/dolç(a)
Tintenfisch calamar/calamar
trocken secco/sec
Weißwein vino blanco/vi blanc
Zucker azúcar/sucre

ZEITEN UND WOCHENTAGE

Jahr año/any
Monat mes/mes
Tag día/dia
Stunde hora/hora
Minute minuto/minut
heute hoy/avui
früher Morgen madrugada/matinada (morgens: al matí)
morgen mañana/demà
der Morgen la mañana/el matí
Mittag mediodía/migdia
nachmittags, abends por la tarde/a la tarda/vespre
die Nacht la noche/la nit
Montag lunes/dilluns
Dienstag martes/dimarts
Mittwoch miércoles/dimecres
Donnerstag jueves/dijous
Freitag viernes/divendres
Samstag sabado/dissabte
Sonntag domingo/diumenge
Feiertag día festivo/dia festiu/jornada festiva

ZAHLEN

null cero/zero
eins uno/un (una)
zwei dos/dos (auch: dues)
drei tres/tres
vier cuatro/quatre
fünf cinco/cinc
sechs seis/sis
sieben siete/set
acht ocho/vuit
neun nueve/nou
zehn diez/deu

IMPRESSUM

Verantwortlich: Ulrich Jahn, Marianne Rösler
Redaktion: Karin Weidlich
Korrektorat: SAW Communications
Layout: Roman Bold & Black
Umschlaggestaltung: Ulrike Huber
Repro: Repro Ludwig
Kartografie: Kartographie Huber, Heike Block
Herstellung: Bettina Schippel
Printed in Slovenia by Florjancic

★★★★★

Sind Sie mit diesem Titel zufrieden? Dann würden wir uns über Ihre Weiterempfehlung freuen.

Erzählen Sie es im Freundeskreis, berichten Sie Ihrem Buchhändler, oder bewerten Sie bei Onlinekauf.

Und wenn Sie Kritik, Korrekturen Aktualisierungen haben, freuen wir uns über Ihre Nachricht an
Bruckmann Verlag,
Postfach 40 02 09,
D-80702 München
oder per E-Mail an
lektorat@verlagshaus.de.

Unser komplettes Programm finden Sie unter

www.bruckmann.de

Bildnachweis:
Alle Bilder des Innenteils und des Umschlags stammen von Hans Zaglitsch, außer 59, 61, 66, 68, 69u., 72, 98, 99 (2), 173, 188, 218o., 227: Christine Lendt; Shutterstock: 19o., 22o., 163, 220, 228u. (holbox), 22u. (DragoNika), 155 (italy Raduntsev), 164o. (Eric Gevaert), 174u. (Baldas1950), 229u. (Ana del Castillo); 172: Scuba Ibiza.

Umschlag:
Vorderseite:
Oben: Sonnenhut
Mitte links: Porträt einer Marktverkäuferin in Sant Joan de Labritja
Mitte rechts: Café in Cala Comte, Ibiza
Unten: Strand der Cala d'Hort, Ibiza
(mauritius images/ Egmont Strigl)
Rückseite:
Links: Auf dem Hippie-Markt der Punta Arabi
Rechts: An der Cala de Sant Vicent

Die Deutsche Nationalbibliothek verzeichnet diese Publikation in der Deutschen Nationalbibliografie; detaillierte bibliografische Daten sind im Internet über http://dnb.d-nb.de abrufbar.

ISBN 978-3-7654-8212-0